KB118711

대한민국에서
공직자로
산다는 것

'협상대표는 동네북인가'

나남
nanam

민 동 석

저자는 직업외교관이다. 1979년 외무고시(13회)로 외무부에 들어가 런던 리야드 제네바 워싱턴의 외교전선에서 발로 뛰며 치열한 외교활동을 했다. 유엔 에스캅 사무국에서 자문관으로 근무한 뒤 WTO 서비스협상 정부수석대표로 교육 의료 법률 방송시장 개방에 관한 다자간 협상에 참여했다. 휴스턴 총영사로 재직 시 '허리케인 카트리나' 대참사를 맞아 대대적인 구호활동을 전개했다. 농림부 농업통상정책관(차관보)으로 자리를 옮겨 2007년 4월 한미 FTA 협상 고위급대표로 농업협상을 타결하고 이어서 1년 뒤 한미 쇠고기 수입위생조건 협상을 타결했다. 외교통상부에 복귀하여 현재 외교역량평가단장을 맡고 있다. 홍조근정훈장을 받고 미국 텍사스주 명예국무장관에 위촉된 바 있다.
저서로는 《위기의 72시간-두 외교관의 허리케인 카트리나 보고》가 있다.

나남신서 1497

대한민국에서
공직자로
산다는 것

'협상대표는 동네북인가'

2010년 7월 1일 발행
2010년 9월 25일 3쇄

지은이_ 閔東石
발행자_ 趙相浩
발행처_ (주) 나남
주소_ 413-756 경기도 파주시 교하읍
출판도시 518-4
전화_ (031) 955-4600 (代)
FAX_ (031) 955-4555
등록_ 제 1-71호(79.5.12)
홈페이지_ http://www.nanam.net
전자우편_ post@nanam.net

ISBN 978-89-300-8497-0
ISBN 978-89-300-8001-9
책값은 뒤표지에 있습니다.

나남신서 · 1497

대한민국에서 공직자로 산다는 것

'협상대표는 동네북인가'

민동석 지음

나남
nanam

사랑하는 나의 가족에게

촛불이 전국을 붉게 물들이고 온갖 저주와 욕설에, 심지어 생명을 위협하는 협박이 우박처럼 쏟아지는 가운데 오로지 공직자인 남편과 가족이 무너지지 않게 하려는 일념으로 온몸으로 지탱하고 붙들어준 사랑하는 아내에게 그저 미안하고 고마운 마음뿐이다.

또한, 공직자인 아빠를 자랑스럽게 여기며 테러의 위협 속에서도 레바논에서 유엔평화유지활동을 수행하고 안전하게 돌아온 사랑하는 아들과, 어려움 속에서도 마침내 전과목 만점으로 미국의 경영대학교를 수석 졸업하는 영광을 얻어 거친 풍랑으로 지친 가족에게 큰 기쁨을 안겨다준 사랑하는 딸에게 진심으로 감사한다.

저자서문

공직생활을 하면서 여러 번의 거친 풍랑을 만났다. '허리케인 카트리나'가 몰고 온 대재앙의 참혹한 미국 현장을 누비기도 했고, 한미 FTA 협상에서 속이 새까맣게 타는 경험을 하기도 했다. 그러나 한미 쇠고기 협상을 끝낸 뒤 광우병 광풍만큼 고통스러운 적은 없었다. 거리를 붉게 물들인 시위대 속의 흥분한 군중들은 본안과는 관계도 없이 나를 향해 욕과 저주를 쏟아냈다. 거리 곳곳의 벽에 붙은 내 사진 밑에는 '매국노'라는 딱지가 붙어 있기도 했다. 수많은 저주가 나는 물론 나의 가족에게까지 퍼부어졌다. 한미 쇠고기협상의 수석대표였던 나는 흥분한 군중들이 타오르는 '불 제단' 위에 올려놓고 태워버리려는 번제물이 되기도 했다.

온 몸을 던져 상황을 설명했으나 귀를 막은 사람들에게는 아무 소용이 없었다. 온갖 괴담과 선동만 난무하고 합리적 소통은 원천적으로 불가능했다. 나는 국민들 앞에서 발가벗겨지고 난도질당할 뿐이었다. 국회에 나가서도 피를 흘려야 했다. 정치인들은 합리적인 설명보다는 군중들의 박수를 더 원하는 것 같았다.

대한민국이 받은 상처는 깊었다. 엄청난 사회적 손실과 나라가 갈기갈기 찢기는 아픔을 겪었다. 개방형 통상국가를 추구하는 세계 10위권 경제대국의 현주소였다. 아무 문제없이 미국 쇠고기를 수입해 먹고 있는 100여 국의 국민들은 촛불을 들고 울부짖는 한국국민들을 보고 무슨 생각을 했을까?

쇠고기 문제는 광우병 위험성으로 포장되어 있지만 한 꺼풀 벗겨 보면 국내 축산업보호였다. 어떻게 협상을 해도 돌을 맞을 수밖에 없는 정치적 이슈였고, 결국 누가 총대를 메느냐의 문제였다. 취약한 축산농가를 안고 가야 하는 대한민국이 겪어야 할 비극이었다.

비극의 씨앗은 뼈 조각 하나만 나와도 컨테이너 채 돌려보낼 때 이미 잉태되고 있었다. 편협한 조치였다. 미국은 격앙했고 한미관계는 신뢰를 잃고 뒤틀렸다. 미국 의회가 한미 FTA 협상을 결렬시킬 움직임을 보이자 대통령이 나섰다.

노무현 대통령은 부시 대통령에게 전화를 걸어 국제기준에 따라 쇠고기 문제를 해결하겠다고 약속해 주었다. 30개월 이상의 뼈를 포함한 쇠고기도 수입하겠다는 약속이었다. 대통령은 한국정부가 그 약속을 지킬 것이라고 공언했다. 경제부총리는 기자회견을 열어 대통령의 약속을 재확인했고, 정부는 관계장관회의를 열어 국제수역사무국(OIE) 기준을 바탕으로 입장을 정하고 이를 미국 정부에 통보했다.

이렇게까지 했다면 쇠고기 문제는 마땅히 참여정부에서 해결했어야 했다. 그러나 대통령은 약속을 지키지 않았다. 대선에서 패배한 뒤 총선을 앞두고 정치적 이해관계를 저울질한 결과다.

미국 쇠고기의 위험성은 지나치게 과장됐다. 전문가회의에서는 미국 쇠고기의 위험성은 무시할 만한 수준이라고 확인해 주었다. 현실적으로 미국 쇠고기를 먹고 광우병에 걸린 사람이 미국에도, 한국에도 한 사람도 없다는 사실이 이를 뒷받침한다. 30개월 이상의 쇠고기를 아무 제한 없이 수입하고 있던 당시 96개국에서도 광우병에 걸린 사람이 한 사람도 없었다.

언론은 가공할 힘을 발휘했다. ‘PD수첩’ 방송에 선동된 국민들은 촛불을 들고 거리로 뛰쳐나왔다. 쇠고기 문제는 애초부터 구실에 지나지 않았다. 촛불시위를 획책한 조직이 노린 것은 정권을 흔드는 것이었다. 촛불시위를 현장에서 지휘한 김광일 행진팀장은 자신이 쓴 “촛불항쟁과 저항의 미래”라는 글에서 이렇게 고백하고 있다.

“촛불시위 저항의 표적은 이명박 정부였다. 첫날부터 ‘이명박은 물러나라’와 탄핵이 주요 구호였다. 운동이나 혁명은 레닌이 강조한 노동계급과 투쟁의 정서에서 출발해야 한다. 쇠고기 협상 타결로 이명박에 대한 반감이 부글부글 끓어오르는 상황에 PD수첩의 보도가 분노를 부채질해 주었다.”

시위대는 곧장 청와대로 진격했다.

PD수첩 사건은 언론의 자유가 아니었다. 그것은 언론의 자유라는 미명 뒤에 숨은 선동에 가까운 것이었다. 50분 동안 30곳 이상 조작 변조하고 왜곡 과장했다. 그토록 나라를 만신창이로 만들고도 단 한 번 진실하게 사과한 적이 없었다. 오히려 눈물을 흘리면서 공권력에 의해 탄압받는 모습을 연출했다. 시나리오를 쓴 작가는 '이명박에 대한 적개심이 하늘을 찌를 때'라고 하며 서슴지 않고 말했다. 나는 악의를 가진 거대한 이념세력의 희생자가 됐다.

그러나 나는 내 자신이 대한민국을 대표하는 공직자라는 사실을 한시도 잊은 적이 없다. 나는 공직자인 내가 바로서야 대한민국이 바로선다고 믿는다. 공직자는 사람들의 입술 위에서 춤을 추지 말아야 한다. 조작된 여론이나 선동보다 자기 앞에 놓인 길이 좁고 험하더라도 꿋꿋하게 가야 한다.

지금 이 시각에도 수많은 공직자들이 국가를 위해 묵묵히 헌신하고 있고, 또한 많은 사람들이 공직을 꿈꾸고 있다. 나는 광우병 파동이 공직자들을 위축시키지 않기를 바란다. 이 글을 통해 과연 국가는 무엇인지, 국가이익은 무엇이고, 공직자는 어떻게 해야 하는지 다시 한번 생각해 보는 계기가 되었으면 한다.

정책은 선택이다. 작은 나라가 사는 길은 명분보다 실리를 쫓는 것이다. 상대가 있는 협상에서 100을 다 가져올 수는 없다. 갈수록 외국과의 협상보다 국내협상이 더 어려워지고 있다. 협상대표를 희생양으로 만드는 풍토가 사라지지 않는다면 '위험한' 협상에 몸을 던지는 유능한 협상대표가 나오기 어려울 것이다.

나는 한미 쇠고기 협상은 국익을 위해 최선을 다한 협상이었다고 생각한다. 협상수석대표로서 지금도 내 양심에 한 점 부끄러움이 없다. 만약 지금까지 쇠고기 문제가 해결되지 않았다면 어떻게 되었을까. 다른 나라보다 빨리 세계 금융위기로부터 벗어나는 데 결정적인 도움이 된 한미 300억 달러 통화스왑이 가능했을까. G20 정상회의는 유치할 수 있었을까. 나는 쇠고기 문제의 해결이 한미간 신뢰를 회복하는 데 한 알의 썩은 밀알이 되었다고 믿는다.

아마도 이 세상에서 나만큼 악플을 많이 받은 사람은 없을 것이다. 수많은 분들의 눈물의 기도가 없었으면 나는 지금까지 숨을 쉬고 있지도 못할 것이다. 생면부지의 사람들이 전화로 격려하고 90세 100세가 넘은 어르신들이 정부 협상대표의 명예를 회복시키겠다고 추운 날씨에 거리에서 전단지를 나누어주는 모습을 보고 눈물이 났다.

특히 내가 절망과 고통의 시간을 보낸 이날까지 자신의 모든 시간과 계획을 뒤로 미루고 나와 동행하면서 나를 위로하고 격려하며 도움을 준 나의 친구 엄상익 변호사에게 이 세상의 어떤 말로도 그 고마움을 표현할 수 없을 것이다. 또한 이 책은 나남출판사의 조상호 사장의 결단과 10일이라는 최단기간에 발간하기 위해 밤을 새워가며 애쓴 방순영 부장과 김은광 팀장의 땀과 노력이 없었다면 결코 빛을 볼 수 없었을 것이다. 이 분들에게 진심으로 감사드린다. 대한민국을 사랑하고 지키는 이 땅의 모든 분들에게 진심으로 감사드린다.

2010년 6월
민 동 석

나남신서 · 1497

대한민국에서 공직자로 산다는 것

'협상대표는 동네북인가'

차례

제3장 한미 FTA 협상과 한국 농업

제4장 참여정부와 쇠고기

제5장 벼랑 끝 쇠고기 협상

제6장 광우병 광풍의 한가운데에서

제7장 PD수첩 사건의 진실

제8장 사법부를 흔드는 판사

제9장 가면을 벗어라

제10장 대한민국에서 공직자로 산다는 것

부록

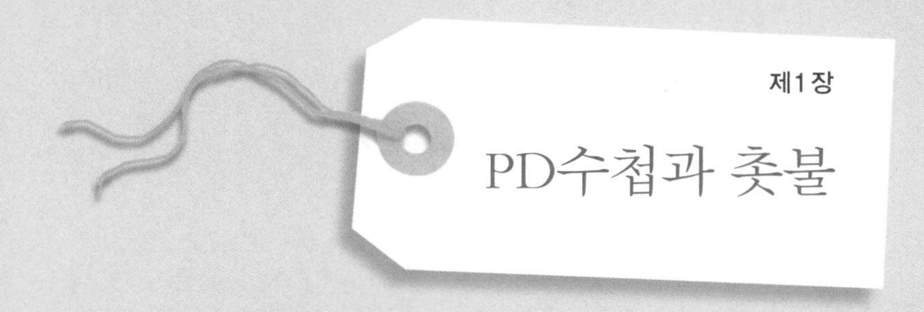

제1장

PD수첩과 촛불

나는 이 사건의 본질이 쇠고기 문제도,
언론의 자유도 아니라 증오와 이념의 문제인 걸
이제는 확실히 알고 있다.
우리의 내부에 이렇게 뿌리 깊은 암 덩어리가
자리 잡고 있는지 몰랐다.

흰 쌀밥에 쇠고깃국

한미 쇠고기 협상대표였던 나는 이따금씩 시장이나 슈퍼에 가서 쇠고기를 찾는 주부들을 보곤 한다. 한우는 엄청나게 비쌀 뿐 아니라 장사꾼들이 수입육을 한우로 둔갑시켜 파는 경우가 많기 때문에 믿지 못하는 상황을 실감하고 돌아오곤 한다. 정말 입맛이 까다롭고 부자인 특수층을 빼놓고 미국산 쇠고기는 우리 국민의 영양원으로서 중요한 역할을 하는 게 현실이라고 생각한다. 레스토랑에 가서 육즙이 풍부하고 고소한 미국산 스테이크 맛을 한번 보라. 미국의 평원에서 목초를 먹이고 또 옥수수와 밀 같은 곡물을 사료로 먹이기 때문에 육질이 아주 좋다.

나는 퇴근 무렵 여의도의 방송국 근처나 서초동 법원 근처의 식당에 가서 쇠고기를 시켜먹곤 한다. 방송국 직원이나 법원에 있는 사람들이 지글지글 기름 위에 익어가는 고소한 쇠고기를 보면서 여유 있게 소주 한 잔을 들이켜는 걸 본다. 광우병 걱정하는 사람은 거의 보지 못했다. 더러 2년 전 PD수첩 프로그램 때문에 기분이 찝찝하다는 사람은 있다. 그러나 그게 말도 안 되는 거짓이었던 건 이제 아는 사람은 다 안다는 식으로 말하는 걸 허허 웃으면서 듣곤 한다.

내가 성장하던 시절은 우리나라가 세계에서 두 번째로 가난해 북쪽이나 남쪽이나 꿈이 '흰 쌀밥에 쇠고깃국'이었다. '쇠고깃국'은 우리가 꿈을 이루었다는 상징적인 단어이기도 했다. 1950년대 출생들은 그 꿈을 안고 살아왔다. 그 이전 세대는 쌀밥쯤 될 것이다. 내가 어렸을 때는 유해음식 때문에 사고가 많았다. 안전성보다 우선 먹고 생존해야 하는 게 더 컸기 때문이다.

미국에서 보내준 화학 처리된 공업용 가죽을 솥에 끓여서 먹는 경우도 있었다. 미군들의 전투화 재료에 붙은 약간의 살점을 뜯어 끓여먹는 일도 있었다. 그 시절은 그런 열악한 상황을 거절할 수 있는 시대가 아니었다. 미국에서 들여오는 잉여농산물과 악수표 밀가루 포대가 우리민족의 생명을 살려냈기 때문이다. 많은 사람이 굶어죽는 지금의 북한을 유추하면 되리라고 생각한다.

미군들이 먹다 남긴 잔반들을 쓰레기통에 모아 끓인 꿀꿀이죽으로 노동자들이 연명하는 세상을 살아왔다. 비위생적인 것은 물론이고 지금으로 치면 국민적 자존심이 도저히 용납하지 않는 것이다. 미국에서 오는 구호물자 중 상당부분은 시효기간이 지난 음식들이 배급된 적도 있다. 돌덩어리처럼 딱딱해진 깡통 속에 든 우유를 차지하기 위해 싸움을 벌이기도 했다.

그런 걸 보고 자란 나는 미국과 농축산물협상을 하는 한국대표가 되어 회의장에 앉아있었다. 그것도 수입위생조건을 따지는 자리였다. 이제 우리나라의 위치는 달라졌다. 무상원조를 얻으려고 허리를 굽실거리는 가난한 나라가 아니라 미국에서 생산되는 최고 육질의 고기를 돈을 내고 당당하게 사는 갑의 입장이었다. 노무현 대통령은 국제적 전문가들이 협의해서 설정한 안전기준을 통과한 쇠고기라면 수입을 하겠다고 미국의 부시 대통령과 타협했었다.

나는 협상대표로 수의사나 전문가를 시켜 미국의 현지 생산시설을 깐깐히 확인케 했다. 안전에 의문이 생길 때는 수입을 즉시 제한하거나 중단하는 조치를 취했다. 일부러 수 년 동안 시간을 끌며 협상을 지연하기도 했다. 겉으로는 협상이지만 실질적으로는 국내축산업자를 보호하려는 의도가 컸다. 내막을 모르는 언론이나 세상은 내가 한 협상이 졸속이었다고 한다. 그러나 그건 분명히 틀린 말이다. 졸속이 아니다. 입장을 한번 바꿔놓고 상대방에게 물어보면 어떨까 생각해 본다. 미국은 분명 나에게 터무니없는 사유를 들이대며 '한없이 협상을 지연시킨 나쁜 사람'이라고 욕을 할 것이다.

한미정상회담을 앞두고 미국에 협상을 몽땅 갖다 바쳤다는 소리를 들으면 그 어이없는 생각에 실소를 금하지 못한다. 야당의원들은 심지어 조공을 바쳤다고도 했다. 그 말이 헌법기관인 국회의원들 입에서 나온 말이어서 그 유치한 생각에 기가 막혔다. 대한민국이 언제부터 미국에 선물 주고 정상회담을 하는 수준으로 떨어졌던가. 선물을 주었다면 무슨 선물을 주었다는 것인지 물어보고 싶다.

MBC의 PD수첩 제작진과 이 나라의 포퓰리즘은 나를 철저히 파괴했다. PD수첩은 미국 쇠고기를 먹으면 한국인 10명 중 9명 넘게 광우병에 걸려 죽는다고 했다. 그런 독을 들여온 매국노가 나라고 방송했다. 내가 그런 비밀을 은폐한 원흉이라고 했다. 국민들이 청계천과 시청 앞 광장으로 몰려나와 쇠파이프를 들고 경찰차를 때려 부술 때 나는 모자와 마스크를 쓴 채 도망 다녀야 했다. 민주노동당 벽에 내가 을사오적 같은 매국노로 매달려 있었다. 나의 인형이 화형식을 당했다. PD수첩의 진행자는 나를 가리키면서 '매국노'라고 했다. 명예를 먹고사는 공직사회에서 나의 사회적 인격이 매장되는 순간이었다. 나는 PD수첩 제작진을 법의 심판대 위에 세웠다.

PD수첩 재판 1심법원의 문성관 판사는 나와 국민들이 보기에는 분명한 허위사실을 진실이라고 판결했다. 법관이 판례와 논리로만 보면 허위도 진실로 둔갑하기도 하는가 보다. 문성관 판사는 나의 인격이 망가졌어도 보도의 자유가 더 중요하니까 무죄를 선고한다고 했다. 판결선고가 난 뒤 나는 30년 동안 나의 정체성이었던 외교공무원 그리고 고위공무원의 명예를 던져 버리고 투사 아닌 투사로 변신한 것 같다. 문성관 판사에 대한 탄핵운동을 주도하는 운동가 비슷하게 변신했다. 눈에 현미경 두 개를 달고 자기가 보고 싶은 것만 보는 대한민국 사법부를 보았기 때문이다.

영국제 동영상의 둔갑

문제가 된 PD수첩 프로그램의 화면을 보면 쓰러져 뒷다리가 무릎을 꿇은 소가 나타나고 자막에는 '광우병 소'라고 적혀 있다. 일어나지 못해 끙끙거리는 소의 모습이다. PD수첩은 그 동영상을 통해 미국 광우병 소가 위험하다는 메시지를 시청자에게 전달하고 있다. 내가 본 바로 이 장면은 방송 시작 22분 48초와 52초 사이에 끼워놓은 장면이다. 그런데 그게 전혀 엉뚱한 다른 나라의 화면이라는 것이다. 그 자료화면은 24년 전 영국 피츠햄 농장에 있는 쓰러져 있는 소를 찍은 화면이었다.

나는 그게 왜 미국 광우병 소의 불법도축장면으로 둔갑되어 방영됐는지 도대체 이해할 수 없다. PD수첩은 이 장면을 프로그램 예고편의 가장 중요한 핵심으로 써 먹었다. 심지어 그 화면은 광우병의 본국인 영국에서도 광우병이라는 것을 알기 전에 찍힌 것이었다. 영국 피츠햄 농장의 쓰러진 소는 단순골절이 된 소였다. 그런 소를 어떻게 미국에서 불법 도축되는 광우병 소로 PD수첩이 보도하는지 이해할 수 없다.

나는 이 엉뚱한 영국의 화면을 PD가 부주의로 그렇게 했다고는 도저히 볼 수가 없다. 프로그램 제작의 치밀성과 완벽성으로 상을 받은 프로그램이기 때문이다. 기획의 조능희 PD와 김보슬 PD는 '미국산 광우병 쇠고기'로 둔갑시킨 영국제 동영상을 배경으로 〈PD수첩 국내최초, 긴급 취재! 미국산 쇠고기, 과연 광우병에서 안전한가?〉라는 예고기사를 연합통신 등 전 언론에 퍼뜨렸다.

언론 윤리상 PD가 이렇게 사기극을 연출해도 되는 것인지 묻고 싶다. PD수첩 프로그램 제작진의 고의는 그들의 은폐행위를 통해 더욱 확실히 드러났다.

PD수첩이 1984년 영국 피츠햄 농장의 동영상 중 다우너 장면을 캡처한 사진(왼),
2008년 5월 27일 PD수첩 방송 화면. '자료화면'이라고 되어 있다(오).

그들은 사기극을 펼친 영국제 동영상이 아무래도 마음에 걸렸던 것 같다. 5월 27일자 PD수첩 방송화면에 그 장면이 11분 33초에서 42초 사이에 다시 나타났다. 그런데 그 화면이 광우병 프로그램 방영 당시와 또 다르게 둔갑되어 있었다. 자막에 '광우병 소'라고 써서 방영했던 걸 지우고 어느새 '자료화면'이라고 다르게 표기해 놓았다. 그들은 증거를 인멸하고 완전범죄를 저지른 것 같기도 했다.

그냥 유심히 보면 보이는 이런 사실들이 유독 검찰이나 법원에는 안 보이는 것 같은 답답함을 느낀다. 나는 56분간 방영된 PD수첩의 전체 프로그램은 있지도 않은 미국산 쇠고기의 광우병 위험성을 과장하기 위해 만든 프로그램이라고 생각하고 있다.

사회자 뒤에 걸려있는 플래카드에는 이렇게 쓰여 있다. '목숨을 걸고 광우병 쇠고기를 먹어야 합니까?'

나는 PD수첩 프로그램은 처음부터 선동을 위한 거짓결론을 정해놓고 모든 등장인물과 내레이션, 화면, 수치를 그 방향으로 몰고 갔다고 확신한다. 그 결과 이 사회에 상상임신 같은 상상광우병이 탄생하고 그 집단 히스테리가 폭동을 일으켰다고 생각한다. 이런 거짓을 문성관 판사는 허위가 아니라고 했다.

「PD수첩」 국내최초, 긴급취재! 미국산 쇠고기, 과연 광우병에서 안전한가?(가제)
2008-04-25 오후 6:01:37
방송 4월 29일 (화) 23:10 ~ 24:10

한국에선 한·미 FTA체결을 위한 미국산 쇠고기 수입협상이 이명박 대통령의 방미 일정에 맞추어 급속도로 진전되었다. 그러나 미국에선 얼마 전 사상 최대 쇠고기 리콜사태에 이어, 버지니아에 살던 한 여성의 갑작스런 죽음이 인간 광우병으로 인한 것일지도 모른다는 소식이 전해졌다. 미국 사회에서조차 미국산 쇠고기가 안전하지 않다는 여론이 확산되고 있는 가운데 새 정부는 국민의 먹거리 안전을 보장하기보다는 미국의 요구를 들어주기 급급했다는 비판을 받고 있다. **과연 미국산 쇠고기의 안전성은 얼마나 확보되어있는지 수출 당사국인 미국과 최대 수입국인 일본과 중국 그리고 국제수역사무국(OIE) 등을 「PD수첩」 이 긴급 취재했다.**

수첩, 미국산 쇠고기 안전성 방송
연합뉴스 | 기사입력 2008-04-25 13:53 | 최종수정 2008-04-25 18:55

(서울=연합뉴스) 김영현 기자=미국이 한미 자유무역협정(FTA)의 전제조건으로 내걸었던 쇠고기 협상이 최근 타결됐다. 이에 따라 '30개월 미만' 소의 갈비 등 뼈를 포함한 쇠고기 수입이 우선 허용되고 미국이 앞으로 강화된 동물사료 조치 시행을 공포할 경우 국제수역사무국(OIE) 기준에 따라 연령제한도 완전히 없애기로 했다.

사진 왼쪽은 MBC 프로그램정보통에 실린 보도자료, 오른쪽은 연합뉴스 기사

진실은 광우병과는 전혀 관련이 없는 영국의 동영상을 미국의 광우병 소로 둔갑시킨 PD수첩 제작진의 사기극 아닐까. 프로그램에 나오는 미국제 동영상을 보면 그게 어디 광우병과 관련이 있는 건가. 그건 동물보호협회에서 찍은 젖소의 학대장면이었다. PD수첩 진행자는 이렇게 설명하고 있다.

"아까 그 광우병에 걸린 소 도축되기 전 그런 모습"

내가 지금 그 방송을 다시 봐도 그렇게 말하고 있다. 그런데 문성관 판사에게 그런 말은 들리지 않는 것 같았다. 화면에 나오는 죽은 미국여대생은 프로그램이 방영될 즈음 전혀 다른 병이었음이 밝혀졌다. 그런데 화면의 자막에는 분명 인간광우병이라고 써서 국민을 속이고 있다. 나는 이 사건의 본질을 '진실과 거짓'의 싸움이라고 본다.

나는 이 시대 거대한 폭풍의 중심에서 시련을 겪으면서 수많은 위선과 허위를 목격했다. 쇠고기 수입협상에 대해서는 내가 바로 협상대표였고 많은 사실을 체험한 당사자다. 광우병에 대한 안전성문제도 PD수첩 제

배경화면에 '목숨을 걸고 광우병 쇠고기를 먹어야 합니까?' 라는 문구가 보인다.

작진보다 훨씬 막중한 사명감을 가지고 걱정해 왔다고 자부한다. 2년 동안 아무리 생각해 봐도 PD수첩 프로그램의 행태는 '언론보도의 자유'와는 거리가 먼 것 같다는 판단이다. 그 뒤에 '정권타도'가 보이고 자유민주주의를 먹어치우려는 '계급혁명'이라는 파충류의 꼬리가 보이기 때문이다. 그런데도 사실을 사실대로 얘기하려고 하면 불에라도 덴 듯 검찰도 법원도 모두 본질에 대해 외면하고 있다.

사건의 이면

나는 이 사건의 본질이 쇠고기문제도, 언론의 자유도 아니라 증오와 이념의 문제인 걸 이제는 확실히 알고 있다. 우리 내부에 이렇게 뿌리 깊은 암 덩어리가 자리 잡고 있는지 몰랐다. 촛불집회에서 수많은 사람들을 감동시켰던 한 소녀가 얼마 전 양심선언을 했다.

> "촛불집회의 무대 위에 올라가서 읽었던 내용은 전부 제가 쓴 게 아니었어요. 다른 단체에서 쓴 것이고 저는 그 단체의 사람들이 시키는 대로만 했어요. 10번 정도 무대에 섰는데 제 스스로 선 건 한두 번밖에 안돼요. 다 그 단체에서 써준 거죠. 저는 단순히 읽으라는 대로만 읽었고…."

기사의 진위를 내가 확인할 길은 없지만 〈조선일보〉 기사는 그 단체가 좌파단체라고 밝히고 있다. 기자들은 촛불시위를 주도한 '광우병대책회의'라는 단체의 행진팀장 김광일을 인터뷰하려다 거절당했다.

나는 그 김광일이 쓴 "촛불항쟁과 저항의 미래"라는 글을 보았다. 거짓말과 선동이 난무하는 속에서도 김광일의 글은 허위가 아니라고 판단했다. 그는 '촛불시위의 등장과 특징'이란 항목에서 이렇게 적고 있다.

> 2008년 5월 2일 청계광장에서 저항이 점화됐다. 촛불시위는 2002년 여중생 압사 항의운동 이후 최근 용산철거민 참사시위에 이르기까지 저항운동의 전통으로 자리매김하고 있다.
>
> 저항은 때로는 거리항쟁으로 때로는 바리케이드 전투로 동맹휴업과 점거와 파업으로 이런 저항의 수단들은 서로 연결되고 결합되기도 한

다. 2002년 6월 의정부에서 두 여중생이 미군 장갑차에 압사당한 사건이 있었다. 촛불집회가 제안되고 차차 타오르던 불길은 연말에 가서 폭발했다. 부시가 북핵을 빌미로 한반도를 위험에 빠뜨릴지 모른다는 위기감, 대선에서 이회창이 당선될지 모른다는 위기가 결합돼 시위가 분출한 것이다. 이날 시위는 반제국주의 운동의 중요한 이정표였던 동시에 위대한 정치투쟁의 면모를 보여줬다.

촛불시위는 단순한 쇠고기의 위생문제가 아니었다. 김광일은 촛불시위에 대해 그 특징을 이렇게 쓰고 있었다.

촛불시위는 투쟁에 여러 가지 이점을 가지고 있다. 우선 저녁에 열리기 때문에 일을 마친 청년과 수업을 마친 대학생, 청소년이 참가하기 쉽다. 주최측은 '촛불문화제' 형식을 빌려 야간집회금지 조항을 피해 집회를 개최할 수 있다. 그리고 대규모 촛불집회는 미조직 청년들을 가동할 수 있다. 미조직 청년층은 비정규직노동자, 청년실업자, 대학생이 포함된다. 이 청년들은 한국자본주의 체제가 만든 고용불안정 때문에 불만이 쌓여 있다. 특히 여성의 비정규직 비율은 더 높다. 이것은 촛불시위에 젊은 여성들이 대거 참가한 배경이기도 하다. 게다가 저항 자체가 피억압자들의 축제이기 때문에 차별과 천대에 시달려온 여성들의 시위 참가는 매우 자연스러운 일이다. 이런 차별과 소외의 경험이 특정시점에는 기존 사회질서와 맞서는 거대한 저항의 불쏘시개가 된다. 이런 미조직 청년들에게 진중권, 박노자, 우석훈 같은 개혁주의적 급진 지식인들이 인기가 높다.

촛불시위가 치밀하게 계획된 것임을 그는 말하고 있다. 김광일은 이렇게 계속한다.

시위를 넘어서는 행동으로 나아갈 필요가 있었다. 대학생들의 동맹휴

> 업과 대학건물 점거, 노동자들의 파업과 공장 점거 등으로 말이다. 2008년 촛불시위는 이 점이 명백했다. 시위의 정점은 6월 10일이었다. 그러나 이명박은 시위의 요구를 수용하지 않았다. 그렇다면 다른 저항 수단을 이용해야 했다. 2008년 촛불시위를 되돌아볼 때 가장 아쉬운 점이었다.

이어서 그는 촛불시위의 성격을 이론적으로 살펴보고 있었다. 그는 맑스주의적 분석의 방법론을 채택한다고 하고 있다. 마르크스주의적 방법의 핵심요소는 변증법으로, 현상을 시간과 공간의 맥락에서 이해하지만 또한 현상들이 상호연관성을 가진 것으로 그리고 현상들을 발전과정으로 이해한다고 한 것이다. 계급적대와 계급대립이 그의 분석틀이라고 적고 있었다. 그는 이렇게 계속한다.

> 촛불시위 저항의 표적은 이명박 정부였다. 즉, 이명박 정부에 맞선 반정부시위였다. 첫날부터 '이명박은 물러나라'와 탄핵이 주요 구호였다. 그것은 정치권력에 맞선 정치투쟁이었다. 이 저항이 정치투쟁이었다는 것은 이 투쟁이 자본주의적 정치권력에 맞선 계급투쟁의 성격을 지녔다는 것이다. 촛불시위의 의제들은 모두 노동계급과 피억압자들의 삶과 관련이 있는 것들이었다. 박성인 중앙집행위원은 2008년 촛불을 계급투쟁의 맹아였다고 지적했다. 그는 조직된 노동조합원들이 하나의 계급으로서 행동하지 않았던 것이 촛불시위의 최대 약점이라고 평가했다. 촛불의 외침은 시장만능주의에 대한 거부였다. 촛불연대가 6·10 대행진을 성공적으로 이루어 냄으로써 이명박 정부와 시민정권의 이중적인 권력상황이 형성됐다.

그들 자신이 이제는 단순한 시위를 넘어 혁명의 시작을 인정하고 있는 것이었다.

정권타도의 시작

김광일은 그의 과업을 이렇게 적고 있다.

이명박 정부의 신뢰와 정당성은 회복하기 쉽지 않게 추락했다. 그러나 집권한 지 100일 정도밖에 되지 않았고 여전히 국가권력을 틀어쥐고 있었다. 항의로 시작했던 촛불에서 국민들은 어느새 거리권력을 체험하고 있었다. 권력이 행정부 의회가 아닌 서울광장에도 존재하고 있었다. 이렇게 2008년 6월과 7월 한국사회엔 이중권력이 형성되어 있었다.
역사적으로 자본주의의 위대한 사회혁명들에서만 이중권력이 형성됐다. 1917년의 러시아혁명과 1936년 스페인의 카탈루냐와 1978년의 이란혁명 당시 이중권력이 나타났다. 조정환 공동대표는 이제 촛불시위를 촛불봉기로 이름 지었다. 봉기의 궁극적 목표는 지배계급을 타도하고 권력을 장악하는 데 있다. 그렇게 하려면 적절한 조직, 계획, 음모 등이 필요하다.

그들은 혁명 내지 봉기라고 하지만 대한민국 법의 입장에서 그들은 소요 내지 내란이 틀림없었다. 이들은 2007년 대선 때부터 정세와 국민들의 정서를 철저히 분석하고 이런 폭동을 조직하고 준비해 왔다. 증거로 김광일이 남긴 '이명박 정부의 등장과 사회운동의 대응'이란 글을 보겠다.

2007년 대선 직후인 12월 22일 대선평가토론회가 있었다. 최일봉 운영위원은 이명박 당선의 배경과 전망에 관해 이렇게 말했다.
"노골적인 친미주의자이자 시장주의자인 이명박이 대통령 당선자가 됐다. 이명박이 당선되리라는 건 뻔한 게임이었다. 하지만 이것이 결코 대중의 우경화를 뜻하는 것은 아니다.

대중의 정서는 명백히 왼쪽에 있다. 1917년 레닌은 노동자와 빈농은 사회혁명당 지도자보다도 천 배 더 왼쪽으로 가 있다고 하며 대중 정서의 급격한 변화를 얘기했다. 그래서 트로츠키는 혁명지도력의 10분의 9는 대중의 정서를 감지하는 데 있다고 한 것이다. 이명박 당선으로 운동이 후퇴해서는 안 되며 저항을 계속해야 한다. 제일 먼저 인터넷에서 이명박 탄핵을 위한 범국민운동본부 같은 커뮤니티를 만들었다. 우리는 저항의 발판을 차근차근 마련해 가고 있었다.

첫 번째 열린 시위는 1월 26일 세계사회포럼 국제공동행동이다. 극좌파 수백 명 규모의 시위였지만 그 시위는 이명박 정부 하에서도 투쟁은 계속될 것이라는 강력한 메시지를 줬다. 2월 말에는 여수 외국인 수용소 참사 1주기 집회가 열렸다. 한국 사회에서 끔찍한 착취와 천대에 시달리는 이주 노동자들과 극좌파들이 시위를 벌였다.

3월 16일에는 파병반대국민행동이 개최한 이라크 개전 5주년 규탄 시위가 열렸다. 이 시위에는 천여 명이 참가해 친미주의자 이명박 정부의 전쟁지원정책에 맞서 싸울 것을 결의하고 거리행진을 했다. 이명박 정부가 체포전담반을 투입했지만 3월 28일 '등록금넷'이 주최한 등록금 문제해결 전국집회에 대학생 1만 명이 참석했다.

4월 18일 결정적으로 이명박은 미국에서 한미 쇠고기 협상타결을 발표했다. 이명박에 대한 반감을 자극하는 좋은 요소였다. 운동이나 혁명은 노동계급과 투쟁의 정서에서 출발해야 한다. 이 점은 레닌이 대단히 강조한 것이다. 그래서 운동의 전망을 제시하고 대중의 정서에 걸맞은 구호를 내놓는 것이 중요하다. 그리고 전략과 전술은 반드시 실천 속에서 검증하고 올바르지 않다면 곧바로 수정해야 한다. 이명박의 쇠고기 협상타결 발표로 반감이 부글부글 끓어오르는 상황에 PD수첩의 보도가 분노를 부채질했다.

촛불시위가 열리기 하루 전날인 5월 1일 메이데이에는 민주노총 노동자 2만여 명이 집회에 참가해서 거리행진을 했다. 이날 거리행진에 대한 시민들의 지지분위기를 보면서 5월 2일 시위의 성공을 예감할 수 있었다. 심지어 대개 시위에 우호적이지 않던 종묘공원의 할아버지들까지 시위대에 박수를 치며 호응했다. 그렇게 폭풍은 다가오고 있었다.

5월 2일의 시위대는 젊었다. 대다수가 청년이었고 청소년 참가가 두드러졌다. 청소년들의 참가는 이전 투쟁의 역사와 경험이 전해지는 순간이었다. 시위참가자들은 이명박이 치적의 상징으로 삼는 청계광장에서 "이명박 너나 미친 소 먹어" "쥐새끼는 물러나라" "이명박을 탄핵하자"라고 이명박 정부에 대한 분노를 표현했다. 이런 분노가 이후 경찰과 충돌하는 것도 회피하지 않는 거리시위와 백일이 넘는 기나긴 저항의 연료였다.

조직의 활동들이 인터넷커뮤니티 '미친소 닷넷'을 통해 신속하게 움직였다. 베테랑 청소년 조직가들답게 청소년들의 정서를 대단히 신속하게 파악한 것이다. 대중의 분노와 자신감이 확인됐다. 거대한 대중행동과 도심에서의 위력적인 거리행진이 계속 확대 발전하면서 강력한 노동자파업으로 연결된다면 이명박은 광우병에 걸린 소처럼 맥없이 무릎을 꿇을 수 있다는 낙관이 나왔다.

우희종 서울대 교수 같은 전문가들이 텔레비전 토론회 등에서 두드러진 구실을 했다. 전문가들은 운동의 정당성을 옹호했고 운동에 자신감을 불어넣는 이데올로기를 제공했다. 5월 14일 시위대는 3만으로 늘었다. 이명박 정부가 시위대를 물리적으로 공격할 수 있다고 위협했지만 들불처럼 번진 시위는 이를 완전히 무력화시켰다.

거리 전투

시청광장과 도심은 조직의 전유물이 됐다. 촛불시위의 주최측은 5월 24일 낮에 회의를 열어 광장을 넘어 거리의 투쟁을 하기로 결정했다. 그 날 저녁 3백여 명의 전대협 출신 386과 젊은이들이 광화문 동화면세점 앞에 모였다. 이들은 잠시 후 청계광장에 들어가 일제히 구호를 외치며 행동을 촉구했다. 시민들이 순식간에 따라 일어섰다. 동화면세점 앞에서 모였던 그룹이 앞에서 소규모 행진을 시작했다.

청계광장 연단에서 사회를 보던 박원석 광우병대책회의 상황실장이 거리행진에 동참하기를 호소했다. 군중들이 광화문으로 진출했다. 그들은 집회가 투쟁으로 변하는 역사적인 순간이라고 기술하고 있다. 좌파 핵심 세력이 이끄는 군중들은 경복궁역까지 진출하며 도심을 휩쓸고 다녔다. 그들은 거리투쟁을 하는 이론적 배경을 이렇게 적고 있다.

> '투쟁하는 대중과 함께 운동의 단결을 꾀하면서 운동을 확대하기 위한 전술적 고리가 필요했다. 그 고리는 바로 효과적이고 위력적인 거리행진이었다.'

핵심 여성조직원들이 확성기로 "행진! 행진!"을 외쳤고 대열을 돌며 군중을 광교로 이끌었다.

명동으로 진출한 대오 1만 명은 순식간에 3만 명으로 불어나 거리를 메우고 이명박 정부를 규탄했다. 시위대는 명동을 거쳐 종로2가까지 진출했다. 청계천방향의 광통교와 다동 골목을 경찰버스가 막아섰다.

행진대장인 김광일은 군중들을 광통교 직전 롯데호텔로 이끌었다. 군

2008년 6월 시민들이 정부의 쇠고기 협상에 반대하며
광화문 일대에서 촛불 시위를 벌이는 모습

중들은 잠시 후 롯데호텔 앞 대로로 나와 다시 명동에서 수만 명 규모로 대열을 늘리며 행진을 계속했다.

서울의 군중동원에 고무받아 부산에서도 5월 27일 거리행진이 시작됐다. 5월 28일부터는 기습형태의 시위로 전술이 바뀌었다. 여러 계열의 조직에 그 지시가 사전에 하달됐다. 그렇게 경찰의 봉쇄를 뚫고 행진은 성공했다. 조직의 핵심인 박원석 상황실장이 서울구치소에서 이런 내용의 첫 편지를 보냈다.

> "○○○동지들이 없었다면 우리는 거리에서 많은 날들을 승리하지 못할 수도 있습니다. 동지들의 용기와 헌신에 감사와 경의를 표합니다."

• • •

밤늦은 시간이면 그날의 시위를 평가하고 다음날 시위를 계획하고 준비하는 일과였다. 강내희 동지는 이렇게 말했다.

"○○○조직은 이번에 엄청난 헌신과 노력을 기울였는데도 대중들로부터 냉담한 반응을 받았다고 하더군요."

"왜 그러냐면 선동을 하고 막상 행동을 할 때는 뒤로 빠져버리니까 그렇죠."

김세균 동지의 말이었다. 그 말에 강내희가 이렇게 말했다고 한다.

"제가 얘기를 듣기로는 대중들이 왜 확성기를 들고 우리보고 앉아라 서라 지시하려고 하느냐고 항의를 했다더군요. 대중과 만나는 방법이나 대중 속에서 자신을 위치시키는 방법을 몰라서 그런 것 같군요."

국제노동계급의 투쟁과 반 신자유주의 투쟁역사에서 확성기는 투쟁의 중요한 수단이자 상징이었다. 트로츠키는 선동을 '대화'라고 하면서 이렇게 정의했다.

> '선동은 대중에게 이러저러한 구호를 전달하고 대중의 행동을 촉구하는

등의 목적을 위해 동원하는 수단이다. 또한 선동은 대중에게 귀를 기울이고 이들의 정서와 생각을 파악하고 이 결과 이런저런 결정을 내리는 수단이기도 하다.'

5월 26일 종로에서는 각 조직들이 모여 회의를 하고 5월 28일에는 행진대열이 동대문으로 향할 때 깃발을 찾아다니며 각 조직에 의견을 물어 동대문 운동장에서 시위를 마치기로 했다. 5월 29일 목요일의 평일시위에 5만 명이 참가했다. 이날부터 시위장소가 청계광장에서 서울광장으로 옮겨졌다.

5월 31일 토요일 시위의 규모와 정치적 의미는 중요했다. 당시까지 최대 규모인 15만 명이 참가했고 사회운동단체들이 조직적 태세를 갖추어 시위에 등장한 것이다. 민주노총을 비롯한 조직된 대열이 대학로에서 집회를 열고 도심을 행진하여 서울시청 광장으로 진입했다. 이미 서울시청 광장에 모여 있던 시위대열은 온갖 단체 깃발을 앞세운 대학로 집회대열을 진심으로 환영했다.

이날의 시위는 중요한 청와대 기습을 감행했다. 서대문과 광화문, 안국동 세 방향에서 청와대 진격을 시도했고 서대문 방향이 무너지면서 결국 경찰은 방어선을 통인동 입구와 경복궁 좌우측 길로 후퇴시킬 수밖에 없었다. 이와 같은 상황은 시위의 규모와 자신감의 반영이기도 했지만, 조직된 세력들이 투쟁에 결합한 덕분이기도 했다.

세 방향의 진입을 이끌고 선두에 선 것은 조직된 단체였고 결정적으로 서대문 방향에서 경찰저지선을 무너뜨린 것은 금속노조 노동자들이었다. 경찰의 컨테이너와 버스 방어선을 밧줄로 묶어 끌어내고 경찰버스를 넘기 위해 '국민토성쌓기'를 시도했다.

시위대의 일부를 국회로 보내자는 의견이 있었다. 박원석 상황실장은 동의했다. 박석운 상임위원장이 시위대를 국회로 돌려서는 안 된다고 해

2008년 촛불시위 당시 경찰차를 공격하고 있는 시위대

그 계획은 무산됐다. 광화문대로에 70만이 모였다면 그것은 이명박과 청와대를 향한 분노의 표현인데 그런 분노를 국회로 돌려서는 안 된다는 이유였다. 대학의 동맹휴업이 확산되고 대학교수들의 촛불집회 동조 휴강이 있었다.

사회원로와 종교인의 참여가 잇따르고 보수성향의 변호사 단체마저 쇠고기 비판에 가세했다. 해외거주 한국인들도 시위를 벌였다. 6월 4일 지방선거 재보선에서 한나라당은 참패했다. 6월 10일 밤은 백만 명의 촛불 대행진이었다. 서울 광화문 사거리에는 1987년 6·10 항쟁 이후 21년 만에 최대 규모인 50만 명의 시민들이 거리로 나와 쇠고기 재협상과 이명박 퇴진을 외쳤다. 예닐곱의 아이부터 백발의 노인까지, 농민부터 대학교수까지 세대와 계층을 뛰어넘었다.

촛불시위에 자극을 받아 미국산 쇠고기의 운송 하역거부가 선언됐고 화물연대가 파업에 들어갔다. 부산항 인천항 마산항 군산항의 물류가 마비됐고 덤프 레미콘 굴삭기 노동자들이 6월 16일 전면파업에 들어갔다.

이제 만족해?

촛불시위 현장에 나와 본 PD수첩의 작가와 PD가 나눈 대화가 검찰이 압수한 자료에 세밀하게 묘사되어 있다. 작가는 이메일에서 이렇게 말했다고 한다.

'이명박에 대한 적개심이 하늘을 찌를 때'

이 한마디는 PD수첩 프로그램과 조직적인 촛불시위 간의 발생의 인과관계를 말해준다. 담당 PD가 선동되어 나온 국민들이 모인 시청광장에서 함께 온 작가에게 이렇게 말했다고 한다.

"김 여사, 현장에 나와 보니 소감이 어때? 당신이 무슨 짓을 했는지 눈에 보여? 이제 만족해?"

작가는 이렇게 대답했다고 한다.

"아니 만족 못해."

이미 그들의 대화는 좌파 혁명투사들이 나누는 얘기 같다는 생각이 든다. 그리고 나는 그들이 말살시키려는 파쇼정권의 주구에 불과한 건 아닌지 모르겠다. 그들 조직은 이명박의 지지율을 7%로 끌어내려 식물대통령으로 만든 것을 자랑하고 있다. 정부의 항복과 붕괴는 그들의 엄청난 업적이었다. 김종훈 통상교섭본부장이 미국과 추가협의를 하겠다고 발표했다.

한승수 국무총리가 쇠고기 파문에 책임을 지고 내각이 일괄 사의를 표명했다. 6월 19일 이명박 대통령이 이렇게 대국민 사과를 했다.

'저는 지난 6월 10일 광화문 일대가 촛불로 밝혀졌던 그날 밤에 청와대 뒷산에 올라가 끝없이 이어진 촛불을 바라보았습니다. 시위대의 함성과 함께 제가 오래 전부터 즐겨 부르던 〈아침이슬〉이라는 노래 소리도 들려왔습니다. 캄캄한 산 중턱에 홀로 앉아 시가지를 가득 메운 촛불의 행렬을 보면서 국민들을 편안히 모시지 못한 제 자신을 자책했습니다. 늦은 밤까지 생각하고 또 생각했습니다. 수없이 제 자신을 돌이켜 봤습니다. 앞으로는 촛불로 뒤덮였던 거리에 희망의 빛이 비치게 하겠습니다.'

대통령의 항복을 보면서 혁명투사 김광일은 이렇게 선언하고 있다.

'1987년 6월 항쟁의 거대한 저항의 씨앗은 1980년 5월 광주의 영웅적인 무장투쟁이었습니다. 2008년의 촛불시위는 이명박 정부에 맞서 싸워야 하고, 또 그럴 수 있음을 보여줬습니다.'

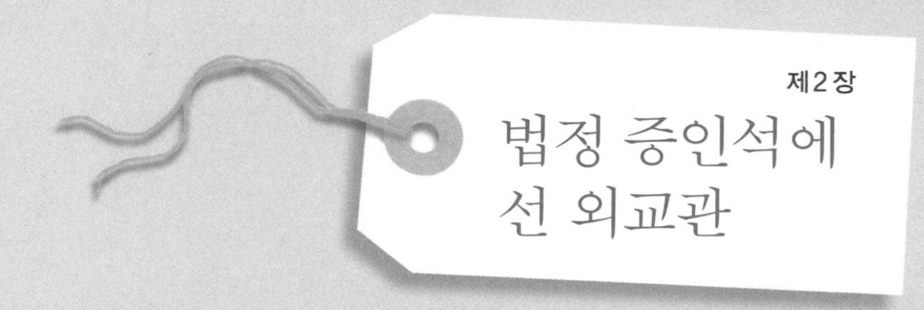

제2장

법정 증인석에 선 외교관

'벼슬살이 하는 방법에는 오직 세 가지가 있으니
청렴과 신중함과 근면이다.
이 세 가지를 알면 몸 가질 바를 알리라'

법정에서도 밀리는 대한민국

2010년 5월 13일 오후의 공판준비기일에서 검사들과 PD수첩 측 변호인 사이의 공방을 보았다. PD수첩 측에서 이렇게 말했다.

> "이 사건은 민동석 개인에 대한 명예훼손죄일 뿐입니다. 많은 나라에서 명예훼손죄가 없어졌는데 단순한 명예훼손죄를 가지고 왜 자꾸 정치문제화 하려는지 모르겠습니다."

PD수첩이 선동한 촛불시위의 주최자는 영웅적인 투쟁이라고 평가하고 있다. 그리고 이명박 정부를 타도하기 위한 정치투쟁의 성격을 명확히 선언했다. 이 사건의 본질을 그들은 의도적으로 변경하고 희석하고 있다. 천안함은 북한의 선제 어뢰공격으로 반 동강 나 수십 명의 아까운 장병들이 목숨을 잃었다. PD수첩의 거짓방송폭탄에 이 사회가 반 동강 나 버렸다.

보이지 않는 세력은 교활하게 문제를 바꾸어 버렸다. '그건 좌초가 원인이다' 라든지 '미국이 한 것이다' 라고 문제를 엉뚱한 것으로 둔갑시켜 논쟁의 대상을 바꾸어 버리려고 애쓰고 있다. 정부가 그들의 주장에 일일이 근거를 대고 증명하기는 매우 어렵다. 그들은 그것을 노리는 것이다. PD수첩 사건에서도 상대방은 검찰에게 광우병 발병률이 절대 완전한 0%라는 걸 말하라고 유인하고 있다. 저들의 논리 장난에 검찰과 법원이 놀림당하고 있다고 생각한다. 그건 법원이나 검찰이 폭동의 본질을 정면으로 보지 않기 때문이다.

PD수첩 측은 쟁점정리 기일에서 또 이렇게 주장했다.

"PD수첩 프로그램에 나오는 광우병과 관련한 것들은 단순한 배경에 불과해요. 방송의 핵심이 아니죠. 인간광우병에 걸렸다는 여대생도 걸렸느냐 안 걸렸느냐가 중요한 게 아니에요. 다 배경에 불과해요. 핵심은 광우병에 걸릴 확률이 크다가 아니고 미국 도축시스템의 문제입니다."

모든 시청자, 모든 국민은 지금까지 미국쇠고기를 먹으면 거의 다 광우병에 걸려 죽는다 라는 PD수첩 프로그램의 마법에 걸려있다. 그런데 PD수첩은 이제 전 국민을 바보로 만들고 있다. PD수첩 측은 항소심에서도 판사에게 최면을 걸고 있다. PD수첩의 책임자인 조능희 피고인은 법정에서 일어서서 이렇게 소리쳤다.

"검찰은 허위사실을 유포하고 있습니다."

조능희는 동아일보나 중앙일보가 예전에 보도한 기사들을 손에 들고 흔들면서 검사들을 나무라고 있다.

"이렇게 거짓말을 퍼뜨리면 안 되죠. 정말 방송도 모르고 언론의 자유도 모르는 검찰을 보면 한심해요. 이 사건은 우리가 명예훼손을 한 게 아니라 검사가 허위사실을 조작해서 20년 전통의 우리 PD수첩의 명예를 훼손하는 겁니다."

나는 법정에서 피고인이 그렇게 자유롭고 신랄하게 검찰을 공격하는 게 허용되는 건지 의아했다. 그들은 출석하고 싶으면 출석하고, 안 나오고 싶으면 안 나왔다. 일하느라고 바쁘다고 하면 재판부가 그 사정을 들어주려고 애쓰는 모습을 보기도 했다.

재판부도 마찬가지다. 고소인인 내가 1심법정에 증인으로 나갔을 때 말 한마디 하려고 하면 문성관 판사가 도끼눈을 부릅뜨면서 위증죄로 처벌받을 수 있으니까 말조심하라고 하면서 입을 막았다. 고소인과 피고인 사이의 대우에 너무 많은 차이가 난다.

방송국으로 압수수색을 하려간 담당검사의 모습을 뉴스를 통해 보았다. 붉은 띠를 매고 주먹을 흔드는 노조 앞에서 검찰은 이미 명분과 주도권을 빼앗겼다. 허위선동방송이라는 사건의 본질은 증발하고 공권력에 의한 언론탄압의 형태로 모습이 바뀌었다.

재판부는 검찰의 피의자 신문도 허락하지 않았다. 검사는 나중에 체포영장을 받아 PD수첩 제작진을 검거했다. 잡혀온 제작진은 묵비권을 행사했다. 그리고 나갈 때 오히려 나중에 두고 보자고 협박을 했다는 말을 전해 듣기도 했다. 1심법정에서도 검찰은 PD수첩 제작진에게 진실을 따지지 못했다. 인터뷰 원본필름조차 입수하지 못했다.

정말 PD수첩이 두고 보자는 말은 맞았다. 검사 스폰서사건이 터졌다. 부산의 한 건설업자가 검사장부터 시작해서 평검사까지 룸살롱에 가서 대접하고 여자까지 붙여줬다는 스캔들사건이다. PD수첩은 독점적으로 그걸 방영해서 검찰을 쑥대밭으로 만들어 놓았다.

고소인과 외교관

나는 2009년 12월 2일 오후 2시경 서울 형사지방법원 519호 법정에서 증인석에 앉아 있었다. 처음 앉아보는 형사재판정은 참 묘한 느낌을 줬다. 전에 가서 법정 구경을 했을 때 보던 죄인의 자리에 내가 앉아 있었다. PD수첩 제작진들은 변호사를 대동하고 검사석과 대칭된 맞은편에 앉아 나를 준엄하게 신문하는 위치였다.

나는 법을 모른다. 그렇지만 대한민국의 고위공무원으로 상식은 갖추었다고 생각한다. '대한민국의 법질서를 위해 고소한 내가 이렇게 주눅이 들면서 말해야 할 위치는 아닌데' 하는 느낌이 들었다. 검사가 내게 묻기 시작했다.

"PD수첩 방송 이후 사직서를 제출하셨는데 그 이유는 뭡니까?"

사직서라는 말에 눈물이 핑 돌았다. 외교관이라는 그 성스러운 직업은 나에게는 전부였다. 순간적으로 기억 저편에 있던 과거가 떠올랐다.

천대받는 전라도의 땅끝 해남에서 6·25전쟁 중에 태어났다. 어린 시절 지게 지고 산에 가서 삭정이를 구해오고 봄이면 밭에서 농사를 짓다가 초등학교를 마치고 서울로 올라왔다. 어떻게 해서든 자식만은 제대로 공부시켜야겠다는 아버지의 열망 때문이었다.

눈이 내려 쌓이고 매섭게 춥던 날 가족은 서울 외곽의 산동네에 거처를 잡았다. 새벽이면 일어나 신문을 돌렸다. 차디찬 비를 맞으면서 품속의 신문이 젖지 않았는지 확인하고 또 확인하면서 동이 트지 않은 밤거리를 뛰었다. 열심히 공부했다.

고등학교시절 흥사단이란 서클에 들어갔다가 우연히 도산 안창호 선생을 알게 됐다. 그는 내게 대한민국이라는 국가의 귀중함을 알려주었다.

청렴과 신중함과 근면을 의미하는 '청 · 신 · 근'(淸 · 愼 · 勤)

감옥에 들어가는 자기희생을 통해 애국하는 방법을 가르쳐 준 분이다. 나는 외교관이 되고 싶었다.

다른 대학생들에게는 낭만도 있고 청춘도 있었지만 내게 그런 것들은 사치였다. 자본주의 속에서 가난한 전라도 시골청년이 성공하기란 쉽지 않았다. 대학을 졸업하고 중소기업에 취직했다. 혼자 무역업무에다 사환 일까지 도맡아야 했다. 취하지 않게 약을 한 주먹 가득 입에 처넣고 술 접대 자리에 가곤 했다. 그래도 꿈을 빼앗길 수는 없었다. 사표를 낸 후 목숨을 걸고 공부했다.

1979년 4월 외무고시에 합격했다. 하얀 눈물을 뺨에 흘리면서 기뻐하던 아버지는 내게 액자를 하나 주셨다. 거기에는 '청 · 신 · 근'(淸 · 愼 · 勤)이라 적혀 있었다.

> '벼슬살이 하는 방법에는 오직 세 가지가 있으니 청렴과 신중함과 근면이다. 이 세 가지를 알면 몸 가질 바를 알리라'

나는 한국에 있을 때나 해외에 있을 때나 항상 이 액자를 거실 전면 중앙에 걸어놓고 뼈에 새기며 외교관생활을 했다. 아버지는 내가 결혼한 뒤 첫 부임지인 런던으로 떠날 때 며느리에게 곱게 싼 태극기를 주면서 항상 가지고 다니라고 당부했다.

쇼비니스트들의 무지

사무관 시절부터 우루과이라운드 협상에 관여하게 됐다. 100여 개의 시장을 한꺼번에 열어젖힐 수 있는 매우 중요한 협상이다. 그런 국제적 협상에 참여하다 보면 국내와는 다른 넓은 시각을 가지게 된다. 한국은 국제적 무역의 혜택을 많이 받는 국가 중의 하나다. 이익을 다른 국가와 나누는 것이 필요한 게 국제교역의 현실이다. 혼자만 이익을 보려는 이기주의는 치열한 국가간의 전장에서 통하지 않는다.

아르헨티나는 과거에 자동차를 생산하여 수출하던 경제력을 가진 국가였다. 그런 아르헨티나의 자동차회사가 우리나라 현대자동차와의 경쟁에 져서 이제는 현대차를 수입해서 사용하고 있다. 아르헨티나 대표는 이제 자기네 나라의 수출품은 쌀이라며 우리에게 수입해 달라고 요청하고 있다. 자동차를 팔면 쌀을 사주는 게 국제사회의 교역이다. 사고팔고 주고받는 법이다.

1990년 제네바에서 회의가 열리고 있을 때였다. 한국에서 온 한 농업인이 GATT 사무국에서 쌀 수입반대를 외치며 칼로 자신의 배를 찔러 자해한 사건이 발생했다. 한국은 절대로 쌀시장을 개방할 수 없다는 시위였다. 한국에서는 쌀 문제가 국내정치적으로 민감한 사안이었고 국제협상이 어떻든 간에 쌀은 들여오면 안 된다는 게 외교과제였다.

한국의 야당의원들이 국제회의장에 와서 한국에 외국 쌀이 들어와서는 안 된다고 떠들어 대기도 했다. 다른 나라들은 쌀에 관세를 매겨 시장을 보호하는데 우리는 그러면 다 죽는다고 박박 우겨 10년씩 두 번이나 유예를 받았다. 대신 엄청난 다른 대가를 치르고 있다. 겉으로 얻고 뒤로 잃는 게 국제협상이다.

국제무역의 원칙상 언젠가 수입의 물결이 보호주의의 둑을 넘을 것이 확실하면 아예 확실한 대비가 필요하다. 우리가 처음 10년간 쌀 관세화 유예기간을 얻었을 때 6년 유예밖에 얻지 못한 일본 정부는 국민들로부터 쓴소리를 들었다. 그런 일본 정부가 몇 년 안 가 그 좋다던 관세화 유예 해택을 스스로 내던지고 쌀 시장 전면개방을 단행했다. 관세화 유예를 대가로 엄청난 물량의 쌀을 의무적으로 수입해야 하는 부담이 크기 때문이었다.

그러나 우리 정치권의 입장에서는 표가 떨어지는 일이다. 수매가를 낮추어 국제가격과 국내가격의 차이를 줄여나가야 하는데 농업인들에 영합하려는 정치권은 오히려 쌀의 수매가를 계속 올렸다. 개방에 대비하여 국내적으로 준비할 시간을 주었더니 오히려 경쟁력만 약화시켰다. 나중에 쌀 시장을 전면 개방해야 하는 때가 오면 그동안 먹었던 꿀은 독이 될 것이다.

다시 쌀 수입문제가 국제협상의 의제로 대두되던 2003년 9월 멕시코의 한 회의장을 보자. 전 농민단체 회장이 쌀 개방반대를 외치며 칼로 자신의 심장을 찔러 자살했다. 그는 국내 농업인들에게는 안중근이나 이준과 같은 열사가 됐지만 한국을 바라보는 각국 대표들의 표정은 싸늘했다. 평소 가깝게 지내던 싱가포르의 대표가 내게 이렇게 말한 적이 있다.

> "한국은 자기네 유리한 분야에서는 악착같이 다른 나라의 양보를 얻으려 하고 농업과 같은 분야에서는 하나도 양보할 수 없다는 태도다. 쌀 문제는 목숨을 끊으면서까지 안 된다는 태도다. 그런 식이면 협상이 왜 필요한가? 한국인들이 국가간의 협상이란 게 무엇인지 알기나 하는지 의문이다. 협상은 많이 가진 것을 다른 나라에 주고 대신 필요한 것을 얻는 과정이다. 서로에게 이익이 되는 접점을 찾아가는 노력을 해야 하는 것 아니냐?"

국제사회가 어떻게 돌아가는지 알고도, 또 우리에게 더 많은 손실이 있다는 걸 알면서도 벙어리 냉가슴 앓듯 끙끙거려야 하는 게 우리 통상담당 외교관의 현주소였다. 국내에 들어와 모 지방도청에서 세계무역에 관한 설명회를 할 때였다. 수십 명의 시위대가 난입해 연단에 앉아 있는 나에게 사정없이 쌀을 뿌려대며 욕을 해댔다. 그 수모를 다 겪은 후 나는 시위대에게 물었다.

> "여러분에게 저는 누구입니까? 적입니까? 제가 여러분의 이익을 생각하지 않고 협상을 합니까? 협상진행상황을 설명하고 대책을 협의하러 온 저에게 폭행을 하는 이유가 뭡니까?"

나는 그게 내가 짊어져야 하는 십자가라고 생각했다.

매국노의 소리

2003년 세계무역기구 서비스협상 정부수석대표를 맡고 있을 때였다. 핵심문제는 우리나라의 교육 의료 법률시장 개방이었다. 미국의 학자 드러커는 한 책에서 '한국유학생들이 미국에 주는, 보이지 않는 이익이 엄청나다'며 숫자까지 인용해 발표한 적이 있다. 등록금뿐만 아니라 그들이 미국에서 살면서, 또 그 학부모들이 오가면서 쓰는 달러가 엄청나다는 것이다. 미국의 학자 말대로 한국에 우수한 학교의 분교가 생기면 국내적으로 엄청난 달러를 아낄 수 있다는 생각이었다. 체계적으로 발달된 외국의 의료서비스도 마찬가지였다.

외교협상은 여러 분야의 이익을 입체적으로 계산해야 한다. 국내 소비자의 입장도 생각해야 한다. 또 '주고받는다'는 국제협상 원칙상 우리가 외국의 교육기관과 병원을 설립하게 하면 그 반대로 우리도 외국의 의료시장에 진출하기 쉽고 외국 유학생들을 많이 유치할 수 있게 된다. 유통과 통신 건설 금융 해운 등에서 막대한 이익을 얻을 수 있는 기회가 오기도 한다.

우리가 시장을 넓히고 수출을 늘리는 방법은 협상이다. 적게 주고 많은 것을 받을 수 있도록 하는 것이 국가를 위한 일이다. 그러나 협상대표들에 대한 국내적인 반응은 서러울 정도로 이기적이었다. 기득권을 빼앗기지 않으려는 이익단체의 목소리만 컸다. 쓰나미 같은 메일이 나에게 쏟아졌다.

'교육주권 팔아먹는 민동석은 한국을 떠나라'

많은 사람들이 '개방은 무조건 손해'라는 편견을 가지고 마치 나를 나라를 팔아먹는 매국노같이 생각하고 침을 뱉었다. 하나님이 내게 주는 쓴 잔이라고 생각하고 그걸 감수했다. 국민들이 알든 모르든 나는 내 갈 길을 가야 했다. 서비스부문도 개방해야 할 것은 개방해야 한다. 국민들의 애국심에만 호소하는 시대는 지났다.

세계 1위 월마트와 세계 2위 까르푸가 국내에 들어왔을 때 국내 유통시장이 다 죽는다고 난리였다. 그런데 10여 년이 지난 지금 세계적인 유통업체들은 견디지 못하고 철수했다. 그 대신 그들을 밀어낸 경쟁력 강한 우리의 유통업체들이 북경과 상해 등 세계적인 대도시에 대거 진출하고 있다.

내것만 지키려고 주먹을 쥐고 있으면 새로운 더 많은 것을 잡을 수 없다. 그게 오늘의 국제통상이다. 생각을 바꾸면 길이 보인다. 수동적이고 방어적인 마인드로는 절대 살 길을 찾을 수 없다. 우리도 줄 것은 주고 요구할 것은 요구해야 한다. 우리 것을 막으면 남이 못 들어오게 할 수 있지만 우리도 밖으로 나갈 수 없다.

야간통행금지를 해제하고 교복자율화를 실시할 때도 반대가 많았다. 경부고속도로를 건설할 때 찬성한 사람은 박정희 대통령과 정주영 회장 둘 뿐이었다. '당장 굶어 죽는 사람이 천지인데 자가용 가진 사람을 위해 유람길 닦느냐'는 반대 목소리가 높았다. 포퓰리즘이었다. 장기영 부총리를 위시해서 온 국민이 반대했다. 결국 여당의원들이 밀어붙여 국회에서 통과됐고 경부고속도로는 한국의 빠른 경제성장에 든든한 기반이 됐다. 수출도 1억 달러를 달성한 것이 1964년이다. 그 후 42년 만인 2006년에 3천억 달러 수출을 달성했다. 불가능은 없다.

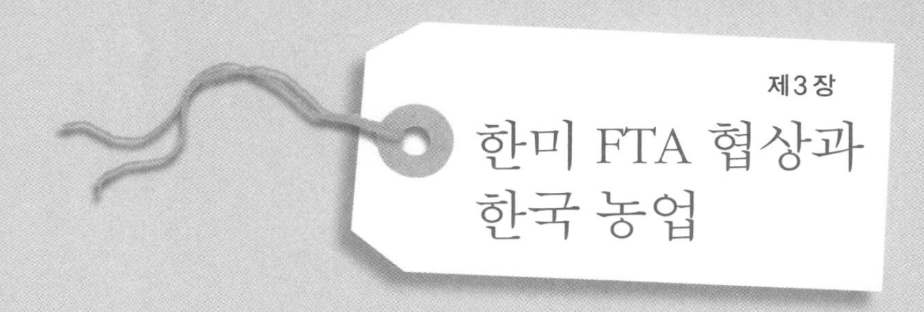

제3장

한미 FTA 협상과 한국 농업

나는 농업협상을 해오면서 방어만이 전부인 줄 아는
농업정책과 농업인들의 사고방식이 안타까울 때가 많았다.
그런 사고와 수동적인 방어로는 결코 농업개방의 파고를 이겨낼
수 없으리라는 게 나의 소신이기도 하다.
농업분야의 예산을 12조씩이나 쏟아 붓는데도
농업은 곧 망한다고 아우성이다.

'직업외교관이 농림부?'

직업외교관인 내가 농림부에 간 것은 한미 FTA 협상 때문이었다. 휴스턴 총영사로 있던 2006년 초 통상교섭본부장으로부터 전화를 받았다. 허리케인 카트리나 대참사의 현장에서 6개월간의 구호활동을 마치고 한숨 돌리고 있을 때였다. 본부장은 한미 FTA 협상이 막 출범했는데 농업협상이 전체 협상의 성패를 쥐고 있으니 농림부에 가서 농업협상을 맡아달라는 것이었다. 나중에 알게 된 사실이었지만 그것은 농업협상을 담당할 전문가를 보내달라는 박홍수 농림부장관의 요청이었다.

갑작스런 제의를 받고 나는 순간적으로 주저했다. 그것은 살아남기 힘든 전투현장으로 가라는 명령과 같았다. 우루과이라운드 협상, 쌀 협상, 마늘 협상 등에 참여했던 협상대표들이 성난 농심을 달래기 위해 줄줄이 희생제물이 되었던 사실이 머리를 스쳤다.

중앙일간지에 한미 FTA 협상을 앞두고 통상전문인력의 '가뭄'으로 농림부가 고심하고 있다는 기사가 났다. 농업통상분야가 '잘해야 본전이고 못하면 지탄받는' 기피보직으로 인식되면서 적임자를 찾기 어렵다는 내용이었다. 신문은 한미 FTA 협상이 출범했는데도 농림부 안에서 지원하는 사람이 없어 두 달째 비어 있는 농업통상정책관 인선에 어려움이 가중되고 있다고 덧붙였다. 차관보급 고위직인데도 농림부에서 전해 내려오는 이른바 '수건돌리기'의 희생양이 되기를 두려워했을 것이다.

농업협상에서는 아무리 협상을 잘해도 피해를 입을 수밖에 없다. 농업협상이 끝날 때마다 피해 규모를 둘러싸고 논란이 인다. 피해규모를 더 많이 인정받을수록 그만큼 많은 보상을 받아낼 수 있기 때문에 피해규모를 부풀리기 일쑤다. 농민표를 의식하는 정치인들은 정부의 부실협상을 질타한다. 정부는 성난 농업인들을 달래기 위해 피해를 인정하고 보상을 약속한다. 결국 비난의 화살은 협상대표에게 돌아간다. 협상대표는 성난 농업인을 달래기 위한 희생제물로 바쳐진다. 늘 계속되어 온 악순환이다.

한미 FTA 협상은 규모나 파급력에서 역대 통상협상과는 비교할 수 없는 초대형 협상이다. 나는 결국 몸을 던지기로 했다. 국가적으로 중요한 일을 위험하다고 피하는 것은 공직자의 자세가 아니라는 생각에서였다. 나는 농촌에서 태어나 농촌 일을 거들며 초등학생 시절을 보낸 사람으로서 마음속에는 늘 농업 농촌에 대한 진한 애정이 깔려 있었다.

외교부에 사표를 내고 농림부 생활을 시작했다. 차갑고 거친 광야에 홀로 선 느낌이었다. 30여 년 지기인 이명수 차관은 "이렇게 험한 곳에 와서 험한 일을 어떻게 하려고 하느냐"고 걱정했다.

박홍수 장관은 전략적으로 탁월한 인물이었다. 그에겐 한미 FTA 협상은 위기였다. 자신의 뜻과는 상관없이 정부의 최우선 과제로 채택된 한미 FTA를 피할 도리가 없었다. 그에겐 최전방에서 싸워줄 전사가 필요했다.

협상에서 세계 최대의 농산물 수출국인 미국의 목표는 역시 농산물이었다. 나는 우리 농업의 피해를 최소화하는 수준과 미국이 달성하고자 하는 목표는 동시에 달성하기 불가능한 조합 같아 보였다. 나는 아무리 한미 FTA 협상타결이 중요하다고 해도 농업개방은 우리 농업이 감내할 수 있는 한도까지라는 한계선을 마음속에 설정했다. 협상 자체도 어렵지만 협상 후 국내 농업인들을 이해시키고 설득하는 일이 더 큰 일이었다.

박홍수 장관은 머리회전이 빠른 사람이었다. 그는 간부들에게 "전장에 나가 싸우는 사람들과 좋은 관계를 가지라"고 당부하곤 했다. 전에 농림부와 외교통상부는 농업협상이 있을 때마다 사사건건 대립했지만 이번엔 달랐다. 나는 두 부처 실무선에서 서로 이해하고 정보를 공유하면서 대응할 수 있도록 세심하게 배려했다. 농림부 안에서도 개방에 저항감을 가진 품목 담당직원들을 협상대표단에 포함시켜 협상의 냉혹한 현실을 눈으로 보도록 했다. 두 부처는 위기에 처한 농업을 보호하기 위해 협상장에서 한마음으로 일했다.

한미 FTA

우리나라는 무역으로 먹고산다. 그렇게 하기 위해서는 수출시장을 확보해야 한다. 그런데 세계 각국은 자신의 경제를 보호하기 위해 높은 관세를 매겨 외국물품이 들어오는 걸 막고 있다. 관세를 높게 붙이는 나라에는 휴대폰 냉장고 같은 가전제품과 자동차 등 그 어떤 것도 팔아먹기 어렵다.

과거 영국이나 불란서 같은 나라는 힘으로 모든 걸 해결할 때도 있었다. 그러나 지금은 관세나 여러 무역장벽을 허물어뜨리는 방법이 FTA 협상이다. 상대방 나라와 FTA를 체결하면 관세장벽이 허물어진다.

수출시장 중에서 가장 큰 것은 미국이다. 미국 한 나라만 잡아도 전세계 시장의 5분의 1을 잡는 셈이고 1조 7천억 달러의 돈을 잡는다. 돈이 도는 곳에 물건을 팔아야 한다. 아무리 땅이 넓어도 돈을 벌 수 없는 나라는 의미가 없다. 미국은 일본 중국 아세안을 합친 것보다 큰 시장이다. 또 미국과 관계를 잘 설정하면 높은 기술과 투자도 받을 수 있기 때문에 미국시장이 중요하다.

미국에 대한 얘기만 나오면 덮어놓고 반대하고 증오하는 세력이 있다. 하지만 이제는 미국에 대해 사대주의를 표방하는 어리석은 시절은 지났다. 한미 FTA는 노무현 정부의 최고 국정과제 중 하나였다. 일본과 중국은 미국과 FTA를 체결하지 않았다. 우리가 미국과 FTA를 시행하면 중국이나 일본에 앞서 미국 시장을 선점할 수 있고 유리한 조건에서 미국시장에서 경쟁할 수 있게 된다.

미국은 처음엔 선뜻 응하지 않았다. 여러 가지 이익과 손실을 계산하기 때문이다. 우리는 먼저 캐나다와 FTA 협상을 시작했다. 캐나다는 미국과 한 경제권을 이루기 때문에 우리의 물품과 서비스가 특혜조건 아래에서 캐나다로 가게 되면 미국으로도 자유롭게 스며들 수 있게 된다. 캐나다와의 협상은 미국을 자극했다. 결국 미국은 우리가 내민 손을 잡았다.

그러나 농업이 걸림돌이었다. 양국간 관세장벽이 무너지면 우리 공산품이 나가기 쉬운 동시에 미국의 값싼 농산물이 쏟아져 들어오기 때문이다. 농업시장의 개방협상 대표 자리는 아무도 맡지 않으려 한다. 뚫릴 것이 예정된 성문 중 가장 약한 부분을 방어하는 수문장의 역할이기 때문이다. 아무리 열심히 해도 욕먹고 얻어맞는 역할이다. 나는 빛이 나는 자리만 쫓아다닐 마음은 아니었다.

내가 자란 근처에 있는 울돌목에서 이순신 장군은 몇 척 안 되는 배로 쏟아져 들어오는 수많은 일본의 배들을 막았다. 이순신 장군이 막았지만 일본군은 상륙해서 평양으로 진군해 가기도 한 게 역사의 현실이다. 대한민국의 제일선에 선 나는 외국과 협상테이블에서 싸우는 장수의 역할을 맡고 있다는 사명감을 항상 가슴속에 품고 있었다.

휴스턴에는 '앰디앤더슨'(M. D. Anderson)이라는 세계적으로 유명한 암센터가 있다. 그 병원에서는 특별한 경우가 아니면 링거 주사를 놓지 않는다. 링거는 환자의 식욕을 감퇴시켜 스스로 이겨 낼 힘을 잃게 한다는 것이 이유다. 환자가 통증을 호소한다고 진통제만 처방해 준다면 그 환자는 머지않아 진통제 없이는 견디지 못하고 갈수록 더 많은 진통제를 필요로 한다. 진통제와 링거 주사만 주는 의사가 진정으로 환자를 위하는 의사는 아니다.

정부의 정책은 농민 달래기에 급급한 측면이 많았다. 추곡가 인상과 쌀 관세화 유예가 대표적으로 경쟁력을 약화시키는 정치적 처방이었다. 그것은 농민을 살리는 정책이 아니라 결국에는 저항력을 잃고 죽게 만드는 정책이다. 힘들고 아파도 스스로 이겨내고 일어설 수 있는 힘을 길러

주는 것이 올바른 치료법일 것이다.

FTA가 아니라도 세계적인 농업개방의 흐름을 막을 수 없다. 어차피 닥쳐야 할 것이라면 적극적으로 받아들이고 대처해 나가는 것이 오히려 어려움을 쉽게 극복하는 길이다. 외부의 자극이 없는 경쟁력 향상이란 불가능하다. 미꾸라지 통에 메기를 넣어 생명력이 커지게 하는 이치다. 개방을 통해 농업의 체질을 강화하고 경쟁력을 길러야 한다.

정부가 모든 것을 해결해 줄 수 없다. 정부의 지원 아래 농업인 스스로 자구책을 마련하고 경쟁력을 길러야 한다. 엄청나게 까다로워진 소비자들의 입맛에 맞춰 경쟁력 있는 제품을 생산하고 공급해야 한다. 이제 국민들의 애국심에만 호소하는 시대는 지났다. 월마트와 카르푸가 국내유통업체와의 경쟁에서 이기지 못하고 떠난 것은 우리 소비자들의 수준을 따라가지 못하였기 때문이었다. 우리 것을 무조건 보호하고자 하면 결국 그것이 부메랑이 되어 우리 발목을 잡을 것이다.

사활을 건 싸움

세계 최대의 농산물 수출국인 미국의 주종 수출품은 한국의 최고 민감 품목과 일치했다. 미국의 주된 공격목표는 한국의 농업시장 개방이었다. 반면 한국으로서는 농업의 피해를 최소화해야 했다. 한국이나 미국이나 농업협상에서 사활을 건 싸움을 할 수밖에 없다.

미국 협상대표단은 농업계와 정치권으로부터 한국의 농업시장 개방과 관련, 많은 정치적 압력을 받고 있었다. 미국은 처음부터 쌀을 비롯한 모든 품목에 대해 '예외 없는 관세철폐'를 요구했다. 반면, 한국은 '민감 품목에서는 반드시 예외가 인정돼야 한다'는 입장으로 맞섰다.

한미 FTA 협상 농업분야 고위급 협상(2007년 3월 19일)

이해관계가 부딪히는 민감한 품목에서 양국의 입장이 팽팽하게 맞섰다. 양국은 1,531개 농산물 중 민감한 품목이라고 생각되는 284개 품목을 '미정'(未定)이라는 카테고리를 속에 넣어두고 민감도가 낮은 품목부터 논의하기로 했다. 사실 이 방식은 좋은 전략은 아니었다. 민감품목에 대해 마지막 줄다리기를 할 때 우리가 사용할 카드가 없어지기 때문이다. 그렇다고 마냥 민감품목만 붙들고 평행선만 달릴 수는 없었다. 농업분야에서 진척이 없으면 전체 협상이 동력을 잃을 수도 있다.

나는 농업협상에 임하는 전략과 입장을 설정했다. 매주 관계부처 1급 대표들이 한미 FTA 협상 진행상황을 점검하고 대책을 협의하는 자리에서 농업협상에 대한 세 가지 원칙을 제시했다. 첫째, 농업은 한미 FTA 협상에서 가장 피해가 예상되는 분야이므로 농업의 민감성이 반드시 반영돼야 한다. 둘째, 농업분야의 협상이 다른 분야 협상보다 앞서 나가서는 안 된다. 셋째, 농업과 다른 분야를 거래해서는 안 된다. 이 협상원칙은 정부 안에서 공감대를 형성했다.

오렌지 전쟁

협상을 한창 하고 있는데 제주도청에 파견된 외교부 자문대사로부터 급한 연락이 왔다. 김태환 제주도지사가 하얏트호텔 협상장으로 가고 있으니 잠깐이라도 만나달라는 것이었다. 감귤 때문이었다. 협상이 급박하게 돌아가는 순간이라 일분일초가 아까웠다. 미국 측 크라우더 대표에게 양해를 구하고 지하 별실로 내려갔다. 김 지사와 국회의원 두 명, 그리고 머리를 빡빡 깎고 그 위에 오렌지 수입반대의 띠를 두른 조합장들이었다.

"제주도에서 감귤은 쌀과 같습니다. 관세가 철폐돼 미국의 오렌지가 쏟아져 들어오면 제주도는 망합니다. 오렌지는 쌀과 같이 취급해야 합니다."

오렌지에 대해서는 이미 협상이 상당한 진전을 이룬 상태였다. 미국의 입장에서 오렌지는 쇠고기 못지않게 이해관계가 크게 걸린 문제였다. 한국은 미국 오렌지 수출량의 3분의 1을 소비하는 시장이다. 더구나 오렌지의 주생산지인 캘리포니아 주는 낸시 펠로시 하원의장 등 민주당 중진들의 정치적 텃밭이다. 오렌지는 미국정부가 한 발도 물러서기 어려운 품목이었다. 나는 다시 협상장에 돌아와서 오렌지에 대한 기존의 협상진행사항을 모두 원점으로 돌리자고 일방적으로 선언했다.

크라우더 대사와 미국대표들의 눈이 휘둥그레졌다. 당혹해하기는 우리 대표단도 마찬가지였다. 오렌지 협상에서는 이미 상당한 진전을 이루었는데 갑자기 후퇴한다는 게 말이 되느냐는 것이었다. 나는 이들의 의견을 묵살했다. 쌀은 어떻게 해서든지 막겠지만 협상이 끝난 뒤 가장 문제가 된다면 그것은 오렌지일 가능성이 컸다.

나는 미국 대표단에게 오렌지를 쌀과 같은 비중으로 취급해 관세철폐 대상에서 제외해야 한다고 강하게 요구했다. 미국이 우리에게 민감한 품목에 대해 '예외 없는 관세철폐'라는 입장을 굽히지 않고 있는데 내가 미국의 최대 관심품목인 오렌지 문제를 미국 요구대로 호락호락 들어줄 필요가 없었다. 나는 모든 품목에 대한 최종 합의가 이뤄지기 전까지는 부분적인 합의를 인정할 수 없다는 점을 분명히 했다.

나는 물을 마시기 힘들 정도로 신경이 예민해졌고 식사도 할 수 없었다. 미국을 설득해야 하는데 요지부동이었다. 자동차나 전자제품 등 다른 분야에서 볼멘소리가 들려왔다. 농업분야의 협상이 진전돼야 공산품 분야 협상을 진행할 수 있다는 것이다. 미국 측은 농업분야에 길이 뚫리지 않으면 다른 부분 협상은 하지 않겠다는 전략이었다. 농업협상을 맡은 나는 미국시장을 놓치게 하는 원흉이 될 운명이었다. 수십 병의 물을 마셨는데도 목이 탔다.

나는 크라우더 대사와 200여 개의 민감한 품목을 놓고 싸움을 하고 있었다. 크라우더는 여전히 예외 없는 관세철폐를 요구하고 있었다. 쇠고기와 돼지고기 포도 등 민감한 농산물이 산적해 있었다. 나는 예외를 인정해야 한다는 입장에서 한 걸음도 물러서지 않았다. 협상시간은 종료시한을 향해 달려가고 있었다. 2007년 3월 31일 토요일 새벽 1시까지 협상이 타결되지 않으면 한미 FTA 협상은 결렬된다.

다른 분야의 협상은 모두 중지된 상태였다. 피를 말리는 싸움이었다. 농업분야에서 이긴다는 것은 애초에 불가능한 것이었다. 버티는 것 외에는 방법이 없었다. 미국 측도 조금도 양보하지 않았다. 크라우더 대사는 미국 업계의 이익을 철저히 대변하고 있었다. 20시간이 흐르고 벼랑 끝 협상이 결렬되는 순간이 다가오고 있었다.

"그만 합시다"

마침내 내가 미국 측 크라우더 대표에게 선언하고 자리에서 일어났다.

시계를 보니 아침 5시 15분이었다.

"농업 때문에 한미 FTA 협상을 망치려고 합니까?"

우리 대표단으로부터 엄청난 질책이 왔다. 사실 그 압력이 더 견디기 힘들었다. 내 소신은 달랐다. 쌀을 막지 못하는 한 차라리 협상을 결렬시키는 게 낫다는 생각이었다.

• • •

국내정서나 정치인들의 생각은 외국의 농산물이 들어오는 걸 막는 데에만 쏠렸다. 그러나 국제사회에서 함께 살아가는 이상 그건 불가능하다. 오히려 역발상을 통해 외국의 농축산물을 들여오면 우리도 수출할 것을 찾아 수지균형을 맞추든지, 농업분야에서 이익을 볼 생각을 하는 게 더 타당하다.

대부분 사람들은 우리 농산물 중 미국이나 중국 일본 아니면 다른 나라에 수출할 게 뭐 있을까 하고 막연하게 생각한다. 그러나 막상 현장을 다녀보면 뚫을 구멍은 얼마든지 있다는 걸 알게 된다. 사과가 떨어지는 걸 똑같이 보고도 뉴턴은 만유인력을 본다. 돼지도 사람과 같이 진주의 모양과 빛을 보기는 하지만 그 쓸모와 효용은 모른다. 볼 줄 아는 마음의 눈만 가지면 전혀 다른 세상을 만들 수 있다는 게 통상분야의 협상을 하면서 깨친 나의 교훈이었다.

우리의 식품점에서 천대를 당하는 유자차를 예로 들어보자. 유자는 수확철이면 가격이 폭락해 농민들의 애물단지가 된다. 그런데 유자를 가공한 유자차가 예상치 않게 중국에서 큰 인기를 끌었다. 중국의 유자는 쓴맛이 난다. 그러나 한국산 유자차는 중국인들이 좋아하는 황금빛깔에다 향이 좋고 절편이라 씹기도 좋다. 중국의 젊은 여성들 사이에서 '비타민 C가 풍부해 미용에 좋은 건강식품'이라는 입소문을 타면서 유자차는 중국 전역에서 히트를 쳤다. 중국에서는 절대 만들어 낼 수 없는 한국적인 식품이었다. 유자뿐 아니라 복분자도 마찬가지 특색을 가지고 있다.

나는 중국 북경의 최고급에 속하는 연사백화점의 매장을 둘러본 적이 있다. 식품코너에서 400여 종의 외국산 가공 농식품이 판매되고 있었다. 그 중 한국 품목은 눈높이 진열대에 전시돼 많이 판매되고 있는 걸 목격했다.

소주도 중국의 젊은이들에게 인기를 얻고 있었다. 그들은 한국의 드라마를 보면서 '거기에 소주가 있고 인생이 있다'며 도수 높은 중국 술 대신 한국 소주를 사 마신다고 했다. 한류의 영향이 판매에 커다란 힘이었다.

이미 중국에는 외국의 농식품을 사먹는 고소득 소비자층이 5천만 명을 넘었다고 한다. 그들은 중국산 음식의 안전성을 불신하며 한국이나 일본 식품을 선호하고 있다고 한다. 중국을, 명품화된 우리 농식품을 수출할 수 있는 시장으로 봐야 하는 이유다. 중국이 가짜를 만들 수 없는 최고급 제품은 시장성이 있다는 걸 깨달았다.

바티야 부대표와의 한판

협상시한이 이틀 연장됐다. 새로 설정된 시한은 4월 2일 오전 1시. 미국에서는 협상권한을 행정부가 아닌 의회가 가지고 있다. 미국 행정부가 의회로부터 받은 협상권한은 석 달 후인 6월 30일 밤 끝난다. 미국 행정부는 이번에 한국과 협상을 완료하면 한국과의 FTA에 서명하겠다는 의사를 의회에 통보하게 되어 있다. 4월 2일 오전 1시는 그 통보시한이다.

일요일 아침 협상을 재개했다. 갑자기 미국 협상대표 한 사람이 어떤 문서를 우리 측 대표들에게 나눠주고 있었다. 쌀에 관한 미국 측 제안을 담은 문서였다. 나는 문서들을 다 걷어오게 해서 크라우더 대사 앞에 던지며 소리쳤다.

"쌀은 안 된다고 했잖습니까!"

크라우더 대사의 얼굴이 붉어졌다. 그는 철저하게 업계의 이익을 대변하고 있었다. 밖에서 대기하고 있는 업계 대표들과 끊임없이 전화로 연락을 취하면서 제안내용이 바뀔 때마다 계산기를 사용하여 손익을 계산하고 업계의 승인을 구했다. 우리 농업인들이 밖에서 며칠째 시위하고 있는 것과는 대조적이었다. 미국의 업계는 자국의 협상대표단에게 협상 대응논리 등을 제공하고 있었다. 나는 크라우더에게 "정부의 협상대표냐, 아니면 업계대표냐" 하고 핀잔을 주었지만 솔직히 그가 부러웠다.

크라우더 대사는 불가피한 일정 때문에 자신이 협상을 마무리하지 못하고 떠나야 한다고 했다. 그도 협상시한이 연장될 줄 예상하지 못했던 것 같았다. 미국 측 수석대표인 바티야 미 무역대표부(USTR) 부대표가 급히 농업협상장으로 달려왔다. 그는 통상교섭본부장의 카운터파트인데 농업협상 고위급 대표인 나를 만나자고 온 것이 이상했다.

협상대표들을 물리친 뒤 그와 단둘이 앉았다. 그는 심각한 표정을 지으며 말했다.

“크라우더 대사가 불가피한 일정 때문에 마지막까지 협상을 마무리하지 못하고 출국해야 합니다. 솔직히 말씀드려 농업협상은 크라우더 대사가 전권을 가지고 있고 저한테는 권한이 없습니다. 크라우더 대사가 떠나면 농업협상은 더 이상 할 수 없습니다. 농업협상이 결렬되면 당연히 전체 FTA 협상이 결렬됩니다. 그가 떠나기 전에 빨리 타협해 주십시오. 만약 이번 협상이 결렬되면 그건 전적으로 당신 책임입니다.”

나는 그의 얼굴을 빤히 바라보았다. 그의 말이 진심일 수 있었다. 그의 표정이 그걸 말해주고 있었다. 크라우더 대사는 바티야 부대표보다 스무 살이나 연상이었다. 더구나 크라우더는 농업부차관까지 역임하고 업계에서 잔뼈가 굵은 인물이었다. 그리고 지금은 상원으로부터 농업협상에 관한 전권을 가진 농업협상 대사다. 바티야 부대표가 어려워하는 것은 충분히 이해할 수 있었다.

나는 그의 말에 이렇게 대답했다.

“저는 지금까지 수많은 협상을 했지만 이런 상황은 처음입니다. 장관급 수석대표가 상대측 고위급 대표에게 와서 자신은 농업협상에 권한이 없다고 하면서 자기네 고위급 대표가 떠나기 전에 빨리 타협을 하라고 합니다. 이게 말이 된다고 생각하십니까? 크라우더 대사가 떠나든지 여기 남아서 계속 협상을 하든지 그건 제가 관여할 사항이 아닙니다. 그건 미국 협상대표단이 알아서 할 문제입니다. 크라우더 대사가 떠나야 한다면 장관께서 대신 협상을 하십시오. 그렇지 않으면 다른 사람을 고위급 교체대표로 임명하십시오.”

그리고는 단호하게 말했다.

“분명히 말씀드리겠습니다. 미국정부가 진정으로 농업분야에서 합의를 하기 원한다면 한 가지 방법뿐입니다. 그것은 요구수준을 낮추고 민감품목에서 예외를 인정하는 것입니다. 만약 농업협상을 타결하고 싶으면 크라우더 대사에게 빨리 민동석 차관보와 타협하라고 하십시오."

바티야 부대표가 근심어린 얼굴로 돌아갔다.

'쌀을 꺼내면 책상을 엎어버려라!'

농업협상은 농산물 관세철폐와 쇠고기 위생검역, 쌀 시장의 추가개방 등 세 가지에 집중되고 있었다. 미국 쇠고기 수입위생조건은 한미 FTA 협상의 의제에 포함되어 있지 않았다. 그러나 미국정부는 의회로부터 한미 FTA 협상을 하는 기회에 반드시 쇠고기 문제를 해결해야 한다는 주문을 받고 있었다.

내가 가장 신경 쓴 부분은 역시 쌀이었다. 쌀은 우리 국민의 주식으로 농가에서 차지하는 비중도 가장 크고 우리 농업의 취약성을 상징적으로 보여주는 품목이기도 했다. 더구나 2년 전 쌀에 대한 관세화 유예를 10년간 연장하는 대신 막대한 물량을 의무적으로 수입하기 때문에 더 이상 미국으로부터 추가 수입할 여지가 없었다.

그러나 미국의 요구는 집요했다. 일각에서 쌀은 한미 FTA 협상의 대상이 아니라고 하지만 이는 WTO 협정과 FTA를 이해하지 못한 데서 나온 말이다. 개별 국가간 FTA 협상에서는 양국이 협상대상에서 제외하기로 합의하지 않는 한 모든 품목이 협상의 대상이 된다. 심지어 WTO 비회원국과도 가능한 것이 FTA이다.

미국 캘리포니아지역은 물론이고 아칸소 주 쌀 생산업자들도 한국에 쌀을 더 수출할 수 있도록 해달라고 미국정부에 압력을 넣고 있었다. 미국정부는 한국과 같은 막강한 경제력을 가진 국가에게 쌀과 같은 중요 품목에서 예외를 인정하게 되면 앞으로 일본 중국 등 다른 나라와의 협상에서 나쁜 선례를 남기게 될 것을 우려하고 있었다. 미국대표단은 쌀에 대한 요구가 관철되지 않으면 다른 품목의 양보를 얻어내기 위한 협상 지렛대로라도 활용하려는 의도를 내비쳤다.

나는 처음부터 쌀은 협상의 대상이 아니라는 점을 분명히 했다. 미국이 쌀 문제를 제기하면 협상테이블을 둘러엎을 생각까지 했다. 대표단에도 '미국이 쌀을 꺼내면 협상테이블을 엎어버려라!'라고 지시했다.

나는 미국이 끝까지 쌀을 요구하면 비장의 무기인 존스액트(*Jones Act*)로 대응할 전략이었다. 미국에서 사람과 물자의 수송은 미국에서 건조되고 미 국민이 소유한 미국국적선만 할 수 있다. 그게 바로 '존스액트'였다. 미국 국내 화물물동량의 97%와 미국 선원 일자리의 90%를 차지하고 연간 100억 달러의 경제적 파급효과를 가진 규정이다.

존스액트는 외국의 접근을 원천적으로 차단하는 독점적인 규정임에도 일찍이 국제기구로부터 예외를 인정받은 조치였다. 나는 한국도 해운분야에서 경쟁력을 가지고 있음을 들어 미국 연안운항권 참여를 요청하겠다는 것이다. 미국이 받아들일 수 없는 것으로 맞불을 놓자는 전략이었다.

미국이 몇 차례 쌀 문제를 제기하려 했지만 나는 논의 자체를 거부했다. 바티야 부대표는 결국 장관급회의에서 쌀 문제를 꺼냈다. 우리는 미리 준비했던 존스액트 카드로 대응했다. 결국 미국은 쌀 문제에 대한 요구를 관철시키지 못했다. 그리고 다른 요구를 관철시키기 위한 협상카드로도 사용하지 못했다.

• • •

외국 쌀값이 아무리 싸다 해도 우리는 역시 쌀을 생산해야 한다. 이유가 있다. 외국의 쌀 수출업자가 쌀값을 턱없이 올려 무기화하면 우리는 위기에 처한다. 그렇다면 쌀농사의 방향을 어떻게 잡아야 할까. 나는 특화하고 고급화해 오히려 역수출을 하는 것이 좋다는 생각을 했다.

LA에서 미국 쌀 바이어들을 만났다. 그들은 한국 쌀이 씹는 맛도 있고 2~3일 뒤에도 밥맛이 변하지 않아 미국계의 칼로스쌀이나 일본계 쌀보다 품질이 우수하다고 평가했다. 한국 쌀을 잘 개발하면 일본음식인 스시시장을 넘볼 수 있다는 판단이 들었다.

미국에는 250만 한국동포가 살고 있다. 아시아계 인구가 1,500만 명에 이른다. 그들은 자라면서 입맛을 들였던 아시아 쌀을 선호한다. 그들을 대상으로 명품 쌀을 만들어 수출할 수 있다는 생각에 미쳤다. 나는 장차 미국에 농산물을 수출할 유리한 여건을 만들기 위해 대부분의 미국 농산물 관세가 한미 FTA가 발효하는 즉시 철폐되도록 해놓았다.

이제 우리 쌀이 미국에 들어갈 여건이 되었다. 굳이 쌀 자체로 들어가지 않아도 된다. 미국인에게 쌀은 다이어트 음식재료로 인기가 올라가고 있다. 국내에 개점한 미국계 커피 전문점에서 경기미로 만든 '호박떡'을 팔기 시작했다. 얼핏 어울리지 않을 것 같다는 고정관념을 깬 것이다. 음료와 가벼운 간식거리의 개념으로서 둘은 궁합이 맞았다. 호박떡이 치즈케이크를 제치고 비음료 부문 매출 1위에 오르기도 했다. 나는 미국의 쌀 공격은 방어하고 우리의 쌀 수출시장 문턱은 낮췄다.

'대한민국 역사가 바뀌는구나!'

크라우더 대사는 '예외 없는 관세철폐' 입장을 고수하고 있었다. 그는 내게 쌀을 추가 개방하고 모든 민감품목의 관세를 즉시 철폐하라고 요구했다. 한미 FTA 협상을 타결하려면 농업협상에서 합의를 이뤄야 하지만 어려운 농업 농촌의 현실을 생각하면 미국의 요구대로 합의해 줄 수 없었다. 나는 쌀은 결코 협상의 대상이 될 수 없고 민감품목들은 최대한 예외를 허용해야 한다고 강경하게 대응했다.

나는 미국이 다른 나라와 한 협상내용을 조사했다. 미국의 약점을 발견할 수 있었다. 미국이 2004년 호주와의 협상에서 설탕 유제품 등 민감한 분야에서 예외적 취급을 받은 것이다. 나는 미국이 한국에 대해 다른 잣대를 사용하고 있다고 따졌다. 강경한 크라우더도 할 말을 잃었다.

피를 말리는 협상과정을 거쳐 마침내 크라우더가 항복했다. 쌀을 FTA 대상에서 제외하고 오렌지 등 대부분의 민감품목에서 관세철폐 예외를 인정했다. 우리가 이겼다. 그것은 대한민국 농업인들의 승리이기도 했다. 나는 어려서 논에 가 피를 뽑고 물을 대던 기억을 떠올렸다.

쌀을 막았다. 나는 미국농산물이 한국시장에 접근하도록 어느 정도 허용하되 대신 예외적인 취급을 받는 물품을 정하는 방식을 취했다. 전체 1,531개 품목 중 10% 이상의 민감한 품목을 예외로 만들어 개방의 피해를 줄였다. 또 대부분의 민감한 품목에 대해 관세철폐 기간을 15년 이상의 장기간으로 설정해 우리 농산물에 미치는 충격을 최소한으로 줄였다.

특히 첨예하게 대립했던 쇠고기 관세(40%) 철폐기간은 15년으로 합의했다. 언론은 10년 정도로 예상하고 있었지만 나는 5년이나 더 긴 기간을 확보했다. 나는 1년에 2.7%씩 관세를 낮추는 동안 국산 한우의 경쟁력을 높인다면 큰 피해가 없을 것으로 생각했다.

이미 수요량의 대부분을 수입에 의존하는 품목은 과감히 관세를 철폐하는 방법으로 생색을 내기도 했다. 대신 우리가 장차 미국에 농산물을 수출할 것에 대비해 대부분의 농산물에 대한 미국의 관세를 한미 FTA가 발효하는 즉시 철폐하도록 했다.

국내외 가격차가 큰 콩과 감자 분유 천연꿀 등은 수입쿼터를 설정하는 방법을 택했다. 이들 품목은 관세가 높으므로 관세를 철폐하게 되면 국산 제품과 국내 수급상황에 심각한 영향이 있게 된다. 그래서 쿼터 범위 내에서 수입되는 물량에 대해서는 관세를 부과하지 않지만 그 한도를 넘어선 물량에 대해서는 현행관세를 그대로 부과해서 수입을 제한하기로 했다.

오렌지 포도 감자의 경우 우리농민들이 농산물을 출하할 때에는 관세를 붙여 수입을 제한하고 생산되지 않는 시기에 일정량을 쿼터제로 관세를 없애거나 낮추어 수입하도록 했다. 계절관세의 개념이었다. 사과나 포도가 생산되지 않는 계절에 외국 과일을 싸게 사 먹을 수 있는 것도 국민을 위해 괜찮다는 생각이었다.

미국의 과일이나 농산물이 우리나라에 수입되는 시기와 국내 농산물의 출하기가 겹치지 않도록 세심하게 한 품목 한 품목 배려했다. 우리의 포도는 5월에서 10월 사이 시장에 나온다. 그 시기에 들어오는 포도에 대해서는 계절관세를 부과하기로 했다.

오렌지는 9월부터 2월까지 시장에 나오고 감자는 5월부터 11월 사이에 농수산물 시장으로 출하된다. 미국은 한국의 구정대목이 좋다는 걸 알고 그 시기에는 관세를 부과하지 말아달라고 요구했다. 나는 구정대목에 미국 오렌지가 들어오지 못하도록 하기 위해 2월 말까지는 미국 오렌지에 계절관세를 부과하도록 했다.

포도도 마찬가지였다. 미국 포도에 계절관세를 부과하는 기간을, 우리는 5월부터 10월 말까지로 주장한 반면 미국은 추석 대목을 노려 9월 말까지를 요구했다. 나는 10월 15일로 절충했다.

사과와 배는 국내산과 경쟁관계에 있는 후지사과와 동양배만 문제가 된다. 나는 이들 제품에 영향이 없도록 관세 45%를 20년 동안 조금씩 철폐하기로 미국 측의 양보를 받아냈다. 대신 국산제품에 영향이 없는 다른 품종의 사과와 배에 대해서는 10년에 걸쳐 관세를 전부 철폐해 주기로 했다.

감자와 대두 중 민감한 식용 감자와 대두에 대해서는 현행관세를 그대로 계속 부과하도록 했다. 나는 관세철폐로 인해 미국산 농산물 수입이 급증하여 국내 농산물에 엄청난 영향을 미치게 되는 상황에 대한 비상대책이 필요했다. 이에 따라 쇠고기 돼지고기 사과 고추 마늘 양파 보리 같은 민감한 품목들의 수입이 일정물량 이상으로 급증하면 관세를 추가적으로 부과하여 국내시장을 보호하는 농산물 세이프가드제도를 적용하기로 미국 측과 합의했다.

언론은 내가 농업에서 피해를 최소한으로 줄였다고 평가했다. 농업분야의 협상이 풀리자 자동차 섬유분야에서도 실마리가 풀리고 전체 협상이 타결될 수 있었다. 4월 2일 12시 40분 김현종 본부장을 비롯하여 관계 장관들이 한자리에 모였다. 김종훈 수석대표와 나도 자리를 함께했다. 김현종 본부장이 전화로 바티야 부대표와 협상타결을 선언하는 순간, 나는 '대한민국의 역사가 바뀌는구나!' 하는 감회에 젖었다.

한미 양국 장관이 협상결과를 발표하는 동안 나는 과천으로 달려갔다. 수십 명의 농림부 출입기자들이 기다리고 있었다. 나는 기자회견장에서 협상결과를 설명하고 "나는 농업협상에서 최선을 다했습니다"라고 말했다. 내 말이 끝나기가 무섭게 박홍수 장관이 마이크를 잡고 이렇게 말했다.

"제가 민 차관보 말을 수정해야겠습니다. 농업은 한미 FTA 협상에서 유일하게 피해를 입는 분야입니다. 농업의 피해를 좀더 줄이지 못한 점

한미 FTA 협상 농업협상타결 후 기자의 질문에 답하는 저자(2007년 4월 2일) 연합뉴스

을 아쉽고 죄송하게 생각합니다. 이렇게 민 차관보의 말을 바꾸어주기를 바랍니다."

정치적 발언이었다. 협상이 있을 때마다 농업인들이 피해를 많이 입은 것으로 세뇌시키고 있었다. 정부는 그들을 달랜다고 협상대표를 속죄양으로 만드는 경우가 많았다. 콧물을 흘린다고 마이신이 들어있는 감기약을 먹이는 것보다는 근본체질을 강하게 해주어야 한다는 게 나의 생각이었다.

나는 농정을 책임진 장관의 마음을 이해하지 못하는 것은 아니지만 목숨을 걸고 협상을 해서 언론도 선방했다고 평가해 주고 있는데 장관이 농업인들의 인심이나 얻으려 하고 있는 것이 유감이었다. 장관은 내 말을 바꾸지 못했다. 나는 벼랑끝 협상을 타결했고, 살아날 수 있었다.

적극적 공격의 구상

나는 농업협상을 해오면서 방어만이 전부인 줄 아는 농업정책과 농업인들의 사고방식이 안타까운 때가 많았다. 그런 사고와 수동적인 방어로는 농업개방의 파고를 결코 이겨낼 수 없으리라는 게 나의 소신이기도 하다. 농업분야의 예산을 12조씩이나 쏟아 붓는데도 농업은 곧 망한다고 아우성이다.

나는 농업수출국인 네덜란드를 유심히 살펴본 바 있다.

남한의 40%에 불과한 작은 나라에서 화훼와 축산으로 1년에 수백억 달러를 벌어들인다. 바다보다 낮아 조금만 비가 와도 물난리를 겪는 척박한 토양이다. 흐린 날이 많아 일조량이 적다. 그런 상황에서 그들은 유리온실을 만들어 바람을 막고 인공햇빛을 통해 연중 농산물을 만든다. 열정을 기울여 한 작물이라도 세계 최고를 만들고 농가마다 전문성을 확보해 대를 이어 가족중심의 농업경영을 하고 있다. 나는 우리도 그렇게 하면 그들에게 지지 않을 것이라는 확신을 가졌다.

한국은 비행기로 1~2시간 거리에 엄청난 시장을 가졌다. 이미 소득수준이 높아진 중국엔 외국 농식품을 구입하는 사람이 1억 3천만 명을 넘는다. 대장금의 영향으로 한국음식이 인기를 끌면서 호텔 뷔페식당은 한국에서 수입한 김치를 공급하고 있다. 홍콩인도 김치를 즐겨먹는다.

한국산 딸기는 품질이 좋아 고급 케이크의 장식용으로 사용된다. 한국산 딸기의 인기를 타고 중국의 동북삼성에서 생산된 딸기가 한국산으로 둔갑하기도 한다.

일본은 농식품 수입액이 500억 달러인 세계 최대의 농림수산물 수입국이다. 동시에 우리나라 농식품의 최대수출시장이기도 하다. 방울토마토와 백합은 일본수입시장에서 1위를 지키고 있다. 가공냉면과 고추, 건강드링크류 등 한국의 다양한 농식품이 인기를 누리고 있다.

미국 역시 연간 640억 달러의 농식품을 수입하고 있다. 미국에 들어간 우리의 배는 대형유통업체인 멜리사에 이미 입점했다. 파프리카는 물론 미국인들이 좋아하는 한국의 버섯도 잘 팔릴 게 틀림없다. 삼계탕도 가능하다.

러시아에는 지하철과 버스정류장마다 예외 없이 꽃가게가 있다. 네덜란드에서 수입한 꽃 한 송이에 수만 원을 호가하기도 한다. 우리나라도 러시아에 장미를 수출하고 있다.

러시아 대도시의 신흥 부유층은 구매력이 대단하다. 러시아인들은 저축개념이 아직 미약해 소득이 생기면 바로 지출하는 성향을 가지고 있다. '아샨'이라는 대형마트는 쇼핑하는 사람으로 엄청나게 북적인다. 국산 명품쌀 정도 품질의 쌀이 불티나게 팔리고 있다. 나는 모스크바에 진출한 롯데백화점을 통해 우리의 백합과 농식품을 파는 꿈을 꾸기도 했다.

우리 농업여건은 유럽의 농업강국 네덜란드와 비교해 손색이 없다. 자연환경과 농부들의 열정, 정부의 의지 등 어느 하나 그들보다 뒤지지 않기 때문이다. 전세계 136개 재외공관이 농식품 수출의 전초기지가 되어 세일즈 활동을 벌일 수 있다. 발상의 전환과 자신감만 가지면 할 수 있다.

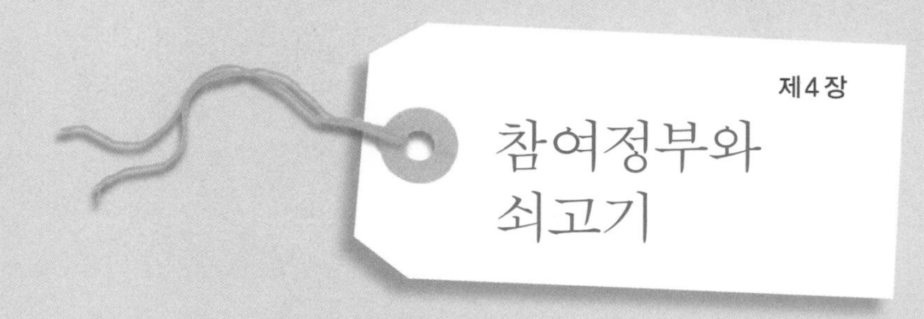

제4장 참여정부와 쇠고기

결국 노무현 대통령은 부시 대통령과 한 약속을 어겼다.
대통령의 약속 파기는 뼈 조각 사건에 이어
한미관계에 깊은 불신과 상처를 남겼다.
그리고 이명박 정부가 출범하자마자
그것은 엄청난 '쓰나미'가 되어 돌아오게 되었다.

'뼈는 뼈고 살은 살이다!'

나는 한미 FTA 협상 농업부문 고위급 대표로, 쇠고기나 돼지고기 닭고기 수입문제도 한국 측에 유리하게 합의를 이끌어냈다. 한국의 농가가 피해를 입지 않게 하려면 미국에서 들어오는 쇠고기에 40%의 관세를 계속 물려야 한다. 그걸 이뤄냈다. 협정체결 이후에도 한국의 축산농가가 경쟁력을 가질 수 있는 기간으로 충분한 15년 동안 관세를 부과하기로 한 것이다.

외국에서 쇠고기 같은 축산제품이 들어올 때 교묘하게 이중장치를 마련하기도 한다. 관세도 있지만 수입위생조건을 까다롭게 해서 미국의 쇠고기가 우리의 문턱을 넘지 못하게 하기도 한다. 그동안에도 미국의 쇠고기는 관세를 내고 수입되고 있었다. 다만 수입대상을 30개월 미만의 뼈 없는 살코기로 한정하고 있었다.

외국 쇠고기의 수입위생조건을 각국이 마음대로 정하는 것은 아니다. 조건을 일방적으로 까다롭게 하면 수입제한조치가 된다. 따라서 국제수역사무국(OIE)은 세계가 지켜야 할 공통된 기준을 정해 각국이 따르게 한다. 그런 국제기준은 지켜야 한다.

미국 측 고위급 협상대표인 크라우더 대사는 농업부차관 출신으로 업계에서 오랫동안 잔뼈가 굵은 인물이다. 그는 나에게 "미국은 곧 국제수역사무국에서 광우병위험통제국 지위를 받을 것"이라고 했다.

국제적인 전문가들이 모인 국제수역사무국은 나라에 따라 쇠고기 교역기준을 다르게 분류하고 있다. 나라마다 광우병에 대한 방지시스템이나 발생확률, 통제능력 등을 조사해 등급을 매긴다.

국제수역사무국이 미국에 광우병위험통제국 지위를 부여한 것은 미국이 소의 나이와 부위에 제한 없이 뼈를 포함한 쇠고기의 교역이 가능한 국가라는 뜻이다. 다른 나라와 무역을 하고 세계의 일환으로 편입된 국가는 국제적 전문가들이 모여 기준을 정하는 국제기구의 기준을 따라야 한다. 그러나 정부는 반대로 나갔다. 노무현 정부 당시 라디오에서 한 경제부처의 고위간부가 이렇게 말했다.

"편협한 국수주의가 마치 애국인 것처럼 사람들이 혼동하고 있습니다."

우물 안의 개구리처럼 세계를 보지 않고 국내여론이나 국민감정만 보는 사람들에 대한 경고이기도 했다. 노무현 정부 당시 무조건적인 반미감정이 고조되기도 했다. 국민정서상 미국산 쇠고기의 수입은 마치 제국주의의 물결이 넘쳐 들어오는 것으로 인식되기도 할 때였다.

당시 농림부장관은 미국쇠고기의 수입을 막는 방법을 강구하다 국제기준인 '뼈 없는'이라는 단어에 착안했다. 뼈를 수입장벽으로 만들어 축산농가와 국민들을 만족시키자는 생각 같았다. 사실 수입위생조건에서 외형적으로 뼈를 부각시켰지만 속으로는 수입량을 줄이려는 계산이 숨어 있었다.

2006년 5월 박홍수 농림부장관은 엑스레이 이물검출기를 구입해 전국의 검역시행장에 전부 배치토록 했다. 엑스레이 이물검출기는 원래 돼지고기 등에 들어있을 수 있는 주사바늘 같은 금속성 이물질을 찾아내기 위한 목적으로 사용하고 있었다. 농림부장관은 그걸 가지고 미국산 쇠고기를 검사하면 뼈 조각이 나오게 되고 그렇게 되면 쇠고기 수입을 막을 수 있다고 생각한 것이다.

장관은 미국에서 들어오는 쇠고기에 대해 샘플검사를 하지 못하게 했다. 국제적으로는 식품에 대해서는 샘플검사가 관례다. 그런데 장관은 미국산 쇠고기 컨테이너 전체를 열어 수백 개의 쇠고기 상자 전부를 엑스레이 이물검출기로 빠짐없이 조사하라는 명령을 내렸다.

소에서 뼈 부스러기 한 개 튀어나오지 않게 살만 떼어내는 것은 피 한

방울 흘리지 않고 살을 떼어내라는 〈베니스의 상인〉 내용과 흡사하다. 모든 검역시행장에 비상이 걸렸다. 검역공무원들은 20kg짜리 미국산 냉동쇠고기 상자를 빠짐없이 엑스레이 이물검출기 안으로 집어넣어 검사하기 시작했다.

수백 상자 속에서 작은 뼈 조각 하나만 찾아도 영웅이 되는 분위기였다. 검사관들은 장관의 특명을 받고 엑스레이 이물검출기로 뼈 조각을 찾지 못하면 포장을 뜯어 육안으로 일일이 확인하기도 했다. 그러다 손톱만 한 뼈 조각 하나라도 나오면 그 컨테이너 전체를 미국으로 되돌려 보냈다. 뼈 조각이 들어있지 않은 것으로 확인된 쇠고기는 수입을 허용하는 것이 당연한데도 그마저 반송해 버렸다. 국회에서 박홍수 농림부장관이 말했다.

"뼈는 뼈고 살은 살입니다."

좁쌀만 한 뼈 조각이 한 개라도 들어있으면 미국쇠고기는 들어올 수 없다는 논리였다.

"맞습니다. 뼈 조각이 조금이라도 들어있는 쇠고기는 절대 수입하면 안 됩니다."

의원들은 한목소리로 그렇게 말하며 농림부장관에게 박수를 보냈다. 그러나 농림부 직원 사이에서도 우려가 번지기 시작했다.

'어떻게 쇠고기 작업과정에서 뼈 조각 한 개도 안 나올 수 있지?'

뼈 조각을 이유로 미국쇠고기 전부가 세 차례나 반송됐을 때 미국의 축산업계와 의회는 분노했다. 바이런 도건 상원의원은 이렇게 말했다.

"현대 자동차 수입물량인 70만 대의 안전성을 전부 조사한 뒤 한 대라도 문제가 있으면 전량을 한국으로 돌려보냅시다."

그런 게 한국인의 사고방식이라는 비아냥거림이었다.

'쇠고기벨트' 출신의 맥스 보커스 상원 재무위원회 위원장이 의견을 내놓았다.

"쇠고기 교역이 정상화되지 않으면 한미 FTA를 의회에서 지지할 수 없습니다."

작은 것에 집착하다 미국 전체시장을 잃어버릴 위기가 닥쳤다. 국가관계의 큰 그림을 보지 못하고 국민정서에만 부합하려는 데서 나온 실책이었다. 한국정부에 대한 미국의 신뢰가 떨어지면서 한미 통상관계는 최악의 상황으로 치닫기 시작했다.

대통령의 무조건 항복

장관의 과잉충성과 편협한 애국심이 위기를 불렀다. 나는 2007년 3월 5일 미국 무역대표부 회의실에서 크라우더 대사를 만났다. 2m 가까운 장신의 크라우더 대사는 엄해서 미국대표단원들도 말을 붙이기 어려워했다.

이미 미국은 한국을 조금도 신뢰하지 않고 있었다. 뼈 조각 사건으로 우리의 믿음과 국제사회에서의 격은 바닥으로 추락했다. 개인간이나 국가간이나 서로 하는 행동에 따라 대접을 받기 마련이다. 미국정부는 쇠고기 문제를 국제적 원칙에 따라 공정하게 해결하지 않으면 자국시장에서 한국의 물품을 팔 수 없게 될 것이라고 경고했다. 미국은 이제 쌀도 추가적으로 문을 열어야 하고 쇠고기 돼지고기 오렌지 등 모든 품목에서 한국이 관세를 즉시 철폐해야 한다는 강경 일변도 입장을 들고 나왔다.

거기서 그치지 않았다. 크라우더 대사는 이제 각서를 써달라고 했다. 한국이 국제기준에 따라 쇠고기 문제를 공정하게 이행하겠다는 내용을 서면으로 확인해 달라는 것이었다. 그들은 이제 한국의 어떤 말도 믿지 않겠다는 강경한 태도였다. 이미 외교적인 제스처는 모두 없어졌다. 크라우더는 한국에 대한 불쾌한 감정을 노골적으로 드러냈다.

그는 미국 국민이나 의회가 한국의 졸렬한 행동에 격앙하고 있다고 전했다. 그즈음 미국의 업계는 스스로 한국에 대한 쇠고기 수출을 중단했다. 미국 의회는 한국의 쇠고기 문제가 근본적으로 해결되지 않는 한 거래하지 말자는 강경한 태도였다. 그것은 한국의 생존에 중대한 문제였다.

국정의 최우선순위였던 한미 FTA협상이 결렬될 위기에 처했다. 중동을 순방중이던 노무현 대통령이 직접 나섰다. 대통령은 3월 29일 미국

한미 FTA 협상 농업분야 고위급 협상(2007년 3월 19일)

의 부시대통령에게 직접 전화를 걸어 국제적 전문가들이 제시한 기준에 따라 한국의 쇠고기 시장을 개방하겠다고 약속했다. 한국의 대통령이 직접 약속하는 것이니 한미간 신뢰를 회복하자는 제의였다. 노무현 대통령은 4월 2일 한미 FTA 협상이 타결된 날 대국민 담화에서 부시 대통령과의 통화내용을 이렇게 발표했다.

> 쇠고기에 대한 위생검역문제에 대해 저는 부시 대통령과 전화를 통해서 한국은 앞으로 국제수역사무국의 권고를 존중해서 합리적인 수준으로 개방하겠다는 의향을 전했습니다. 이렇게 한 것은 지난날 뼈 조각 사건을 통해 미국이 불신을 가지고 문서까지 요구한 데 대한 해결책이었습니다. 우리 정부는 앞으로 이 약속을 지킬 것입니다.

국가 정상간의 약속이었다. 이 약속대로라면 한국은 국제적 위생조건 기준에 맞추어 미국산 쇠고기를 수입해야 한다. 대통령의 약속으로 미국의 입장은 누그러졌다. 여기서 형식적으로 하나 구별해야 할 것은 쇠고기에 관한 한미간 관세철폐를 논의하는 FTA 협상과 수입위생조건을 정하는 협상은 다르다는 점이다.

국제무역환경을 무시하고 생각이 좁은 데서 비롯한 뼈 조각 사건으로 우리는 더 많은 것을 잃고 밀리는 입장이 됐다. 당황한 대통령이 나서는 바람에 향후 있을 수입위생조건 협상에서 우리는 미국에게 우리의 패를 다 보여준 셈이 됐다.

사실 수입위생조건을 주제로 하는 협상장에서 종종 광우병이라든가 다른 걸 흠 잡기도 한다. 그 위험이 실제 존재해서가 아니라 다른 덤을 얻기 위한 전략이다. 일반시장에서 소비자는 사려고 하는 물건이 좋은 걸 알면서도 흥정할 때는 흠을 잡기도 한다. 그러면 가격이 조금 내려가기도 하고 덤을 얻기도 한다.

국가간 협상에서도 마찬가지다. 쇠고기 수입위생조건을 협상하는 장에서 흠을 잡으면 대신 우리의 삼계탕을 수출한다든지 하는 덤을 얻을 수 있다. 그런데 대통령끼리의 약속 때문에 협상대표인 나는 움직일 수 있는 입지가 거의 없게 됐다.

권오규 경제부총리는 박홍수 농림부장관을 대동해 합동기자회견을 열어 대통령의 두 달 전 약속을 재확인하고 국제적 기준에 따라 미국산 쇠고기 수입위생조건 협상에 성실히 임하겠다고 발표했다. 그러면서 추석 전에 미국산 쇠고기가 국내에 들어올 수 있을 것이라는 기대감도 표시했다.

깐깐한 매니저, 협상대표

외교관 생활 30년을 결산하는 시점에서 한미간 쇠고기 위생조건을 협상하는 대표 자리에 임명됐다. 관세철폐에 관한 한미간 FTA 협상에서는 미국산 쇠고기 관세 40%를 1년에 2.7%씩 줄여나가 15년 뒤엔 완전히 없애는 것으로 성공적인 결말을 지었다. 그런 협상대표 자리는 젊은 시절부터 꿈꾸던 자리였고 가족들에겐 자랑이었다.

협상대표는 수많은 사항들을 입체적으로 계산하면서 일해야 하는 복잡한 자리다. 국가간 관계뿐 아니라 비싼 고기값 때문에 입시생 아들에게 고기 한 번 제대로 먹이지 못하는 이 땅 엄마들의 아픈 가슴도 생각해야 한다. 동시에 국내 축산업자의 이익도 고려해야 한다. 그리고 들여오는 미국 쇠고기의 안전성도 꼼꼼하게 챙겨야 하는 위치였다.

겉으로는 점잖은 협상이지만 내막은 깐깐했다. 백화점 매니저와 물품 검수인을 겸해야 하는 입장이었다. 국제적 전문가들이 모인 국제수역사무국에서는 미국 소의 광우병 우려에 대해 철저히 조사했다. 국제적 평가기관이 철저한 조사를 해서 통과시켰으면 그 기준을 따르는 게 무난한 행동이다. 믿어도 된다는 신뢰가 국제적으로 형성돼 있기 때문이다.

그러나 쇠고기 수입위생조건의 한국 측 협상대표인 나는 더 꼼꼼하게 여러 방면에서 직접 확인절차를 거쳤다. 미국에 대한 국제수역사무국 조사자료에 허술한 점이 없는지 농림부 직원에게 점검토록 했다. 가축위생과 관련해 의문이 날 때마다 미국에 질문지를 보냈다.

미국에서 답변서가 오면 그걸 검토한 뒤 미국 현지로 전문가를 보내 조사하게 했다. 전문가로 구성된 현지시찰단은 미국의 도축장 사료공장 등을 조사했다. 2년 전에도 현지시찰단을 두 차례 파견해 미국의 도축시스템 점검결과를 축적한 바 있다.

그런 자료를 기초로 국내에서 전문가회의를 여러 번 개최했다. 전문가들은 미국 쇠고기로 인해 광우병에 걸릴 위험은 무시할 만한 수준이라는 평가를 내렸다. 선진국 어느 나라 못지않게 철저한 점검조치를 취했다고 자부한다.

그러는 동안에도 문제가 계속 발생했다. 미국에서 수입되는 쇠고기에서 갈비와 등뼈가 발견됐다. 대한민국의 검역당국은 그걸 문제 삼았다. APEC 정상회담을 계기로 열린 한미정상회담에서 부시 대통령은 노무현 대통령에게 쇠고기 문제를 꺼냈다. 국제적 기준으로 해결해 줬으면 좋겠다는 것이었다. 속내는 '엉뚱하게 티를 잡지 말았으면 좋겠다'는 것이었다. 노무현 대통령은 최선을 다하겠다고 말했다.

시드니에서 열린 한미정상회담에서 부시 대통령은 다시 노무현 대통령에게 국제적 기준을 따라 달라고 말했다. 등뼈가 또 다시 나왔다는 걸 미국에 통보했기 때문이다. 미국이 원하는 것은 소의 부위와 나이에 제한을 두지 말라는 것이었다.

‘당신들은 피도 눈물도 없느냐?’

2007년 12월 19일 대통령선거에서 이명박 후보가 당선됐다. 여당이 참패한 것이다. 12월 24일 노무현 대통령 주재로 관계장관회의가 열렸다. 총리와 경제부총리, 외교부장관, 농림부장관, 통상교섭본부장, 대통령비서실장, 청와대정책실장, 관계수석비서관이 모인 자리였다. 대통령선거에서 참패한 정부여당은 이제 이듬해 4월 총선에서 이명박의 한나라당을 꼭 이겨야 한다고 벼르고 있었다.

“쇠고기 문제는 미국에 대해 그들이 원하는 대로 국제적 기준을 따를 수 없다고 전하는 게 좋겠습니다. 그리고 그 문제는 다음 정부로 넘기는 것이 좋겠습니다.”

“국제적 기준은 미국을 광우병을 통제할 능력이 있는 국가로 분류하고 연령과 부위에 제한이 없는 쇠고기의 수출입을 허용하고 있습니다.”

실무부서인 농림부, 통상교섭본부의 의견이었다. 노무현 대통령이 부시 대통령에게 약속한 것은 바로 그것이었다.

“연령에 제한을 두세요. 30개월 미만으로 제한할 경우에만 미국과의 협의를 추진하겠다고 하시죠. 그렇지 않으면 쇠고기 문제의 해결은 다음 정부로 갑니다.”

노무현 대통령이 미국 측에 국제기준에 따라 합리적으로 이행하겠다고 약속한 것을 번복하는 순간이었다. 미국에서 쇠고기를 수입하면 이듬해 4월 총선에서 치명적인 약점이 될 것 같다는 예상 때문이었다. 대통령은 미국이 그 조건을 받아들일 리가 없다는 것을 잘 알고 있었다. 그때까지 한미 통상장관회의에서 이뤄졌던 합의가 모두 깨지고 원점으로 돌아가고 있었다.

그 자리에서 외교부장관과 통상교섭본부장은 참여정부 임기 안에 쇠고기 문제를 해결할 것을 건의했다. 미국과 협상 테이블에 앉는 실무장관으로서 국제적인 신뢰에 어긋나는 노무현 대통령의 행동이 옳지 않다고 보았기 때문이다.

"당신들은 피도 눈물도 없습니까? 나를 여기서 더 밟고 가려고 합니까?"

그게 노무현 대통령의 대답이었다고 한다.

2008년 1월 4일 대통령직 인수위원회에 한미 쇠고기 협의의 진행상황에 대한 보고가 있었다. 쇠고기 협상이 타결되지 않을 경우 한미간 타결된 FTA 협상결과가 미국 의회에 제출되지 않을 수도 있었다. 그것은 미국시장에 진출한 한국물품에 계속 높은 관세가 붙는다는 의미이기도 했다.

이전 정부는 국제수역사무국 기준으로 쇠고기 문제를 해결하겠다는 입장을 미국정부에 통보한 상태였다. 노무현 대통령이 총선을 앞두고 정치적 이해관계에서 판을 깼지만 이명박 정부에서는 그렇게 할 수가 없었다. 이명박 대통령 당선자는 노무현 정부가 약속한 것은 노무현 정부에서 마지막 결실을 맺는 게 좋겠다는 입장이었다. 아직은 새로운 대통령의 취임식이 있기 이전이었다.

문재인 비서실장이 갑자기 회의를 소집했다. 관계장관회의도 아닌 이상한 회의였다. 노무현 정부의 대통령정책실장, 경제수석, 시민사회수석, 민정수석, 홍보수석, 국정상황실장이 참석했다. 외교부에서는 통상교섭본부장이 불려갔고 재경부차관, 농림부차관, 국무총리실 정책차장이 참석했다.

"미국의 제안을 수용할 수 없습니다."

그게 회의의 결론이었다. 대통령이 미국 정상에게 약속한 내용과 관계장관회의에서 정한 정부의 입장을 대통령 비서실장이 완전히 뒤엎어버린 것이다. 김종훈 통상교섭본부장은 2008년 1월 26일 다보스 포럼에 참석해 수잔 슈워브 미국무역대표에게 말했다.

"한국은 대선 이후 전환기적 사정으로 인해 더 이상 쇠고기 문제에 대한 논의가 어려운 상황입니다."

이명박 대통령 당선자가 2월 18일 마지막으로 노무현 대통령을 만났다. 이명박 대통령은 노무현 대통령의 임기 안에 쇠고기 문제를 해결해 줄 것을 요청했다. 국민정서상 그것은 뜨거운 감자였다. 언론에는 광우병 문제가 이따금 떠올랐다. 안전상 광우병 문제는 거의 무시할 만한 수준이었지만 안전성에 대한 언론의 문제제기는 협상에서 도움이 되기도 한다. 그러나 협상의 본질과는 달리 내막을 모르는 국민들에게 언론보도와 시위는 또 다른 공감대와 정서를 형성할 수 있는 요소가 되기도 한다.

결국 노무현 대통령은 부시 대통령과 한 약속을 어겼다. 대통령의 약속파기는 뼈 조각 사건에 이어 한미관계에 깊은 불신과 상처를 남겼다. 그리고 이명박 정부가 출범하자마자 그것은 엄청난 쓰나미가 되어 돌아왔다.

'이번엔 누가 희생양이냐?'

노무현 정부를 지지하던 좌파세력에게 미국산 쇠고기 문제는 한미간 그리고 국내정치에서 불을 지를 수 있는 좋은 재료였다. 대선에서 패배한 뒤 야당에서는 정부를 공격할 빌미를 노리고 있었다. 이미 한미간 신뢰관계는 완전히 깨져 있었다.

국내 축산업계는 LA갈비 등 미국 쇠고기가 대량으로 수입될 가능성에 촉각을 곤두세우고 있었다. 정부가 바뀌는 과정에서 국회 농수산위원회에서는 연일 농림부장관에게 미국 쇠고기에 대한 강도 높은 대응을 요구했다. 한미관계나 국가의 실질적인 이익에 대한 고려는 없었다. 장관도 뼈 조각 하나만 나와도 용납하지 않겠다고 호응했다.

이미 쇠고기 문제는 정치적인 이슈가 돼 폭발력과 위험성이 대단했다. 쇠고기 문제가 해결돼야만 새로 출범한 이명박 정부가 미국의 신뢰를 회복해 정상적인 한미관계를 출발시킬 수 있었다. 개인적으로는 외교관인생 최대의 위기가 닥쳐왔다. 국가적으로 보면 쇠고기 문제는 한미간 더 이상 미룰 수 없는 마지막 선까지 와 있었다.

기자들 사이에서 이번에는 누가 희생양이 될 거냐고 물어오기도 했다. 그런 속에서 나는 한미 쇠고기 협상대표가 됐다. 한미 FTA 협상대표들은 그 공적을 인정받아 대부분 장관이나 차관으로 영전했다. 그 사람들은 내게 쇠고기 협상대표는 절대 하지 말라고 충고했다. 다치지 않으려면 움직이지 말라는 공직사회의 금언이었다.

새로 농림수산식품부 장관이 된 정운천 장관과 마주앉았다. 그는 이명박 정부 초대 내각에서 유일한 CEO 출신 장관이었다. 나는 장관과 쇠고기 협상의 현실을 자각하고 반드시 이번 기회에 해결해야 할 것이라는 결론을 지었다.

장관으로부터 훈령을 받았다. 참여정부의 관계장관회의에서 정한 정부의 입장에는 변함이 없었다. 정부의 기본입장은 2007년 11월 17일과 12월 17일 각각 총리 주재 관계장관회의와 경제부총리 주재 경제장관회의에서 이미 정해져 있었다.

단계별 접근방안이었다. 1단계로는 30개월 미만의 뼈 있는 쇠고기 수입을 허용하고, 2단계로 미국이 '강화된 사료금지조치'(*Enhanced Feed-ban*)를 이행하거나(1안) 최소한 공표하면(2안) 30개월 이상 쇠고기의 수입을 허용한다는 것이었다. 나머지 쟁점사항에 대해서는 국제수역사무국(OIE) 기준의 완전수용을 전제로 하여 수석대표의 재량에 맡긴다는 것이었다. 국내 축산업에 미치는 영향을 고려하여 가급적 수입범위를 최소화한다는 취지였다.

무엇보다도 쇠고기 때문에 뒤틀린 한미관계를 빨리 회복해야 했다. 미국이 예쁘고 밉고의 문제가 아니었다. 나는 미국시장이 우리에게 중요한 젖줄의 하나라고 확신하고 있었다. 우리의 이익이라는 관점에서 업무에 임해야 한다는 소신이었다. 또한 많은 국민들이 값싸고 질 좋은 쇠고기를 먹을 수 있다는 게 소수 축산업자들보다 더 중요하다는 생각이었다. 전세계 117개국 중 96개국이 아무런 조건이나 제한을 두지 않고 미국쇠고기를 수입해서 먹고 있었다.

내 '패'를 다 보여주고 한 게임

협상을 앞두고 모든 여건에 내게 불리했다. 무엇보다 한미관계에서 쇠고기 문제의 해결을 더 이상 미룰 수 없는 상황에서 협상을 개최해야 하는 부담이 컸다. 쇠고기 문제는 이미 4년을 넘긴 현안인 데다 여섯 달 전에 1차 협상을 개최한 뒤로는 국내정치적 상황 때문에 2차 협상을 개최하지 못하고 있었다. 쇠고기 교역도 이미 6개월이나 중단되어 있었다. 미국정부로서는 기다릴 만큼 기다렸다는 입장이었다. 미국정부는 의회로부터 강한 압박을 받고 있었다.

더구나 이명박 대통령의 미국방문이 목전에 놓여 있었다. 미국정부는 이명박 대통령이 쇠고기 문제를 해결할 것으로 기대할 것이다. 이명박 대통령 입장에서도 쇠고기 문제를 타결해야 미국과의 관계를 산뜻하게 출발시킬 수 있을 것이다.

문제는 정권을 놓친 세력이 쇠고기를 정치이슈화해서 이용하는 것이었다. 벌써 총선직후 왜 급하게 협상을 하려느냐고 모략적인 공격이 나오고 있었다. 대선과 정권교체 등 국내정치적 상황 때문에 중단됐는데도 사실이 왜곡돼 먹잇감이 된 셈이다.

그동안의 뼈 조각 사건으로 국민들의 머릿속엔 30개월 미만의 뼈 없는 쇠고기만 안전한 것으로 인식돼 있었다. 쇠고기를 정략적으로 이용하려는 움직임이 느껴졌다. 국민건강을 무시하고 미국 쇠고기를 무리하게 들여오는 게 아니냐는 공격의 조짐이 있었다.

더구나 나는 우리 '패'를 상대에게 다 보여주고 게임을 해야 하는 상황이었다. 참여정부가 이미 미국정부에게 국제수역사무국 기준을 완전히 준수하겠다는 입장을 통보했기 때문이다. 미국정부는 한국정부가 당연히

OIE 기준을 받아들일 것으로 기대할 것이다.

합리성을 결여하고 국제적인 관행에 어긋난 '뼈 조각' 사건도 협상에서 도움이 되지 않을 것으로 보였다. 뼈 조각 하나 나왔다고 자국 쇠고기 전체를 광우병 위험물질로 취급당하는 수모를 겪은 미국으로서는 다시는 그런 일이 일어나지 않도록 단단히 벼를 것이다.

불리한 여건에서 내가 할 수 있는 선택은 주어진 상황을 정직하게 받아들이고 최선을 다하는 것뿐이었다. 미국산 쇠고기 문제는 먹을거리로서의 안전성뿐만 아니라 축산물을 대표하는 상징성 때문에 극도로 민감하다.

미국산 쇠고기 문제는 외형상으로는 안전성과 관련한 위생문제이지만 속을 들여다보면 경쟁력 있는 미국 쇠고기에 취약한 국내 축산업을 보호해야 한다는 측면이 강했다. 전문가들이 미국 쇠고기의 안전성을 인정했기에 정부입장에서는 축산업계에 대해 신경을 더 쓰지 않을 수 없었다. 쇠고기 협상이 타결되더라도 축산업계가 협상결과에 반발할 가능성을 대비해야 한다.

나는 수많은 협상을 했지만 이런 악조건에서 협상을 하기는 처음이었다. 그러나 이미 미국산 쇠고기의 안전성에 문제가 없다는 전문가들의 결론이 나온 상황이었다. 현실적으로 미국에서 쇠고기를 먹고 인간광우병에 걸린 사람은 없었다. 다른 나라의 눈치를 볼 게 없었다. 대한민국의 국익에 따라 판단하고 결단하면 된다. 다만 쇠고기 문제가 극도로 민감한 문제인 만큼 객관적 기준과 과학적 근거에 바탕을 두고 협상을 하는 것이 중요했다. 그것이 안전성 문제에 대한 시비나 정치적 비판을 최소화하는 길이었다.

제5장

벼랑 끝 쇠고기 협상

나는 협상대표로서 가만히 앉아서 백기만 들 수는 없었다.
쇠고기를 들여온다 하더라도 실무자의 입장에서
깐깐하게 따질 건 다 따져야 한다는 생각이었다.
아무리 세계적인 판매기준이 있더라도
구매자가 살코기를 선택하면 살코기를, 뼈를 요구하면 뼈를,
그리고 곱창을 요구하면 내장을 선택해서
사 먹을 권리가 있다는 생각이었다.

'다 아시면서 뭘?'

사실 다른 나라와의 수입위생조건의 경우 관련부처 실무자간에 팩스나 이메일로 문안을 주고받으며 적정한 선에서 합의하는 게 대부분이다. 그만큼 쇠고기 수입위생조건에 대한 국제기준이 분명하다. 그러나 미국의 쇠고기 수입문제는 4천 8백만 국민이 주시하는 입장이 됐다. 언론은 더러 광우병위험을 떠올렸다. 미국을 다녀온 기자들에게 내가 사적으로 물었다.

"취재차 미국에 가서 미국 쇠고기와 햄버거를 실컷 먹고 돌아와 미국 쇠고기 먹으면 광우병 걸린다고 기사를 내는 이유가 뭡니까?"

"다 아시면서 뭘?"

기자가 멋쩍은 듯 피식 웃었다. 미국 얘기만 나오면 벌떼같이 덤벼드는 부류가 있다. 그들은 미국을 김정일의 북한보다 더 위험한 나라로 취급하고 있다. 광우병은 미국을 미워하기 위한 핑계였다. 정말 미국 쇠고기가 위험하다면 미국사람 수십만 명이 광우병에 걸려 죽었어야 한다. 3억의 미국인이 매일 주식으로 쇠고기를 먹고 있다. 250만 재미동포와 1년에 100만 명에 가까운 미국여행객들도 미국 쇠고기를 먹고 광우병에 걸려야 한다. 그런데도 광우병에 걸린 사람은 없었다.

나는 반대자들의 논리적 장난보다는 본질에 중점을 두어야 하는 협상대표였다. 중산층의 직장인 4인 가족이 식당에서 부담 없이 쇠고기를 주문하기가 힘든 현실이다. 한창 자라는 아이들에게 단백질을 공급해 주는 게 나의 임무이기도 했다.

무작정 욕만 해대는 국내축산업계 사람들의 비난도 무시해야 했다. 국내축산업자들을 위해 미국산 쇠고기의 관세부과를 15년 연장시킨 게 나였다. 그런데도 축산업자들은 정부가 손해를 보상해야 한다고 종주먹질을 하며 북치고 꽹과리를 쳐댔다.

이번 미국의 수석대표는 엘렌 텁스트라 농무부 차관보였다. 농림수산식품부 대회의실에서 협상을 시작했다. 엘렌 텁스트라가 개회사를 했다.

> "한미간 쇠고기 협상의 중단으로 가장 피해를 많이 보는 사람은 한국국민이라고 생각합니다. 그분들은 솔직히 가장 비싼 가격으로 쇠고기를 먹고 있기 때문입니다. 그리고 그 이익은 한국의 소수의 축산농가에 돌아갔습니다. 쇠고기를 수출하는 미국은 한국국민의 건강을 보호해야 할 책임이 있음을 알고 있습니다.
>
> 걱정하지 마시기 바랍니다. 미국만큼 건강에 신경을 많이 쓰는 나라는 세계에서 얼마 되지 않으리라고 생각합니다. 식품의 안전은 과학에 근거해야 합니다. 일부 목소리 큰 사람들의 선동에 흔들려서는 안 됩니다. 전문 과학자들이 모인 국제수역사무국은 미국이 강력하고 효과적으로 광우병을 관리하고 있다고 인정했습니다.
>
> 여러분도 입장을 한번 바꿔 생각해 보시기 바랍니다. 한국의 수출품이 과학적이고 합리적인 근거가 아닌 기득권자의 이익 때문에 막힌다는 것을 말입니다. 저는 미국인으로서 미국의 최고급 음식점을 방문한 한국인들이 미국산 쇠고기에 대해 근거 없는 비난과 힐난을 할 때 정말 모욕감을 느꼈습니다. 한국의 노무현 대통령도 미국대통령과 직접 약속을 해놓고도 지키지 않았습니다."

미국대표는 모욕감을 느꼈다는 원색적인 표현마저 주저하지 않았다. 한미관계가 위험수위에 달했다는 신호였다.

‘쇠고기를 사는 것은 한국국민이야’

나는 협상대표로서 가만히 앉아서 백기를 들 수만은 없었다. 쇠고기를 들여온다 하더라도 실무자의 입장에서 깐깐하게 따질 건 다 따져야 한다. 아무리 세계적인 판매기준이 있더라도 구매자가 살코기를 선택하면 살코기를, 뼈를 요구하면 뼈를, 그리고 곱창을 요구하면 내장을 선택해서 사 먹을 권리가 있다. 그리고 제품의 안전을 판매자가 보장하고, 국제적 검사기관이 있다 하더라도 필요하면 소비자가 직접 안전을 확인할 수도 있다고 생각했다.

백화점에서 물건을 들여올 때 담당 책임자는 현지에 가서 생산과정을 지켜보고 그 물건의 청결이나 검사시스템을 꼼꼼하게 점검한다. 소비자는 백화점의 브랜드를 신뢰하고 그 식품을 사 먹는다. 일단 소의 경우는 광우병 감염 여부를 체크하는 게 기본이었다. 물론 그뿐 아니라 구제역과 우역 우폐역 럼프스킨 등 여러 가지가 있다.

광우병의 경우 그 원인물질인 ‘변형프리온’은 소의 뇌와 척수 회장원위부에 있다. 그런 원인물질이 들어 있는 부위를 특정위험물질(SRM)이라 한다. SRM 부위는 연령에 따라 구분한다. 역학적으로 광우병에 걸린 소라도 원인물질이 들어 있을지도 모르는 부위만 제거하면 식용에 아무런 문제가 없는 것이 과학적으로 증명되었다. 그래서 내가 광우병 소를 복어와 비교한 것이다. 복어는 독이 든 내장만 제거하면 사람들이 먹을 수 있기 때문이다.

국민들에게는 미국산 소가 안전하다고 말해도 협상과정에서 미국대표에게는 그 반대의 태도를 취해야 하는 게 내 입장이었다. 시장에 가서 살 물건을 마음속으로 정해놓고도 막상 협상과정에서는 이런 저런 티를 찾고 흠을 잡는 것과 마찬가지 논리일 것이다.

"선진화된 회수육과 분쇄육, 내장의 수입은 금지하는 쪽이 제 의견입니다."

내가 의견을 말했다. '선진화된 회수육'이란 손으로 뼈를 하나하나 바른 살코기를 말한다. '기계육'은 기계로 뼈를 바른 것이고 '분쇄육'은 잡고기들을 분쇄해서 햄버거 재료로 쓰는 것을 말한다.

"이유가 뭡니까?"

미국 측 해리스 보좌관이 물었다.

"그 고기 부분은 SRM이 포함될 가능성이 많기 때문입니다."

"미국에서 SRM이 들어있는 부위는 철저히 제거하기 때문에 문제가 없습니다."

"그래도 냉동상태로 묻어 들어온다면 여기서 그 제거가 불가능합니다."

"그건 걱정하지 마십시오. 미국 식품안전검사청 직원들이 도축장과 가공장에 상주하면서 하는 일이 소의 SRM 제거를 확실히 하는지 점검합니다. 문제는 한국정부측이 이런 미국의 검사제도를 인정하느냐 입니다. 미국 식품안전검사청은 식품검사 중 위해를 발견하는 경우 해당 작업장에 대해 연속해서 열 번 검사합니다. 그렇게 계속 열 번이나 하는 것은 어쩌다가 일어난 실수인지 근본적인 문제인지를 판단하기 위해서입니다. 열 번을 검사했는데도 문제가 없으면 정상으로 돌아갑니다. 그러나 만약 열 번을 검사했는데 문제가 있으면 해당작업은 중단됩니다. 한국이 미국의 이런 검사시스템을 인정할 때 미국도 앞으로 한국의 국내 도축검사장을 인정합니다. 그게 국제간 동등성의 원칙이고 미국은 한국이 이런 동등성의 원칙을 인정하기 바랍니다."

나는 미국 작업장의 문제를 물고 늘어졌다.

"검사관이 철저히 도축작업장과 가공장을 감시하고 있다고 했는데 완전히 믿을 수 없습니다. 한국정부가 현지점검을 실시해서 승인한 작업장에서 나온 쇠고기만 수입을 허용해야 합니다."

미국 측은 미국정부가 인정하는 모든 육류작업장이 한국에 쇠고기를 수출할 수 있는 자격을 가진 것으로 인정해야 한다고 했다.

나는 한국에 수출하는 쇠고기 제품에 연령을 표시하라고 요구했다. "특정위험부위는 30개월이라는 월령에 의해 구분됩니다. 그러므로 한국에 수출하는 쇠고기 제품에 30개월 이상인지 아니면 30개월 미만 제품인지 표시해 주십시오. 등뼈는 30개월 미만 소에서 나온 것이면 SRM이 아니고 30개월 이상 소에서 나온 것이면 SRM이라 금지대상 아닙니까?"

엘렌이 대답했다.

"미국은 도축할 때는 30개월 이상 소와 30개월 미만 소를 구분해 도축합니다. SRM을 철저하게 제거하기 위해서입니다. 30개월 이상 소에는 파란색으로 표시해 확실하게 구분합니다. 30개월 이상 등뼈는 미국에서도 금지대상이라 철저하게 제거합니다. 도축이 끝난 다음에는 30개월 이상 쇠고기와 30개월 미만 쇠고기를 구분해 판매하지 않습니다. 외국에 수출하는 제품도 미국에서 소비하는 제품과 동일합니다. 한국에만 특별히 30개월 미만인지 이상인지 표기해야 할 국제규범이나 미국규정은 없습니다."

나는 반박했다.

"쇠고기를 사는 것은 한국국민입니다. 한국의 소비자가 불안하게 생각하면 그 불안을 해소해 주는 것이 파는 사람의 당연한 배려입니다. 아무리 미국 쇠고기가 안전한 식품이라고 해도 한국 국민들은 현실적으로 위험하다고 느끼고 있습니다. 미국은 반드시 월령표시를 해야 한국 소비자들을 안심시킬 수 있습니다."

나는 위생조건을 규정한 한 조문 한 조문을 놓고 미국 측에 따져 물었다. 국민들이 안심하고 쇠고기를 먹을 수 있도록 미국의 목장이나 도축장 가공장들을 세심하게 살펴야 할 의무가 있다고 생각했다. 그리고 그 위생상태나 안전성은 모두 나의 책임이었다.

'4월 14일까지는 협상을 끝내라?'

이명박 대통령이 미국으로 떠났다. 벌써 신문에는 한미정상회담 이전에 쇠고기 협상을 서둘러 타결하는 게 아니냐는 추측성 기사가 나기 시작했다. 쇠고기 협상을 하러 온 미국대표단의 얼굴에 급한 기색이 보였다. 미국대표단은 미국의 업계와 의회의 압력을 받고 있는 게 틀림없었다. 미국대표가 나에게 이렇게 말했다.

"상부에서 4월 14일까지 협상을 끝내라는 지침을 받고 왔습니다."

서두르는 모습이었다.

"한국 대통령이 국제적 위생안전조건에 따르겠다고 했습니다. 한국은 왜 그 약속을 지키지 않는 겁니까?"

미국대표가 항의했다.

"전임 대통령이 약속을 했더라도 쇠고기 협상에서는 전권을 가지고 있는 제가 결정권이 있습니다. 우리 국민들은 미국 쇠고기에 대해 불안한 마음이 있습니다. 협상대표인 저로서는 국제적인 안전기준보다 더 철저한 플러스 알파의 조건을 얻어내야 한다는 생각입니다. 그리고 그게 안 되면 아무리 한미정상회담이 코앞에 있어도 이 협상을 중단할 수 있습니다. 그건 내가 부여받은 고유의 권한입니다."

나는 그렇게 말했다. 대통령은 정치인이고 총체적인 것만 본다. 나는 실무 협상대표로서 현미경처럼 세밀하게 규정을 보면서 깐깐하게 따져야 한다고 생각했다. 이런 나의 태도가 답답했는지 이명박 대통령을 수행해 미국에 가는 김종훈 통상교섭본부장이 공항에 가는 도중에 전화를 해서 진행상황을 묻기도 했다.

나는 정치적인 흐름에 지나치게 영향을 받아서는 안 되는 입장이었다.

미국의 쇠고기가 들어오는 걸 느슨하게 처리하면 그 다음으로 한국을 노리는 아르헨티나 브라질 등 중남미 국가와의 협상에도 문제가 생긴다. 마침내 미국정부의 수잔 슈워브 무역대표가 한국에 온 엘렌 텁스트라 미국 측 협상대표에게 진전이 없으면 철수하라는 지시를 내렸다. 마라톤협상이 계속됐다. 미국 측은 노무현 대통령이 약속하고서도 지키지 않았다는 것과 한국정부를 믿을 수 없다는 강경한 입장을 표명했다. 엘렌 텁스트라 대표는 이렇게 말하기도 했다.

"수입되는 미국 쇠고기는 3억의 미국인이 먹는 것과 똑같이 안전하다는 것을 이미 확인시켜 드렸습니다. 세계 다른 나라들이 모두 미국식품의 안전성을 신뢰하고 있습니다. 무엇을 더 해드리면 좋겠습니까?"

'돼지에게도 육골분을 먹이지 마라'

협상을 시작하자마자 예기치 못한 상황에 부딪혔다. 내가 30개월 이상 미국 쇠고기의 수입을 허용하는 조건으로 제시했던 '강화된 사료금지조치'가 업계의 반대로 차질을 빚고 있었다. 미국은 1997년 8월부터 소와 같은 반추동물로 만든 육골분 사료를 다른 반추동물에게 먹이지 못하게 한 조치를 시행해 왔다. 강화된 사료금지조치란 이 사료를 돼지나 닭 등 다른 동물사료로도 사용하지 못하게 한 조치를 말한다.

미국렌더링협회는 쇠고기 협상이 개최되기 석 달 전인 1월말 1억 3천만 달러의 막대한 비용이 든다는 이유로 이 조치의 도입에 반대하고 나섰다. 강화된 사료금지조치가 도입되면 소의 뇌와 척수만 제거하기가 쉽지 않아 결국 머리뼈와 등뼈를 모두 제거해야 하는데 여기에 드는 비용이 막대하다는 것이다. 미국 행정부는 이 조치에 대한 검토시한을 2월말로 연기했다가 3월말에는 아예 무기한 연장했다.

나는 입장을 분명히 밝혔다.

"강화된 사료금지조치를 도입하지 않으면 30개월 이상 쇠고기 수입을 허용할 수 없습니다. 미국이 강화된 사료금지조치를 도입해 광우병 위험성을 조금이라도 더 줄일 수 있다면 우리가 합의를 이루는 데 크게 도움이 될 것입니다."

텁스트라 수석대표가 대응했다.

"강화된 사료금지조치는 미국이 반드시 도입해야 하는 의무사항이 아닙니다. 강화된 사료금지조치는 미국이 OIE 광우병위험통제국 지위를 받을 때 필수 전제조건이 아니었습니다. OIE는 또한 미국에게 강화된 사료금지조치를 조속히 시행하라고 강제하지도 않았습니다. 미국정부는 몇 년 전에 이 조치를 도입하기 위한 법안을 공고하고 의견을 수렴해 오긴 했지만 사실 강화된 사료금지조치를 도입하더라도 미국 쇠고기의 안전성에는 큰 차이가 있는 것은 아닙니다."

강화된 사료금지조치에 대한 미국 정부의 입장은 크게 후퇴해 있었다. 실무를 담당하는 무역대표부 과장이 덧붙였다.

"이미 시행하고 있는 사료금지조치로도 광우병 위험을 99%까지 관리할 수 있습니다. 강화된 사료금지조치로 위험을 제거하는 정도는 나머지 1%뿐입니다."

텝스트라 대표는 강화된 사료금지조치에 대한 업계의 반대가 너무 강하다고 하면서 이렇게 말했다.

"법안내용에 대해서는 외부에 공개적으로 말하지 않습니다. 미국에서는 법률제정 내용을 외부에 말하지 못하게 되어 있습니다."

나는 미국이 강화된 사료금지조치를 이행하거나 최소한 공표하면 30개월 이상 쇠고기 수입을 허용한다는 입장을 가지고 있었다. 물론 강화된 사료금지조치가 광우병 위험성을 현저하게 줄여주는 것은 아니다. 이미 10년 전부터 시행해 오고 있는 사료금지조치로도 광우병 위험을 거의 완벽하게 통제하고 있기 때문이다.

미국 협상대표의 말대로 미국이 광우병위험통제국 지위를 받을 때 강화된 사료금지조치는 전제조건이 아니었다. OIE는 미국에게 강화된 사료금지조치를 신중하게 검토하라고 권고했을 뿐이다.

그럼에도 불구하고 미국정부는 고민하고 있었다. 한국은 물론, 일본 홍콩 대만 등 아시아 국가들을 설득하여 쇠고기 수입위생조건에 대한 합의를 이끌어내기 위해서는 강화된 사료금지조치를 도입하지 않을 수 없는 입장이었다. 업계의 반대를 어떻게 극복하느냐가 문제였다. 미국정부는 우리나라와의 협상을 계기로 강화된 사료금지조치의 도입을 기정사실화하고자 하는 의도를 내비쳤다.

‘미국작업장을 그대로 인정해라’

협상은 벼랑 끝으로 가고 있었다. 주요 쟁점에서 난항을 거듭했다. 특히 미국작업장 승인문제와 쇠고기 제품에 연령을 표기하는 문제에서 첨예하게 대립했다.

미국작업장 승인 문제는 한국에 쇠고기를 수출할 자격을 가진 작업장을 누가 선정하느냐의 문제였다. 미국은 자기네가 인정하는 육류작업장이 모두 한국에 쇠고기를 수출할 자격을 가진 곳으로 인정해 줄 것을 요구했다. WTO 협정상 ‘동등성 원칙’을 인정해 달라는 것이었다. 반면, 우리는 우리가 직접 미국 현지에 가서 미국의 작업장을 조사한 후 한국에 수출할 자격을 가진 작업장을 지정하겠다는 입장이었다.

동등성 원칙이란 수입국은 수출국의 위생 · 안전 관리실태가 자기 나라와 같은 수준이거나 더 나으면 이를 인정하고 받아들여야 한다는 것이다.

내가 따졌다.

“미국은 지금까지 쇠고기를 한국에 수출하는 과정에서 수입위생조건을 많이 위반했습니다. 한국 국민들은 미국산 쇠고기가 안전하게 관리되고 있는지 관심이 많습니다. 저는 미국의 작업장이 한국에 수출하는 쇠고기를 안전하게 생산하고 있는지 국민에게 확신을 줘야 합니다. 그러기 위해서는 한국정부가 현지 작업장을 직접 조사해보고 작업장을 승인해야 합니다.”

엘렌이 반박했다.

“한국정부는 돼지고기와 가금육에 대해서는 미국작업장을 그대로 인정하고 있습니다. 그런데 왜 쇠고기는 동등성을 인정하지 않습니까? 한국은 2003년 12월 이전까지는 쇠고기에 대해 미국작업장을 인정했습니다.

왜 이번에는 안합니까?"

"쇠고기는 다른 축산물과 달리 광우병이 발생하지 않았습니까. 전과는 상황이 다릅니다."

"동등성은 WTO의 기본원칙입니다. 전세계 65개국이 동등성의 원칙에 따라 미국작업장을 그대로 인정하고 있습니다. 일본도 미국작업장을 인정하고 있습니다. 미국작업장의 위생상태가 한국작업장만 못합니까?"

"한국은 미국이 쇠고기를 수출하는 세 번째 큰 시장입니다. 그렇다면 더 많은 신경을 써줘야 합니다. 그런데 신뢰가 깨졌습니다."

"동등성은 FTA의 기본입니다. 동등성이 인정되지 않으면 의회에 할 말이 없습니다. 의원들은 한미 FTA 비준문제를 논의할 때 왜 쇠고기에서는 동등성을 인정받지 못했냐고 물을 겁니다. 1년 전 한미 FTA 협상을 할 때 한국은 다음에 쇠고기 수입위생검역 협상을 할 때 동등성을 인정해 주겠다고 약속했습니다. 지금이 그때입니다."

그 약속은 사실이었다. 그러나 나는 물러서지 않았다.

"대한민국도 WTO의 원칙을 인정해야 하는 점을 알고 있습니다. 그렇지만 지금은 신뢰가 없는 상황입니다. 앞으로 미국이 한국국민들에게 신뢰를 점점 더 쌓아간다면 우리도 미국에 동등성을 인정하게 될 겁니다. 한국에 쇠고기를 수출하는 36개의 미국작업장 중 7개가 취소됐습니다. 그 작업장 중에는 카길사 같은 대형회사의 작업장도 들어 있습니다. 이게 보통 문제인가요? 먼저 신뢰를 쌓은 뒤 설득하기 바랍니다. 그때 동등성을 인정하겠습니다."

"신뢰구축 말씀을 많이 하시는데 신뢰는 한쪽의 문제가 아니고 양쪽의 문제입니다. 양쪽 모두가 신뢰를 구축하는 게 중요합니다."

"미국이 동등성을 그렇게 중요시한다면 왜 삼계탕에 대해서는 빨리 동등성을 인정해 수출이 이뤄지도록 하지 않습니까?"

"삼계탕에 대해서는 다시 논의합시다. 미국은 미국과 동등한 식품규제와 동등한 시스템을 가진 34개국에 대해 동등성을 인정하고 있습니다. 미국은 이들 나라의 육류와 가금육 수입을 완전개방하고 있습니다. 삼계탕에 대해서도 한국의 작업장의 위생상태가 미국의 기준에 합당한지 검토하고 있습니다.”

작업장 승인문제에 대한 양국의 의견차가 너무나 컸다. 4월 15일 하루 종일 미국 대표단과 동등성 문제에 대해 줄다리기를 했다. 어느 정도 의견접근을 이루기도 했지만 수잔 슈워브 무역대표의 거부로 무산되었다. 2007년 3월 말 한미 FTA 최종협상 때도 나중에 해결해 주겠다고 미뤘다가 해결을 보지 못한 문제였기 때문에 이번에는 반드시 동등성 문제를 관철하고자 하는 것으로 보였다.

사실 나는 동등성에 관한 WTO 규정 및 국제관행과 한국 국민의 감정 사이에서 진퇴양난의 상황에 처했다. 그러나 아무리 WTO 규정이 있고 한미 FTA 협상 때 우리가 미국에 한 약속이 있더라도 나로서는 미국 요구를 그대로 받아들인다는 것이 매우 어려웠다. ‘미국에서 광우병이 발생했는데 수입을 중단하지 않는다는 것이 말이 되느냐’는 일부 국민들의 인식이 과학적인 근거에 바탕을 둔 것이 아니라 해도 협상에서 국민들의 인식을 조금이라도 반영하려는 노력이 필요했다.

쇠고기 제품에 연령을 표기하는 문제에 대해서도 양측 모두 양보할 수 없는 벼랑 끝 대립을 계속했다. 나는 30개월 이상과 미만을 구별하는 표기가 없으면 미국산 쇠고기 스테이크의 연령을 구별할 방법이 없다는 문제를 계속 제기했다. 미국 측은 자국 국민에게 판매하는 쇠고기도 연령 표기를 하지 않는다는 점을 강조하면서 굽히지 않았다. 양측은 두 가지 쟁점에서 끝없는 논쟁을 계속했다.

광우병이 또 발생하면

"미국에서 광우병이 발생한다고 수입을 금지해야 한다는 규정이 어디에 있습니까? 국제수역사무국(OIE)에서 그렇게 규정하고 있습니까? 세계무역기구(WTO) 협정이 그렇게 규정하고 있습니까?"

엘렌 수석대표가 발끈했다. 가뜩이나 몇 년 전 미국에서 처음 광우병이 발생해 한국과 일본 홍콩 등으로부터 미국 쇠고기 수출을 전면 중단당하는 뼈아픈 경험을 한 바 있다. 일본 등 대부분의 국가와 쇠고기 교역을 재개했지만 미국정부는 그동안 미국에서 광우병이 불과 두 건밖에 발생하지 않았고, 그것도 모두 사료금지조치를 취하기 이전에 태어난 소에서 발생한 것인데도 미국 소를 싸잡아 모두 광우병에 걸린 것처럼 인식하고 있는 것이 무척 억울했던 모양이다.

그녀가 말을 계속했다.

"미국은 국제수역사무국에서 광우병위험통제국 지위를 받았습니다. 미국 쇠고기를 먹고 광우병이 걸리지 않는다는 것을 세계 최고의 전문기구가 인정한 것입니다. 한국 측 요구는 국제관례에도 맞지 않습니다. 미국에서 광우병이 발생했을 때 수입을 중단한 나라가 단 한 나라라도 있습니까? 캐나다에서 십여 차례 광우병이 발생했는데 어느 나라가 캐나다 쇠고기 수입을 전면 중단했습니까?"

일본은 2004년 미국과 수입위생조건을 다시 맺으면서 미국에서 광우병이 추가로 발생해도 수입을 중단하지 않겠다고 명시적으로 약속했다. 그것도 미국이 광우병위험통제국 지위를 받기 전이었다. 그래서 일본은 2005년과 2006년 미국에서 광우병이 추가로 발생했을 때도 미국 쇠고기 수입을 중단하지 않았다.

"한국 국민들 중에는 미국 쇠고기에 대해 불안감을 가진 사람이 많습니다. 국민들이 안심할 수 있게 해주어야 합니다."

나는 미국에서 광우병이 추가로 발생하면 우리가 수입을 금지할 수 있는 근거규정을 수입위생조건에 포함해야 한다고 요구하고 있었다. 그러나 미국은 민감하게 반응했다. 한국의 입장을 받아들이면 그토록 힘들게 OIE 광우병위험통제국 지위를 받은 의미가 없어지게 된다.

사실 미국에서 광우병이 추가적으로 발생할 때 미국 쇠고기 수입을 중단해야 한다는 국제규정도, 국제관례도 없다. 광우병이 발생했는데 어떻게 수입을 중단하지 않느냐는 것은 일부의 근거 없는 추측일 뿐이다.

광우병은 구제역이나 조류인플루엔자 등과는 근본적으로 다르다. 구제역과 조류인플루엔자는 세균과 바이러스가 신체적인 접촉이나 공기를 통해 전염되는 전염병이다. 그러나 광우병은 소가 광우병 원인체에 오염된 사료를 먹을 때만 걸리는 질병이다. 사람들은 그걸 알게 됐다. 그래서 사료만 통제하면 광우병의 발생과 전염을 막을 수 있다.

이미 각국은 10년 전부터 그런 조치를 취해왔고 그 조치는 적중했다. 한 때 1년에 3만 7천 건이나 발생했던 광우병은 2007년에는 270건으로 격감했다. 이런 추세라면 몇 년 안 가 지구상에서 광우병이 완전히 사라질 것이다.

광우병위험통제국이란 광우병이 전혀 발생하지 않는 국가를 의미하는 말이 아니다. 광우병이 발생하더라도 도축검사 과정 등을 통해 광우병 감염소가 도축되지 않도록 통제할 수 있고, 설사 광우병 감염소가 도축되는 경우에도 국제수역사무국 기준에 따라 SRM을 제거하므로 식용으로 유통되지 않게 할 능력이 있다고 인정된 것이다.

엘렌 텁스트라 대표가 설명했다.

"광우병이 추가적으로 발생해도 특정위험물질(SRM)만 제거하면 됩니다. 아예 수입을 금지하는 것은 절대로 받아들일 수 없습니다. 동물건강

보호의 핵심은 육골분 사료급여 금지조치이며 1997년 이래 미국의 사료 금지조치는 잘 시행되고 있습니다. 광우병과 관련해 사람에게 중요한 것은 SRM을 효과적으로 제거하는 것입니다. 미국은 이러한 안전조치를 잘 이행하고 있습니다."

미국 측이 대안을 제시했다. 미국에서 새로 광우병이 발생하더라도 국제수역사무국이 미국의 광우병위험통제국 지위를 하향조정하지 않는 한 한국은 수입을 계속한다는 문안이었다.

나도 미국에서 새로운 광우병이 발생한 때에는 미국산 쇠고기의 수입을 잠정 중단하도록 할 것을 제안했다. 다만, 미국의 현행 사료조치가 효과적으로 시행된 1998년 4월 이전 출생한 소에서 광우병이 발생한 것으로 확인된 경우 한국 정부는 수입중단조치를 해제하며, 1998년 4월 이후 출생한 소에서 광우병이 발생한 것으로 확인된 경우 미국 측의 역학조사 결과를 검토한 후 수입중단 해제여부를 결정하자고 했다.

나는 GATT 제20조 규정을 수입위생조건에 명시하는 방안도 생각해봤다. GATT 제20조는 인간과 동식물의 생명 또는 건강을 보호하기 위하여 예외적인 조치를 취할 수 있는 권리다. 그러나 나는 제안하지 않았다. 이 조항은 수입위생조건에 명시적으로 규정하든 안 하든 국민건강이 위험에 처할 때 WTO 회원국으로서 당연히 행사할 수 있는 권리이기 때문이다.

이 문제는 감성적으로 판단할 것이 아니라 국제기준과 관례 그리고 과학적 근거에 바탕을 두고 접근할 문제였다. 설혹 한두 건의 광우병이 발생하더라도 국민들의 식탁이 광우병 위험에 노출되는 제도적인 상황이 아니다.

나는 양측의 우려를 서로 반영할 수 있는 새로운 문구를 찾아보자고 제안했다. 절충방안을 만들었다. 한국 측의 입장을 고려하여 미국에서 추가적으로 광우병이 발생할 경우 한국 정부가 취할 대응조치를 추가하고, 미국 측 입장을 고려하여 광우병이 추가적으로 발생해도 교역에 제한이 없도록 하자는 방향이었다. 양측 전문가들이 구체적인 문안작업에 들어갔다.

'삼계탕 얘기합시다'

"삼계탕 얘기합시다."

나는 협상 첫날부터 삼계탕에 대해 누누이 강조했다. 몇 년 전 휴스턴 총영사로 활동하면서 '미국에서 삼계탕을 팔 수 있다면 얼마나 좋을까' 하는 생각이 들었다. 삼계탕은 한국 최고의 영양식품인 인삼과 닭으로 만든 최고의 보양식이다. 더구나 휴스턴을 비롯한 텍사스에는 중국계와 베트남계 미국인 수십만 명이 살고 있다.

삼계탕은 일본과 대만 홍콩에도 수출하고 있다. 미국에 수출하지 못하라는 법이 없다. 휴스턴의 한국 식당에서 기껏 비슷한 보양식으로 내놓은 것이 염소탕이었다.

나는 한미 FTA 협상을 끝낸 뒤 농식품의 해외수출을 위해 발로 뛰었다. 우선 외교통상부와 농림부 간에 농식품 수출을 위한 협력약정(*MOU*)을 체결했다. 한덕수 총리를 찾아가 행사에 참석해 달라고 요청했다. 그는 다른 급한 일정을 뒤로 미루고 흔쾌히 참석하겠다고 했다.

취약한 농업에 보조금을 물 붓듯 부어넣는 방안이 아니라 농업을 근본적으로 살리는 길이었다. 130여 개 재외공관을 총 가동하여 조직화하고 외교관들이 농식품 수출을 위해 발로 뛰게 한다면 우리 농업에 큰 힘이 될 것이다.

삼계탕 생산공장에 직접 가 보았다. 하루 30만 두 이상의 닭을 처리하는 능력을 가진 우리나라 굴지의 기업이었다. 삼계탕 제품이 미국인들의 한 끼 양으로는 다소 작아보였지만 조리법이 간편하고 맛도 괜찮았다.

농림수산식품부 직원들과 함께 홍콩과 상하이 베이징 도쿄 오사카 뉴욕 LA 모스크바를 순회했다. 바이어들을 만나 의논하고 식품전시회와 매장을 돌았다. 심지어 쌀도 미국과 중국 심지어 모스크바에 팔 수 있겠다는 확신이 들었다. 홍콩의 진열대에 삼계탕이 신상품으로 소개되어 있었다.

삼계탕은 미국 쇠고기 수입위생조건과 직접적인 관련이 없지만 나는 이번 기회에 삼계탕의 미국 진출을 위해 상당한 진전을 이루고 싶었다. 한 번 논의로 삼계탕 판매를 결정할 수는 없다 하더라도 미국 정책당국자의 의지를 끌어내고 합의문에 포함할 수만 있다면 앞으로 한미 협의채널을 통해 계속 구체적인 협의를 해나갈 수 있을 것이다. 미국대표단에는 삼계탕 문제를 직접 담당하고 있는 담당관도 있었다.

나는 설명을 시작했다.

“삼계탕과 구제역청정국 지위인정에 대한 말씀을 드리겠습니다. 한국은 삼계탕을 미국에 수출하려고 14년 동안이나 노력해 왔습니다. 그런데 아직도 수출하지 못하고 있습니다. 일본 홍콩 대만에는 수출하는데 미국에는 못하고 있습니다. 미국은 2003년까지 매년 8억 5천만 달러 어치의 쇠고기를 한국에 수출했습니다.

과연 미국이 한국의 삼계탕 수출을 위해서 얼마나 노력했는지 묻고 싶습니다. 삼계탕은 신선육이 아닙니다. 고온처리를 해서 수출하므로 위생적으로 전혀 문제가 없습니다. 한국 국민의 입장에서 생각해 보시기 바랍니다. 미국은 쇠고기 수출을 위하여 그토록 많은 압력을 가하면서 한국의 삼계탕 수출은 허용하지 않고 있습니다. 우리 국민들이 이해하겠습니까?

미국에 사는 250만 한국계 사람들은 삼계탕을 먹고 싶어도 먹을 수가 없습니다. 다섯 개의 업체가 수출준비를 하고 있습니다. 미국이 현장점검도 했습니다. 미국의 조건을 충족시킨 업체도 있습니다. 한 업체는 미국의 요구조건이 너무 까다로워 취소했고, 두 업체는 기다리는 중인데 미국 검사관이 현장조사를 위해 곧 방문할 것으로 기대합니다.

제가 요청하는 바는 미국의 조건이 너무 까다로우니 완화시켜 달라는 것입니다. 삼계탕은 고온처리가 되어 위생적으로 문제가 없으니 조건을 완화시켜 빨리 통과될 수 있도록 정책적으로 협조해 주시기 바랍니다. 쇠고기와 삼계탕은 같은 축산업분야입니다. 쇠고기 수입위생조건에 대한 합의를 하면서 동시에 삼계탕에 대해서도 합의할 수 있다면 양국 정부의 부담을 크게 덜고 국민들을 만족시킬 수 있을 것입니다."

나는 '구제역 청정지역 인정' 문제에 관해서도 제기했다.

"한국은 2002년 OIE로부터 구제역 청정지역으로 인정받았습니다. 그런데 미국은 한국을 구제역 비발생국으로 인정하지 않고 있습니다. 몇 달 전 한우 수출업자가 한국의 쇠고기를 미국에 수출할 방법을 문의했는데 방법을 찾을 수 없어 결국 청와대에 물어볼 수밖에 없었습니다. 이명박 대통령에게 보고됐습니다."

나는 '한우는 미국에 수출하지 못 한다, 왜?'라는 타이틀의 신문기사를 보여주며 말했다.

"한우는 화우보다 좋지만 미국에 수출하지 못하고 있습니다. 한국이 많은 양의 한우를 수출하지는 못할 것입니다. 그러나 한 사람이라도 수출하려고 할 때 할 수 있어야 하는데 방법이 없어서 못하고 있습니다. 이 문제는 대통령의 관심사항입니다.

한국은 OIE로부터 구제역 청정지역으로 인정받았습니다. 미국이 OIE로부터 광우병위험통제국으로 인정받았다며 한국의 수입위생조건을 변경하라고 하는 것과 같이 미국은 OIE가 한국을 구제역 청정지역으로 분류했으니 미국도 한국이 구제역 청정지역이라고 인정해 주어 한우를 미국에 수출할 수 있게 해달라고 요청하는 것입니다."

텁스트라 수석대표가 대답했다.

"저도 모든 사람을 행복하게 할 수 있는 결과가 조속한 시일 내에 있기를 바랍니다. 저도 두 가지 사항이 한국 정부에 중요하다는 점을 인식하고 있습니다. 우리도 한국 정부와 긴밀하게 협력하여 좋은 결과가 있게 해야 한다고 생각합니다. 미국의 많은 소비자들이 한국의 삼계탕을 먹을 날을 고대한다는 것을 알고 있습니다."

해리스 식품안전검사청(FSIS) 정책보좌관이 추가적으로 설명했다.

"삼계탕 문제는 14년까지는 아니고 2년 전에 대두되었습니다. 미국으로 수출하는 육류 또는 가금육은 미국과 동등한 수준의 검사시스템에서만 수출이 가능합니다. 이와 같은 조건은 제품의 최종상태를 불문하고 똑같이 적용됩니다. 통조림 제품이라 하더라도 원료육은 다른 육제품과 같게 위생조건 등이 적용됩니다.

2006년 미국이 한국에 질의서를 보내고 한국이 답변서를 제출했습니다. 또한 한국에서 제출한 자료를 미국 농무부가 신속하게 검토하도록 하기 위해 한국 정부가 2명의 전문가를 미국에 파견하여 번역 등 해석을 도운 바 있습니다. 2006년 9월의 일이었고, 그해 10월에 서한을 보내 서류검토를 끝냈습니다. 두 가지 정도 추가질문이 있었는데 이게 끝나면 점검단을 보낼 준비가 될 것이라고 했습니다.

그 다음이 지난달, 한국 정부가 주한 미국대사관에 팩스를 보내어 담당 실험실 명단을 통보하고 검사를 받을 준비가 됐음을 통보해왔습니다. 서한을 받은 후 18개월 전 검토했던 서류를 다시 한번 재확인하도록 했습니다. 그리고 두 가지 답변을 아직도 기다리고 있습니다.

1년 반이라는 시간이 흘렀기 때문에 점검결과를 다시 한번, 특히 실험실 부분을 확인하고 있습니다. 실험실이 1년 반 동안 변화된 부분을 반영하는지 검토하고 있습니다. 이 검토가 끝나는 대로 4가지 질문, 더 필요한 사항이 있는지 검토하고 검토결과를 포함한 서한을 한국정부에 보낼 계획을 하고 있습니다. 물론 4가지 답변을 다 받았다는 전제 하에 출장계획을 세울 것입니다. 4월 14일 주간에 현지점검단을 요청하였지만 일반적으로 3주 이상 걸리는 사항입니다."

내가 답변했다.

"친절하게 설명해주었는데, 미안한 말이지만 이해가 되지 않습니다. 이것은 의지의 문제라고 생각합니다. 삼계탕 문제는 미국이 쇠고기 문제에 두고 있는 관심의 십분의 일만 가졌어도 진작 해결되었을 것입니다. 질문서를 한국에 보냈는데 우리업체가 답변서를 만드는 데 죽을 뻔했다고 합니다. 2개의 답변서도 18개월 이전이었다는데 2년이 넘을지 어떻게 아십니까? 미국이 이 문제를 해결할 마음이 있는지 모르겠습니다. 3월 25일에 두 가지 질문에 대한 답변을 보낸 것으로 압니다. 그래서 제가 미국 측에 요청하고 싶은 것은 이 시점은 쇠고기 문제를 해결하면서 삼계탕과 구제역 청정지역 인정문제를 해결할 적시라고 생각합니다. 엘렌 차관보의 특별한 정책적 고려를 부탁합니다. 쇠고기 문제와 삼계탕 문제, 그리고 구제역 청정지역 인정문제를 이번 고위급 회담의 패키지로 다루었으면 합니다."

나는 가급적 4월 12일 저녁까지 수입위생조건에 관한 한국 측의 검토안을 미국 측에 제시하고 일요일 오후 양국 전문가간 협의를 하기로 미국 측과 합의했다. 그 과정에서 나는 엘렌 텁스트라 미국 수석대표와 별도로 협의를 계속하여 미국의 강화된 사료금지조치 도입문제와 함께 삼계탕 문제와 한우수출을 위한 구제역 청정지역 인정문제 등에 대한 협의를 계속하기로 했다.

협상중단 초강수

나는 정상적인 방법으로는 협상을 타결할 수 없을 것이라는 판단이 들었다. 남은 것은 극약처방뿐이었다. 상황판단이 필요했다. 급한 것은 미국이었다. 미국 대표단은 6개월간이나 쇠고기를 팔지 못하고 있다. 미국 정부는 당연히 업계와 의원들의 강경한 압력을 받고 있을 것이다. 나는 정운천 장관에게 상황을 설명하고 마지막 카드를 사용하겠다고 말했다. 정 장관도 "절대 팬티까지 다 벗어줄 수 없다"며 강경한 입장이었다.

4월 16일 오후 3시. 나는 텁스트라 수석대표를 단독으로 만나 마지막 노력을 해보았다. 나는 그에게 장관이 사표를 던질 각오까지 하고 있다고 말했다. 그의 입에서는 '장관이 터프가이다'라는 말뿐이었다. 나는 왜 이토록 미국이 완강한지 이해할 수 없었다. 미국은 한이 맺혀 있는 것 같았다. '뼈 조각' 사건으로 한국정부에 대한 불신의 골이 깊을 대로 깊어진 상태였다. 텁스트라는 "다시는 뼈 조각 사건 같은 것이 일어나지 않도록 하겠다"고 공언했었다.

6시 30분. 나는 전체회의를 소집했다. 양측 대표단이 영문을 모른 채 긴장하고 있었다. 나는 말문을 열었다.

"우리는 지금 매우 심각한 기로에 있습니다. 저는 협상을 성공적으로 마무리하려고 비록 쇠고기를 구매하는 입장임에도 불구하고 공급자이고 판매자인 미국의 입장을 최대한 받아들이려고 노력했습니다. 저는 우리가 수입위생조건에 합의하더라도 한국정부가 직면하게 될 어려움이 얼마나 큰지 설명했습니다. 저는 이 문제가 한국국민의 건강과 식품안전에 관한 문제이기 때문에 상업적인 관점에서 접근하면 안 된다는 점을 누누이 밝혔습니다.

우리는 더 이상 움직일 수 없는 지점에 와 있습니다. 저는 이 협상이 미국이 요구한 대로 타결되더라도 소비자인 한국국민들에게 제가 안전성을 확보하기 위하여 어떤 노력을 했고 어떤 결과를 얻었는지, 그리고 이렇게 합의하더라도 미국 쇠고기의 안전성에는 문제가 없다는 점을 설명해야 합니다. 그러나 저는 제가 얻고자 하는 것을 충분히 확보하지 못했습니다."

나는 말을 계속했다.

"지금 협상에서 핵심적인 쟁점은 여러 가지가 있지만 특히 두 가지에서 양측의 입장이 전혀 접근하지 못하고 있습니다. 하나는 미국 쇠고기 제품에 연령을 표시하는 문제이고 다른 하나는 미국이 요구하고 있는 '동등성'을 인정하는 문제입니다.

미국은 우리의 현실을 충분히 고려하지 않고 WTO의 '동등성 원칙'과 OIE의 '광우병위험통제국'이라는 무기를 마구 휘두르고 있습니다. 미국의 입장에서 대한민국 국민의 안전과 대한민국 검역당국의 역할에 대한 고려는 찾아보기 어렵습니다. 이와 같은 위생조건이 맺어진다면 한국 소비자들로부터 극심한 항의와 비판이 일어날 것입니다. 미국 측이 이 두 문제에 대하여 신축성 있는 입장을 보이지 않으면 더 이상 협상을 계속할 의미가 없습니다.

연령표기 문제만 해도 미국은 30개월 미만 쇠고기와 30개월 이상 쇠고기를 구분해 작업하기 어렵고, 제품을 생산한 후에는 30개월 미만과 30개월 이상 제품을 섞어서 판매한다는 이유만으로 연령을 표기하기 어렵다는 설명만 했습니다. 미국이 한국의 입장을 조금만 생각해 준다면 쉽게 해결할 수 있습니다.

동등성 인정문제만 해도 우리가 동등성을 영원히 인정하지 않겠다는 게 아닙니다. 저는 한국이 먼저 미국 작업장을 점검해 한국에 쇠고기를 수출할 작업장을 승인한 뒤 나중에 양국간 협의를 통해 동등성 인정에 관해 합의하자고 제안했습니다.

미국 측은 수입위생조건 시행과 동시에 동등성을 인정하여 미국정부가 인정하는 작업장을 한국정부가 그대로 인정하라고 하는데 저는 이것을 절대 받지 못하겠습니다. 월령표시나 작업장은 미국이 다 알아서 할 테니 한국국민들은 그냥 알아서 미국산 쇠고기를 먹으라고 하는 것이나 다름없습니다.

저는 미국대표단에게 지난 2월 캘리포니아 홀마크 도축장에서 일어난 사건이 국내 TV에 방영되었고 미국산 쇠고기에 대하여 우리 국민들이 얼마나 큰 공포를 가지게 되었는지 말씀드린 바 있습니다.

미국 측 수석대표께 제의합니다. 미국 측이 이 두 가지를 포함한 핵심쟁점에서 대한 한국 측의 입장을 반영한 새로운 제안을 만들어 올 때까지 이 협상을 중단할 것을 제의합니다. 우리는 양국 국민들에게 도움이 되는 수입위생조건을 만들 의무가 있습니다."

나는 말을 마쳤다. 협상장에 잠시 침묵이 흘렀다. 협상중단이라는 예기치 않은 초강수에 미국대표단은 당황하는 기색이 역력했다.

엘렌 텝스트라 수석대표가 입을 열었다.

"미국은 매우 성실한 제안을 했습니다. 이는 국제수역사무국과 세계무역기구 위생검역협정상 기준에 부합하는 내용이었습니다. 그리고 이 제안은 3억 명의 미국 국민에게 안전을 보장하는 제안이고 수십 개 외국 국민의 안전을 보장하는 내용이었습니다.

동등성을 무기라고 잘못 표현하셨습니다. 동등성은 식품안전을 표현하는 가장 좋은 도구입니다. 지난 수 일간 수입위생조건을 여러 가지 모양으로 변형시켜 가면서 만들었는데 한 가지 측면을 가지고 이러는 것을 유감스럽게 생각합니다. 미국은 한국 측의 요구사항을 반영하기 위해 유연성을 보였다고 생각합니다. 그래서 지금도 수입위생조건에 대한 토의를 계속할 수 있지만 돌아가서 지금까지의 상황을 본국 정부에 보고하는 게 할 일인 것 같습니다.

미국은 동등성 문제에 있어서 일단 동등성을 인정하여 수입위생조건을 시행한 뒤 90일간 제도를 보완할 기회를 드리겠다는 제안을 한 바 있습니다. 미국 제안에 대하여 충분히 의견을 교환할 기회가 없었음이 아쉽고, 지금이라고 그럴 의향이 있으면 하겠습니다."

텁스트라는 동등성 문제에서 당초 의견의 접근을 이루었던 90일간 동등성을 유예하는 방안도 다시 제시하고 협상을 계속하고 싶다는 의사도 표시했지만 나는 받아들이지 않았다.

"제 의사는 분명히 밝혔으므로 엘렌 차관보님이 본국의 관계장관과 수잔 슈워브 무역대표와 협의하여 한국국민과 미국국민이 모두 받아들일 수 있는 방안을 마련해 오시기 바랍니다."

미국 수석대표도 내 단호한 뜻을 알았는지 마무리 발언을 했다.

"돌아가서 보고하겠습니다. 방금 제 제안을 말씀드리고 답변을 드렸다고 생각합니다. 그러므로 식품안전 방안을 확보하지 않았다는 한국 측 말은 수용할 수 없습니다. 돌아가게 되어 기쁩니다."

마지막 말 표현이 이상했다. 돌아가겠다는 것인가.

복도에서 기다리고 있던 기자들이 "오늘은 왜 이렇게 빨리 끝났느냐?"고 물었다. 미국대표단은 아무런 대답도 하지 않고 황망히 떠났다. 나는 기자들에게 협상중단 사실을 말할 수 없었다.

'내 머릿속에 한미정상회담은 없다'

취재기자들의 관심은 임박한 한미정상회담과 쇠고기 협상을 관련시키는 데 쏠려 있었다. 한미정상회담 분위기를 조성하기 위한 쇠고기 협상을 타결할 가능성을 점치는 시각도 있었다. 그렇지만, 나는 "내 머릿속에 정상회담은 없다"고 기자들에게 잘라 말했다.

사실 나는 한미정상회담을 의식하지 않고 협상을 진행했다. 정상회담 전에 협상을 타결한다면 정치적으로 불필요한 비판에 휘말릴 우려도 있었다. 이번에 합의가 이루어지지 않더라도 이미 정해진 '캠프데이비드' 회담장소가 다른 곳으로 바뀌는 것도 아니다. 정상회담에서는 "조속한 시일 내에 쇠고기 문제를 해결하기 위해 서로 노력하자"고 하면 될 것이다. 나는 이번에 합의를 하지 못하면 정상회담이 끝난 다음 주라도 미국에 다시 가서 협상을 재개할 생각이었다.

한미정상회담이 끝난 뒤에 협상을 타결한다고 해도 비판하려고 작정한 사람들은 "정상회담에서 미리 다 합의해 놓고 형식적으로 기술협의를 열어 합의문을 작성했다"고 주장할 것이다. 내 입장에서는 반드시 이번에 협상을 타결해야 할 이유도, 일부러 결렬시킬 이유도 없었다.

내가 정상회담 전에 미국이 요구하는 대로 합의하려고 했다면 협상결렬의 위험을 감수하면서 협상중단을 선언하지 못했을 것이다. 주사위는 이미 내 손을 떠났다. 선택은 미국이 해야 한다. 미국의 입장에서는 자국으로 돌아가든지, 아니면 협상 테이블에 다시 돌아오든지 선택해야 한다. 협상 테이블에 복귀하려면 그들의 입장에 변화가 있어야 한다.

나는 공을 미국 쪽으로 넘겼다. 그러나 위험부담은 나 역시 안고 있었다. 만약 미국 대표단이 협상을 포기하고 철수한다면 나는 마지막까지 협상을 해보지도 않고 결렬시켰다는 비판을 받게 될 것이다.

비운의 엘렌 수석대표

협상을 시작한 지 5일이 지난 4월 15일까지도 양측은 핵심쟁점에서 좀처럼 간격을 좁히지 못했다. 우리는 시한은 정하지 않은 채 협상기일을 연장했다. 나는 엘렌 텝스트라 미국 수석대표를 내 집무실로 불렀다. 그는 한미 FTA 농업협상 때 나의 협상상대였던 리처드 크라우더 무역대표부 농업협상 담당대사의 후임으로 내정되어 있었다.

텝스트라 수석대표가 말문을 열었다.

"개인적인 사정인데 4월 17일 상원 인사청문회에 참석해야 합니다. 내일 워싱턴으로 떠나야 합니다. 한국의 대통령이 약속한 사항이기도 해서 솔직히 이번 협상이 빨리 끝날 줄 알았습니다. 워싱턴을 떠날 때 수잔 슈워브 무역대표로부터 14일까지 협상을 끝내라는 지시도 받았습니다. 그래서 실은 어제 떠날 생각을 갖고 있었습니다."

나는 그녀가 무슨 말을 하려는지 짐작할 수 있었다. 오전이라도 빨리 핵심쟁점에서 합의를 하면 자신이 떠난 뒤라도 남은 대표단이 마무리할 수 있을 것이다. 그녀에게 매우 중요한 문제였고 인간적으로 그녀의 입장이 안타까웠다. 그러나 나는 어디까지나 국가를 대표하는 공인의 입장이었다.

"본국에 건의하여 인사청문회를 연기하세요. 수석대표가 중요한 협상을 하다 말고 떠납니까?"

그녀는 상원 인사청문회가 여러 사람을 대상으로 하기 때문에 연기는 불가능하다고 했다.

"그럼 다른 사람을 교체수석대표로 임명하게 하세요."

그녀도 사실 인사청문회에 참석한다고 훌쩍 떠나버릴 수 있는 상황이 아니었다. 무리하게 귀국하여 인사청문회에 참석한다고 해도 의원들에게 좋은 인상을 줄 리가 없을 것이다.

그녀는 수잔 슈워브 무역대표와 상의하겠다고 말했다.

밤중에 전화가 왔다. 새벽 1시 30분 엘렌 텁스트라였다.

"방금 슈워브 대표와 통화를 했는데 하루 더 협상을 하고 오라고 합니다."

하루 더 협상을 한다고? 오늘이 16일인데 하루 더 협상을 한다면 17일에 돌아간다는 것인가. 그날 상원 인사청문회가 있다고 하면서.

그녀는 결국 17일에도 떠나지 못했다. 그녀는 영영 농업협상 대사에 임명되지 못했다. 협상을 마치고 귀국한 뒤에도 인사청문회가 다시 열리지 않았고 그해 말 대선에서 정권이 바뀌었다.

국제기준보다 더 양보한 미국

4월 16일. 협상중단이라는 도박을 했지만 미국이 어떻게 나올지 예측하기 어려웠다. 미국의 마음이 급한 건 사실이다. 지금 최대쟁점은 동등성 인정문제와 연령표기 문제다. 미국 대표단이 협상장에 복귀한다면 이 두 가지 쟁점에서 OIE 기준보다 강화된 타협안을 만들어 볼 수 있을 것이다. 30개월 이상 쇠고기 수입은 미국이 강화된 사료금지조치와 조건을 달았으니 미국에게 달린 문제였다. 미국이 업계 때문에 그 조치를 도입하기 어려운 사정이면 30개월 이상 쇠고기는 허용하지 않으면 된다. 우리도 손해 볼 게 없다.

한국의 협상대표가 일방적으로 협상을 중단했다는 보고를 받은 수잔 슈워브 무역대표의 반응이 궁금했다. 미국 수석대표에게 하루 더 협상을 하라고 지시했는데 내가 협상을 깨버렸으니 미국으로서는 수세적인 입장에서 판단을 해야 할 판이다.

아침 일찍 사무실에 나가자마자 휴대폰이 울렸다. 주한미국대사관 공사였다. 미국대표단이 협상장에 오고 있다는 연락이었다. 역시 미국은 이번 협상에서 협상을 타결하기를 바라고 있다. 수석대표끼리 먼저 만났다. 텝스트라 차관보는 초췌한 얼굴이었다. 그녀는 워싱턴본부와 밤새 협의했다고 한다. 그녀는 협상을 계속하자고 했다.

협상이 재개됐다. 양측은 쟁점별로 상대의 입장을 잘 알고 있으므로 이젠 줄다리기를 하며 타협안을 만들기만 하면 된다. 위생조건 문안별로 하나씩 문안을 조정해 나가기 시작했다. 일방적으로 밀어붙이던 미국이 핵심쟁점에서 조금씩 변화를 보였다. 교착상태에 있던 쟁점들이 하나씩 풀렸다. 나는 우리 측 전문가들에게 조항별로 철저하게 따지도록 지시했다. 전문가회의에서 해결하지 못한 사항에 대해서는 나와 미국 수석대표가 전문가들과 함께 소규모그룹을 만들어 집중적으로 타협방안을 논의했다. 객관적인 기준과 과학적인 근거를 바탕으로 치열하게 줄다리기를 하면서 쟁점 하나하나에 대한 양국의 입장을 좁혀 나갔다.

드디어 협상의 결과가 보이기 시작했다. 미국 측은 내가 국제적으로 보장된 안전조건을 초과해서 요구한 것도 들어주기로 했다. 밤을 꼬박 새웠다. 텁스트라 수석대표는 수시로 워싱턴과 전화로 타협문안에 대해 협의했다. 미국은 미국작업장 승인문제, 연령표기 문제 등 핵심쟁점에서 국제기준보다 더 양보했다.

쇠고기 연령에 대해서는 일단 30개월 미만의 쇠고기만 수입하기로 했다. 그리고 미국이 '강화된 사료금지조치'를 공표하면 30개월 이상 쇠고기 수입을 허용한다는 내용을 부칙에 명기하기로 했다. 미국은 귀국 후 빠른 시일 안에 강화된 사료금지조치를 공표하고 이행일자도 1년 뒤 구체적인 날짜를 정하여 발표하겠다고 했다. 미국이 강화된 사료금지조치를 공표하지 않거나 늦춘다면 우리도 그에 따라 조치를 취하면 된다. 미국이 30개월 이상 쇠고기 수출을 빨리 하고 싶으면 강화된 수입위생조건을 빠른 시일 안에 공표할 것이다. 미국 행정부는 업계의 반대에도 불구하고 이번 우리와 합의를 계기로 강화된 사료금지조치를 기정사실화하려는 것 같았다.

강화된 사료금지조치의 내용에 대해서는 미국과 협의하지 않았다. 미국 정부가 입안예고한 내용을 이미 알고 있었기 때문이다. 미국은 이해관계자의 의견과 변경된 국제기준을 법안에 반영할 것이다. 특히 미국이 광우병위험통제국 지위를 얻었으므로 전과 달라진 SRM 기준을 반영할 것이다.

미국 정부가 입안예고 내용을 일부 변경하더라도 국제기준 등 합리적인 근거에 바탕을 둘 것이지 근본적인 내용을 변경하지는 않을 것이다.

무엇보다 강화된 사료금지조치는 미국이 국내절차에 따라 내용을 정하여 도입할 법규이지 한국정부와 협상을 통해 내용을 정하는 것이 아니다.

작업장 승인문제에 대해서도 미국은 국제기준보다 양보했다. 일단 나는 WTO 원칙에 따라 미국의 쇠고기 작업장에 동등성을 인정해 주기로 했다. 다만, 수입위생조건 발효 후 90일간은 한국 정부가 작업장 승인권을 가지기로 했다. 그 90일 동안 대부분의 주요 작업장을 우리가 점검하여 승인하면 될 것이다.

쇠고기 제품에 연령을 표시하는 문제에서도 미국이 크게 양보했다. 연령표시 문제는 마지막까지 가장 크게 대립했던 쟁점 중의 하나였다. 미국은 OIE 광우병위험통제국 지위를 받았으므로 특정위험물질 부위를 제외하고는 연령과 부위에 제한을 두어서는 안 되므로 연령표시를 할 의무가 없다는 논리였다.

그러나 미국은 수입위생조건이 발효된 후 180일 동안 티본스테이크(*T-bone steak*) 제품에 30개월 미만 소에서 생산되었음을 확인시켜 주는 표시를 상자에 부착하기로 했다. 특정위험물질인 30개월 이상의 등뼈가 아니라는 점을 확인시켜 주기 위해서다. 그 표시가 있어야 한국의 검역당국이 검역검사를 하게 될 것이다. 180일이 지난 뒤에는 양국이 다시 협의를 갖고 연령표시가 쇠고기 교역과 검사에 미치는 영향을 검토한 후 우려사항을 해결하기로 했다.

만약 연령표시가 없는 등뼈가 나오면 해당 로트(*lot*)는 전부 불합격조치하기로 했다. 30개월 이상의 머리뼈 뇌 눈은 도축과정에서 머리와 함께 잘려 폐기되므로 문제가 되지 않는다. 척수도 등뼈와 함께 제거하기 때문에 문제될 것이 없었다.

또 하나의 쟁점은 미국에서 광우병이 추가로 발생하는 경우 쇠고기 수입을 중단하느냐 여부였다. 광우병이 추가로 발생하는 경우, 미국은 즉시 철저한 역학조사를 실시하고 조사결과를 한국 정부에 알리고 한국과 협의하기로 했다. 그리고 광우병의 추가발생으로 미국의 광우병위험통제국 지위가 하향 조정될 경우 한국은 미국산 쇠고기와 쇠고기 제품의 수입을 중단하기로 했다.

특정위험물질(SRM)은 광우병의 원인체로 알려진 변형프리온 단백질이 다량 검출될 수 있는 부위를 지칭한다. 광우병에 걸린 소에서만 그 부위가 문제가 되지 정상 소에서는 아무리 그 부위를 먹어도 안전하다. 양측은 OIE 기준을 적용하여 모든 월령 소의 편도 및 회장원위부와 30개월 이상 소의 뇌 눈 머리뼈 척수 등뼈 등배신경절을 특정위험물질로 규정하기로 했다.

단, 척주 중 꼬리뼈, 경추·흉추·요추의 횡돌기와 극돌기, 천추의 정중천골능선과 날개는 특정위험물질에서 제외했다. 이 부위들은 OIE 기준으로 특정위험물질이 아니다. 이 부위들은 척수나 등배신경절과 직접 닿지 않고 단단한 뼈에 지나지 않기 때문에 변형프리온을 전달할 위험이 전혀 없다고 국제적으로 인정되어 있다. 광우병에 대해 가장 엄격한 규정을 갖고 있는 유럽연합도 이 부위들을 특정위험물질의 범위에서 제외하고 있다.

기계적 회수육은 수입금지대상이지만 선진 회수육은 수입이 허용된다. 기계적 회수육은 뼈를 부숴서 고기를 생산하는 것이고 선진 회수육은 뼈를 부수거나 갈지 않고 뼈로부터 고기를 긁어모으거나 압력을 주어서 생산된 것이다. 선진 회수육에는 특정위험물질이나 중추신경계 조직이 포함되지 않도록 해야 한다. 도축 당시 30개월 이상 된 소의 머리뼈와 척주로 선진 회수육을 생산하는 것도 금지했다.

내장은 특정위험물질이 아니므로 수입을 허용했다. 미국에서도 내장은 식용으로 판매된다. 국제수역사무국은 2005년 5월 총회에서 특정위험물질에서 내장을 제외했다. 소의 내장을 많이 먹는 일본도 내장을 특정위험물질로 규정하지 않고 있다. 미국은 내장에서 특정위험물질인 회장

한미 쇠고기 협상결과 발표(2008년 4월 18일)

원위부를 반드시 제거하도록 법으로 규제하고 있다.

검역과정에서 특정위험물질이 검출되는 등 식품안전과 관련된 중대한 위반사례가 발견될 경우 한국정부는 해당 수입물량을 전량 반송하고, 이후 동일한 작업장에서 수입되는 물량에 대한 검사비율을 높이기로 했다. 해당 수출작업장에서 생산된 수입물량에 대한 집중검사를 통해 추가 위반사례가 확인될 경우 해당작업장에 대해 수입을 중단하기로 했다. 또한 동일한 육류작업장에서 최소 2회의 식품안전 위해가 발견된 경우 해당 육류작업장은 개선조치가 취해질 때까지 작업중단 조치를 할 수 있도록 했다.

나는 삼계탕 문제를 집요하게 물고 늘어졌다. 미국은 빠른 시일 안에 삼계탕의 미국수출이 이루어질 수 있도록 하겠다고 약속했다. 미국은 또한 한우도 미국에 수출할 수 있도록 한국을 구제역 청정국가로 인정하는 절차를 밟겠다고 약속했다.

4월 18일 아침 5시 30분 협상이 타결됐다. 그리고 그 사실이 청와대 비서실장과 국무총리에게 보고됐다. 미국을 방문중인 이명박 대통령도 결과를 보고받았다.

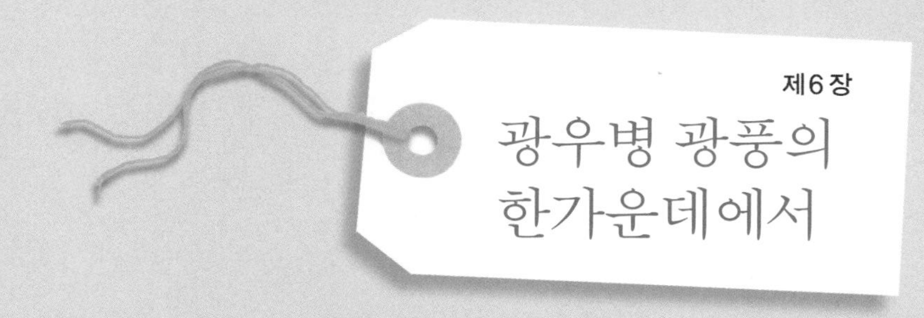

제6 장

광우병 광풍의 한가운데에서

나는 평생 처음으로 온 몸이 떨리는 공포를 느꼈다.
이건 단순한 쇠고기 수입문제가 아니라는 자각이 떠올랐다.
나도 모르는 사이에 이 사회의 엄청난
태풍의 눈 속에 내가 있었던 것이다.

먹잇감을 입에 문 맹수

남은 것은 국민에게 설명하는 일이었다. 협상과정과 내용을 언론을 통해 자세히 설명했다. 혹시 모르는 국민적 오해를 없애려고 개별적인 인터뷰에도 쉬지 않고 응했다. 협상을 타결한 날 저녁 MBC 뉴스데스크의 신경민 앵커와 대담을 했다. 손석희의 시선집중 생방송에도 나가 설명했다.

공보관실을 통해 PD수첩 측의 인터뷰 요청이 왔다. 나는 일언지하에 거절했다. 그동안의 경험에 비추어 PD수첩과는 인터뷰를 하지 않는 것이 낫겠다는 판단에서였다. 다른 협상대표들도 모두 고개를 저었다. 공보관은 MBC가 통사정을 하고 있다면서 인터뷰에 응해달라고 간청했다. 나는 여전히 마음이 내키지 않았다. 아무리 성의를 다해 설명해도 내 뒤통수를 칠 것만 같았다.

그러나 공보관의 끈질긴 설득에 결국 인터뷰에 응하기로 했다. 나는 공영방송인 MBC가 설마 국민의 건강과 관련된 문제를 가지고 장난치거나 왜곡보도를 하겠느냐고 생각했다. 성실하게 설명하면 객관적이고 공정하게 보도해 줄 것이라는 기대도 했다. 그런데 그것이 잘못이었다.

4월 22일 PD수첩 취재팀이 내 집무실로 들어왔다. 이춘근 PD와 촬영기자였다. 평소 인터뷰 직전에는 자연스런 대화로 긴장을 푸는데 그날은 그런 것도 없었다. 이춘근에게 프로그램 제작의도를 물었다. 그는 협상결과를 보도하려고 한다며 얼버무렸다. 제작의도를 모르면 내 말이 어떤 맥락에 끼어 들어가 보도 될지 짐작조차 어렵다. 그는 자신의 의도를 전혀 드러내지 않았다.

나는 인터뷰 모두에 이렇게 말했다.

"동영상에 나오는 작업장은 한국에 쇠고기를 수출하지 않는 작업장입니다. 그런데도 마치 거기서 일어나고 있는 것을 일반적인 것처럼 비추면 국민들을 과도한 불안감 속으로 몰아넣게 될 것입니다. 정부는 나름대로 전체적인 걸 다 파악해서 대처하고 있는데 그런 극단적인 예를 들어 광우병이 위험하다, 미국 쇠고기를 먹으면 큰일 난다는 식으로 하면 굉장히 안 좋습니다. 지난해 뼛조각 하나 나왔다고 그게 광우병을 일으키는 것처럼 보도하기도 했잖습니까? MBC가 어떤 생각으로 그런 보도를 했는지 모르지만 언론이든 정부든 국민의 안전과 관련한 식품에 대해서는 과연 안심하고 먹어도 되는지, 안되는지 진지하게 봐야 합니다. 아직 PD수첩 프로그램을 완전히 완성한 상태가 아니죠? 제가 처음부터 상세하게 말씀드리겠으니 진지하게 접근해 주시기 바랍니다. 편견을 갖지 말고 균형있게 접근해 주시기 바랍니다."

이춘근의 질문이 시작됐다.

"협상결과에 대해서 농림부의 자체적 평가는 어떤가요?"

나는 미국이 지난해 국제기구로부터 광우병위험통제국 지위를 받았기 때문에 그에 맞는 지침을 기초로 합의를 하여 우리로서는 협상결과에 대체적으로 만족하고 있다고 말했다. 그리고 협상에는 상대가 있어서 100퍼센트 만족할 수 있는 협상은 없지만 이번 협상에서 우리는 유리한 조건에서 협상을 했다고 설명하고 그 예로 미국정부가 업계의 반대에도 불구하고 이번 협상에서 강화된 사료금지조치를 도입하기로 한 점을 들었다.

"지난번에 없던 30개월 이상의 쇠고기를 왜 이번에 수입하기로 했습니까? OIE 기준은 강제조항입니까? 왜 우리가 다른 나라보다 먼저 수입합니까?"

그는 아레사 빈슨의 사망원인에 대하여 물었다.

"미국 여성이 광우병으로 의심되고 있습니다. 만약 그 여성이 인간광우병으로 사망한 것으로 판명되면 어떻게 되는 겁니까? 한 건은 있을 수 있겠다고 하는데, 이건 가정입니다만 만약 여러 차례 광우병이 발생한 경우에는 미국산 쇠고기 수입을 중단할 수 있습니까?"

나는 그 여성의 사인에 대해서는 역학조사가 진행되고 있으므로 그 여성이 인간광우병으로 사망했다고 단정 짓지도, 아니라고 단정 짓지도 말아야 하며 조사결과를 보고 판단해야지 아레사의 사망 자체만 보고 광우병이 위험하다 안하다 판단해서는 안 된다고 강조했다.

그는 사전에 치밀하게 준비한 듯 깐깐하게 물었다. 답변이 부족하다 싶으면 보충질문을 쏟아냈다. 이건 인터뷰가 아니라 수사관 앞에서 심문을 받는 것 같았다. 인터뷰에 응해 달라고 애걸복걸했다는 모습은 찾아볼 수 없었다.

나는 미국이 OIE 광우병위험통제국 지위를 받았으므로 소의 나이와 부위에 제한을 둬서는 안 된다는 점과 참여정부가 OIE 기준을 완전히 준수하기로 정부의 입장을 정하여 일단 30개월 미만의 뼈를 포함한 쇠고기를 수입하기로 하고 미국이 강화된 사료금지조치를 공표하면 30개월 이상도 수입을 허용하기로 했다는 사실 등을 상세하게 설명했다.

"의견 차이로 일주일이나 끌어오던 협상이 갑자기 전격 타결을 맺게 된 계기는 무엇입니까? 이명박 대통령의 방미에 시기를 맞추기 위한 것 아닙니까?"

나는 질문의 의도를 짐작할 수 있었다. 나는 '국제기구는 물론 우리 전문가회의도 미국 쇠고기로 인한 광우병 위험성은 무시할 만한 수준이었다고 결론 내렸다'는 사실을 강조했다. 또 객관적이고 과학적인 국제기준에 따라 협상하여 국제기준보다 더 많은 양보를 받아냈고 한미 정상회담과 관계없이 타결한 것이라고 설명했다.

이춘근 PD는 "왜 총선 직후에 협상을 시작했느냐? 협상을 통해 한국이 얻은 이익이 무엇이냐?"고 따졌다. 나는 '뼈 조각 사건'으로 신뢰가 무너진 상황에서 한미간 신뢰를 회복하고 쇠고기 교역을 정상으로 되돌리는 것이 대한민국의 국가이익에 부합한다고 강조했다. 그리고 나 자신을 포함하여 경제적으로 여유가 없는 소비자들에게 안전한 쇠고기에 대한 선택권을 넓히는 것도 필요하다고 덧붙였다.

"30개월 미만 뼈 포함 쇠고기의 안전성을 어떻게 확신합니까?"

나는 미국 쇠고기를 먹고 인간광우병에 걸린 사람이 전 세계에 단 한 사람이라도 있는지 물었다. 250만 재미동포를 포함하여 3억의 미국인이 매일 쇠고기를 주식으로 먹고 있고 117개국이 미국쇠고기를 수입하여 먹고 있는데 지금까지 한 사람도 광우병에 걸린 사람이 없다는 점을 근거로 댔다. 그리고 각국이 육골분 사료를 금지한 뒤 광우병은 급격하게 줄어 이제는 사멸단계에 이르고 있다는 점을 설명하고, 광우병 위험을 과장해서는 절대 안 된다고 강조했다.

"OIE에서 규정한 광우병위험통제국가의 구체적인 정의가 무엇입니까? 광우병위험통제국의 수입위생조건은 정확히 무엇입니까?"

"미국이 사료금지조치를 강화하면 30개월 이상 뼈 있는 쇠고기도 수입을 허용한다는 보도자료가 배포되었는데, '사료금지조치 강화'의 정확한 의미가 무엇입니까? 사료금지조치 강화가 입법화되지 않는다고 해도 효력이 인정되는 것입니까?"

"일본 대만 중국 홍콩 등 다른 아시아 국가들은 아직 연령제한을 풀지 않았는데 왜 한국만 먼저 풀었습니까?"

나는 우리나라가 처한 상황과 우리의 대미관계가 일본과 같을 수 없고, 한국의 국가이익이 일본의 국가이익과 같을 수 없다고 설명했다. 그리고 일본은 일본이고 한국은 한국이라고 말했다. 나는 국가관계를 다루는 외교관으로 한국의 정책적 선택을 일본 등과 비교하는 것은 바람직하지 않다고 강조했다.

이춘근 PD는 먹잇감을 포착한 맹수처럼 집요하게 달려들었다. 나는 만약 PD수첩이 악의를 가지고 프로그램을 만든다면 꼼짝 없이 덫에 걸리겠다는 불안감을 느끼기 시작했다. 역시 MBC PD수첩과는 인터뷰를 하지 말았어야 했다. PD수첩이 무슨 의도와 목적으로 프로그램을 만드는지도 모르고 나는 답변을 계속하고 있었다. 내가 할 수 있는 일은 최선을 다해 성실하게 답변하는 것뿐이었다. 인터뷰는 벌써 한 시간을 넘고 있었다.

"미국 쇠고기가 광우병으로부터 안전하다는 것을 어떻게 100% 보증합니까? 0.0001%만 위험해도 미국 쇠고기를 전면 수입금지하는 것이 국민을 위한 책임 있는 정부의 자세 아닙니까?"

나는 현실에서 수학이나 이론에만 있는 100%는 없다고 하면서 항공기 사고가 날 확률이 있는데도 국가간 비행기가 오고가는 걸 비유로 들어 납득을 시켰다. 우리의 삶에서 100% 안전한 것은 없고 무시할 만한 위험은 무시하고 사는 것 아니냐고도 했다. 0.0001%의 위험이란 숫자 장난이지 그것은 0%라는 점도 분명히 했다. 정부가 어떻게 0.0001%의 위험성이 있다고 국가간의 교역을 중단해야 하는가 반문했다. 그런 식으로 국민을 겁주고 정부를 협박해서는 안 된다고 말했다.

"왜 총선 직후에 협상을 했죠?"

"미국에서 아레사 빈슨이라는 여성이 죽었는데 인간광우병으로 죽었을지 모르잖아요. 그 소식을 들었습니까? 그럼 당장 협상을 중단해야 하는 것 아닙니까?"

두 시간여의 인터뷰를 마친 이춘근 PD는 멘트를 충분히 확보했다는 듯 입가에 미소를 띠며 흡족한 표정을 지었다.

나는 마지막 당부로 인터뷰를 마무리했다. "국민들이 미국산 쇠고기의 위험성에 대해 걱정을 하는 건 잘 알고 있습니다. 그러나 미국 쇠고기의 광우병 위험성은 너무나 지나치게 과장되어 있습니다. 우리 국민들에게도 어느 쇠고기를 먹을지 선택할 수 있는 기회를 반드시 주어야 합니다. 위생문제를 들어서 우리 시장을 막는다는 관점에서 보지 말기 바랍니다. 우리 정부도 철저하게 검역을 할 겁니다. 국민들도 지나치게 광우병에 대해 우려감을 갖지 않기를 바랍니다."

나는 두 시간 동안 협상의 진행과 배경에 대해 성심성의껏 이해를 시켰다고 생각했다. 그리고 마지막에 언론이 흔히 그렇듯 선정적으로 광우병 위험을 과장하지 말고 공정하고 객관적으로 보도해 줬으면 좋겠다고 요청했다. 이춘근 PD는 그러겠다고 약속했고 나는 그를 믿었다.

한건주의 영웅주의 PD수첩

열흘 뒤인 2008년 4월 29일 밤 MBC의 PD수첩이 방영되고 있었다. 음산하고 지저분한 미국의 도축장에 쓰러진 소가 있었다. 얼핏 광우병이 연상됐다. 이어서 찢어질 듯한 금속성의 절규가 들리고 한 미국 여대생의 장례식 장면이 나타났다. 자막에는 그녀가 인간광우병에 걸려서 죽었다고 나오고 있었다. 이어서 사회자는 쓰러진 소가 광우병이라고 확인해주면서 우리사회에 그런 충격이 다가온다고 했다.

미국 쇠고기는 끓여먹거나 익혀도 감염물질이 사라지지 않는다고 했다. 그리고 한국인은 대부분 MM유전자를 가지고 있어서 미국 쇠고기를 먹으면 광우병에 걸릴 확률이 94%라고 했다. 방송을 보면 미국 쇠고기는 이미 식품이 아니라 독극물이었다.

화면이 바뀌고 이명박 대통령이 환한 미소를 지으면서 미국사업가들 앞에서 이렇게 발표했다.

"방금 차 안에서 장관으로부터 쇠고기 수입협상을 타결했다는 보고를 받았습니다."

미국인들의 박수와 환호가 터져 나왔다. 화면 속 대통령의 미소는 매국노의 표정 같았다. 잠시 후 이명박 대통령이 골프차에 미국 대통령을 태우고 손을 흔들면서 가고 있었다. 미국에 종속된 우리의 모습을 상징하는 것 같았다. 이어서 협상대표인 나의 인터뷰가 나왔다.

"미국인이 죽었다고 하더라도 그 하나의 사건만 가지고 구조적인 문제로 단정짓기는 어렵죠."

미국 여성이 미국 쇠고기를 먹고 광우병에 걸려 죽었는데 독극물 같은 쇠고기가 들어오게 만든 협상대표가 쇠고기의 위험성을 의도적으로 축소하고 은폐하는 것 같았다. 그 대통령에 그 부하였다. PD수첩은 나의 말을 비웃듯 구멍 뚫린 뇌의 사진을 클로즈업했다. 거짓말이란 강한 암시 수법이었다.

방송은 광우병위험물질이 들어있는 소의 내장이나 척수가 한국인의 식탁에 오르고 있다고 말하고 있었다. 그걸 막았어야 할 협상대표가 또 다시 나와 엉뚱한 말을 했다.

"쇠고기는 안전합니다. 위험부위의 물질만 제거하면 복어의 독을 제거하고 걱정 없이 먹는 것과 마찬가지입니다. 그리고 말이죠, 비행기를 탈 때도 항공사고가 치명적인데 그런 걸 생각하면 탈 수 없는 거죠."

과연 어느 나라의 협상대표인지 의심이 들 정도로 뻔뻔스런 변명이었다. 그 모습을 지켜보던 진행자가 이렇게 결론지었다.

"과거 친일 매국노처럼 오늘 특히 국정을 책임지고 있는 사람들은 역사에 부끄러운 짓을 하고 있지 않은지 한 번 생각해 봐야 할 것 같습니다."

내가 친일매국노라는 직격탄이었다. 나는 공영방송이 이렇게 해도 되는지 심장이 터질 것 같았다.

다음날 PD수첩의 방영내용을 MBC 저녁뉴스가 보도하고 있었다. 신재원 의학전문기자가 나와서 이렇게 말했다.

"미국의 소 사육방식처럼 소에 동물성 사료를 먹이면 정상프리온이 뇌조직을 파괴하는 변형프리온으로 변해 소가 광우병에 걸립니다. 이 쇠고기를 먹은 사람은 인간광우병에 걸리게 됩니다."

그는 이렇게 계속했다.

"변형프리온은 설렁탕처럼 끓여도 안 죽고, 곱창구이처럼 익혀도 안 죽습니다. 변형프리온은 전염성이 무척 강해 인간광우병 환자의 혈액이

상처에 닿기만 해도 광우병에 걸릴 확률이 높습니다. 그리고 일단 걸리면 100% 죽습니다."

도대체 그가 과연 의학전문기자가 맞는지 의문이었다. 내가 상식으로 생각해도 변형프리온은 바이러스 같은 병원균이 아니고 단백질이기 때문에 피부접촉을 통해 전염될 가능성은 없었다. 여기에 한 술 더 뜬 건 소위 수의과대학 교수라는 사람이었다. 우희종이란 인물의 인터뷰 장면이 나타났다.

"아주 진한 양잿물로 처리하거나 아니면 태우거나 이런 극단적인 방법 외에는 프리온의 병원성을 없앨 수 있는 방법은 없습니다. 변형프리온은 전염성도 무척 강해 인간광우병 환자의 혈액이 상처에 닿기만 해도 광우병에 걸릴 확률이 높습니다. 그리고 일단 걸리면 100% 죽습니다."

이번에는 정해관이라는 의과대학 교수가 말했다.

"아주 빠른 속도로 진행하는 치매와 비슷한 양상을 보입니다. 움직일 수도 없고 식물인간 상태로 갔다가 사망하게 되는 거죠."

무시무시한 표현들이었다. 신재민 기자는 마지막으로 이렇게 결론을 내리고 있었다.

"특히 이번에 미국에서 수입하기로 한 뇌와 척수 척추 내장은 광우병에 걸리지 않은 30개월 미만의 소라도 얼마든지 변형프리온이 존재할 가능성이 있습니다. 더 큰 문제는 한국인이 전세계에서 광우병에 걸리기 가장 쉬운 유전자를 가지고 있다는 점입니다."

나는 벌어진 입을 다물 수 없었다. 어느 한 부분이 틀려야 정정을 요구할 수 있는 것이다.

4월 29일 PD수첩을 보면 학교에서 급식을 하면 미국산 쇠고기를 먹을 수밖에 없기 때문에 우리 아이들의 장래가 어둡다는 보도도 나왔다.

'저 아직 15년밖에 못 살았어요'

PD수첩의 거짓선동의 영향은 폭발적이었다. 인터넷을 통해 광우병 괴담이 급속도로 퍼져나갔다.

'미국인은 뉴질랜드 쇠고기를 수입해 먹는다. 우리가 먹는 건 다르다. 미국에서 강아지나 고양이 사료로도 안 쓰는 30개월 이상 된 쇠고기를 우리나라에 보낸다.'

'미국 소를 이용해 만든 화장품, 생리대만 사용해도 광우병에 걸리고 심지어 광우병 쇠고기를 다룬 칼과 도마에 의해 수돗물까지도 오염된다.'

'키스만 해도 광우병이 전염된다.'

한 포털사이트가 운영하는 토론장 '아고라'에 누가 만들었는지 모르는 정체불명의 동영상이 떠돌아 다녔다. 사람들이 하나 둘씩 광장으로 나서기 시작했다. 처음에는 중고등학교 학생들이 장난같이 나왔다.

2008년 5월 28일 청계천의 촛불바다 위에서 한 소녀가 호소력 있는 바이올린 멜로디가 울려 퍼지는 속에서 애잔한 목소리로 대중들에게 이렇게 호소하고 있었다.

"저는 여고에 다니는 촛불소녀 ○○○입니다. 5월 3일 처음 이곳에 나와 오늘까지 14번째 참석했습니다. 오늘 비가 내렸습니다. 제 마음에도 눈물비가 내립니다. 저희 촛불소녀들과 함께 이곳에서 울고 웃고 노래하던 언니 오빠 어른들이 많이 연행됐습니다. 강제연행된 분들은 제자리로 돌아와야 합니다."

19세 소녀의 호소는 집회 참가자들의 가슴을 울렸다. 점차 대학생과 회사원들이 나오고 젊은 엄마들의 유모차 부대가 등장했다. 무대 위에선 가녀린 소녀의 감동적인 호소는 사흘 후에도 계속된다.

"이명박 대통령은 텔레비전에 나와 괴담 때문에 철없는 학생들이 나온다며 걱정을 하시는데 우리 부모님은 나보다 대통령을 더 걱정하고 계십니다. 우리는 투표권도 없습니다. 우리가 뽑지도 않았는데 왜 대통령 때문에 우리가 이렇게 힘들고 가슴 아파야 합니까?"

그런 소녀의 말에 비슷한 또래의 학생들이 광장에 몰려들었다. 피켓에 마스크를 쓴 소녀들이 광장에 나왔다.

'저 아직 15년밖에 못 살았어요.'

피켓에 쓰인 글이었다.

'안 먹어.'

마스크에 그렇게 적혀 있었다.

평화시위처럼 보이던 모임이 어느 순간 폭동으로 변했다. 시위대의 촛불로 벌겋게 물든 청계광장에서 사십대 여성이 이렇게 외쳤다.

"대통령 한 놈만 국민 무서운 걸 모르고 있습니다."

학생들이 쇠파이프를 들고 경찰에게 덤벼들었다. 5월 24일에 이어 25일, 26일, 29일 청계천과 서울광장의 시위대에서 "청와대로 가자"는 선동이 시작됐다. 쇠파이프와 망치를 든 시위대가 경찰버스를 파괴했다. 현장에 나온 장관이 멱살을 잡힌 채 안경이 날아가고 폭행을 당했다. 오후 6시쯤 시위대가 경찰저지선을 뚫고 청와대를 향해 돌진했다. 도심이 폭동으로 변한 시위대에 점령당했다. 광기어린 분신이 시도됐다. 5월 25일 오후 6시쯤 이병렬이란 사람은 전주 시내에서 "정권타도"를 외치며 유인물을 나누어준 뒤 온몸에 시너를 끼얹고 분신자살을 기도했다. 그의 유인물에는 이런 내용이 들어있었다.

'보수 친미정권 이명박을 규탄하기 위해, 아니 타도하고 끌어내 새로운 세상을 건설하기 위해 단호히 맞서야 한다. 혁명의 정신으로 죽음도 함께 할 수 있어야 한다.'

나는 북한의 반재민족민주전선이 내린 선동지령을 보기도 했다.

'광우병 쇠고기 수입반대투쟁은 민생과 반미 반이명박이 하나로 연결된 중요한 투쟁이며 이명박 정부와의 첫 투쟁이다. 여기서 밀리면 파쇼체제의 등장이 눈에 선하다. 민중이 만들어준 기회를 절대 놓치지 말아야 한다. 이명박 패당이야말로 미국의 이익을 위해서라면 나라와 민족, 영토도 서슴없이 섬겨 바치는 극악무도한 매국역적 집단이다.'

나는 죽어야 할 이명박의 패당이라는 단정이었다. 북한의 지령은 이렇게 결론을 짓고 있었다.

> '촛불집회는 한국 민주주의의 상징이다. 여기에 각계각층의 특성에 맞는 참신하고 다양한 투쟁을 적극 결합시켜야 한다. 그래야 전 국민적 투쟁으로 확대 발전시킬 수 있다.'

나는 평생 처음으로 온몸이 떨리는 공포를 느꼈다. 이미 진실을 말할 단계가 아니었다. 나와 가족의 생명에 관한 문제였다. 나는 어렴풋이 이건 단순한 쇠고기 수입문제가 아니라는 자각이 떠올랐다. 나도 모르는 사이에 이 사회의 엄청난 태풍의 눈 속에 내가 있었던 것이다.

딸의 통곡

5월 22일 이명박 대통령의 대국민 담화가 있었다. 그 내용은 이랬다.

> 쇠고기 수입으로 어려움을 겪은 축산농가 지원대책 마련에 열중하던 정부로서는 소위 광우병괴담이 확산되는 데 대해 솔직히 당혹스러웠습니다. 무엇보다 제가 심혈을 기울여 복원한 바로 그 청계광장에 어린 학생들까지 나와 촛불집회에 참여하는 것을 보고는 참으로 가슴이 아팠습니다.
>
> 부모님들께서도 걱정이 많으셨을 겁니다. 정부가 국민들께 충분한 이해를 구하고 의견을 수렴하는 노력이 부족했습니다. 국민의 마음을 헤아리는 데 소홀했다는 지적도 겸허히 받아들입니다. 국민여러분께 송구스럽게 생각합니다.

대통령의 말은 계속됐다.

> 앞으로 정부는 더욱 낮은 자세로 더 가까이 국민에게 다가가겠습니다. 지금까지 국정초기의 부족한 점은 모두 저의 탓입니다. 저와 정부는 이번 일을 계기로 심기일전하여 경제를 살리고 일자리를 만드는 데 더욱 매진하겠습니다.

나는 대통령의 그 담화내용을 보면서 협상대표로서 가슴을 치지 않을 수 없었다. 기독인인 대통령은 사랑으로 모든 것을 품으려 하고 있었다. 또 지혜와 겸손으로 국민들을 이끌려 하고 있었다. 한 나라의 지도자로서 모든 것이 내 탓이라고 하는 것은 숭고한 태도임에는 틀림없다. 그러나 동시에 거짓말에는 반박을 해야 한다는 게 나의 생각이었다.

56분간 방영된 PD수첩은 그 전체가 있지도 않은 미국산 쇠고기의 위험을 만들어 냈다. 협상대표였던 나는 누구보다도 정확히 그 실체를 알고 있다. PD수첩 프로그램 뒤에 걸쳐 놓은 플래카드를 볼 때 나의 심장은 터지는 것 같았다. 거기에 이렇게 적혀 있었다.

'목숨을 걸고 광우병 쇠고기를 먹어야 합니까?'

미국에 취재 가서 스테이크를 실컷 먹고 온 취재기자에게 묻고 싶었다. 미국에서 광우병으로 죽은 사람을 봤냐고. 또 미국쇠고기를 수입해 먹는 세계 96개국에서 광우병에 걸린 사람을 봤느냐고. 그건 과장 왜곡이 아니라 날조였다.

방송은 한 방향으로 의도를 정해놓고 처음부터 끝까지 모든 등장인물과 화면, 내레이션, 수치까지 그 방향으로 몰고 가 있지도 않은 상상의 광우병을 만들어 낸 것이다.

협상대표였던 나는 열심히 미국산 쇠고기의 안전성을 얘기했다. 그러나 어느 방송도 그걸 인정해 주지 않았다. 청와대 대변인실도 폭동사태에 기름을 붓는 것으로 의식했는지 진실인 쇠고기의 안전성에 대해서는 입을 다물었다. 정부여당도 그 누구도 진실을 얘기해 주는 사람은 없었다.

이명박 대통령이 사과할 일이 아니었다. 우리가 들어가 물건을 팔 수 있도록 미국시장을 개방하는 중요한 일이었다. 이명박 대통령의 실용주의를 실천하기 위한 좋은 실적이었다. 정말 사과를 해야 한다면 부시 대통령에게 전화를 걸어 미국 요구대로 개방하겠다고 말을 했던 노무현 대통령이었어야 한다.

촛불시위는 이념투쟁이었고 정권타도를 목적으로 한 세력의 선동이었다. 실질적인 공격대상은 청와대고 대통령이었다. 모두 숨을 죽이고 상황을 지켜보고 있었다. 나는 전문가, 학자들을 찾아가 "언론기고와 인터

한 · 미 쇠고기 협상 철회를 촉구하는 엄마들 기자회견에서
이명박 대통령과 민동석 협상대표가 광우병 미국소와 어깨동무를 하고
춤을 추는 퍼포먼스를 벌이고 있다. 오마이뉴스

뷰에 나서서 쇠고기의 안전성에 관한 진실을 말해 달라"고 부탁했다. 아무도 나서는 사람이 없었다. 쇠고기협상에 조금이라도 호의적인 말을 했다가는 집단적인 뭇매를 맞는다는 것이었다.

촛불시위 현장에 한 번 가보지 않은 아이들은 바보취급을 받는 분위기였다. 아는 교수 몇 사람에게 부탁했다. 명예가 떨어진다고 대학 차원에서 언론출연 금지령이 떨어졌다는 답변이 돌아왔다. 평소에는 그렇게 많던 관변 전문가나 학자들이 자라처럼 머리를 감추고 나서려 하지 않았다. 오히려 그 틈을 타서 튀어보려는 사람들이 생겨났다. 광우병 쇠고기를 먹느니 차라리 청산가리를 입안에 털어 넣겠다는 연예인의 인기가 치솟았다.

대한민국 정부가 어이없이 무너져 내렸다. 국무총리와 장관들이 일괄

사표를 냈다. 왜 내야 하는지 모르면서 나도 사직서를 제출했다. 그게 무슨 의미인지를 안 딸의 눈에서 하얀 눈물이 쏟아져 내렸다. 딸이 나에게 이렇게 외쳤다.

"지하철 안에서 아줌마들이 수군대는 말을 들었어요. 미국 쇠고기 먹으면 다 미쳐서 죽는다는 거예요. 떡볶이집 아줌마도 미국 쇠고기 먹으면 다 광우병에 걸린다고 하는 거예요. 내가 그게 아니라고 아무리 설명해도 듣는 사람이 없어요. 너무나 억울하고 분한 마음이 들었어요. 우리 아빠가 국민들 모두 죽이려고 한단 말인가요? 도대체 아빠를 위해서 진실 한마디를 용감하게 해 줄 사람이 대한민국에는 단 한 사람도 없단 말인가요?

매국노의 아들

어느새 나는 구한말의 이완용보다 더 악독한 매국노가 되어 있었다. 나에 대한 인격적인 공개처형이 시작됐다.

인터넷에 내 휴대폰과 사무실 전화번호가 뜨고 민동석에게 폭탄문자를 보내자는 선동이 시작됐다.

'한반도의 2대 매국노 이완용, 민동석'

그게 인격의 공개처형의 제목으로 달렸다. 이어서 어마어마한 비난과 저주 욕설들이 쏟아져 들어왔다.

'너희 가족이랑 미친 소나 실컷 처먹고 뇌송송 구멍탁 되어 죽어라.'

'이 나라 팔아먹은 놈아 니 후손들은 온 국민으로부터 손가락질 받으며 살아가야 할 것이다.'

'국가와 국민의 생존권을 팔아먹은 놈을 매국노라 한다. 바로 너 민똥석 너는 역사와 민족의 이름으로 매국노라 불리리라'

'저런 개자식은 복날 개잡듯 네거리 한복판에서 몽둥이로 쳐 죽여야 한다. 그 길만이 많은 사람을 살찌게 하는 길이다.'

이미 정부는 무너졌다. 청와대 수석들도 일괄사표를 내고 총리와 장관들도 모두 사직서를 제출했다. 언론과 야당은 대통령이 마침내 잘못을 시인했다고 목청을 높였다. 나는 철저히 패배했다. 진실을 말하지도 못한 채 입마저 봉쇄당했다. 정부도 국회도 등을 돌렸다. 떠날 때가 됐다는 생각이었다. 그동안 정들었던 직원들에게 마지막 편지를 썼다.

존경하는 농림수산식품부 가족 여러분,
매일같이 저는 광우병 오적, 매국노라는 군중들의 돌팔매 속에서 연명하고 있습니다. 철모르는 초등학생까지 저주를 퍼붓고 있습니다.

저는 하나님한테 그들을 용서해 달라고 기도하고 있습니다. 그들이 아무 것도 모르고 그러기 때문입니다.

쇠고기 협상에 나서는 저와 농림수산식품부 공무원들에게는 이미 이런 십자가가 예견된 것인지도 모릅니다. 좁은 이 나라에 살고 있는 사람들은 오늘날의 국제사회에 대한 인식이 부족하기 때문입니다. 지금 그들은 엉뚱한 광우병 괴담과 선동에 최면이 되어 있습니다. 우리가 아무리 진실을 얘기해도 꽉 막힌 그들의 귀를 뚫을 수는 없을 것입니다. 저는 공직생활을 하면서 여러 번의 높은 파도를 만났습니다.

이제 저는 난파하는 배와 운명을 함께하기로 했습니다. 그러나 훗날 역사는 진실이 무엇인지 밝혀줄 것이라고 믿습니다. 아무리 선동과 포퓰리즘이 판을 쳐도 진실은 그 자체의 힘으로 언젠가 모습을 드러낸다고 저는 확신합니다.

공직자는 사람들의 입술 위에서 춤추지 말아야 한다고 생각합니다. 조작된 여론이나 선동보다는 자기 앞에 놓인 좁은 길을 꿋꿋하게 가야 한다고 생각합니다. 여러분과 가족에게 항상 건강과 행복이 함께 하시기를 기원합니다.

세상은 살기가 넘쳤다. 미국을 상징하는 증오스런 소의 우상이 시청 앞 광장 중앙에 버티고 있었다. PD수첩 프로그램의 힘은 혁명보다 강했다. 공직자로서의 30년 세월이 PD수첩 1회 방송으로 물거품같이 사라졌다. 언론이란 미명하에 자행되는 선동은 정말 무서웠다. 거기에는 이미 이성과 과학은 실종되고 괴담과 미신만 횡행했다.

레바논에 파병돼 테러의 위협 속에서 군복무를 하고 있던 아들이 방송으로 한국의 상황을 보고 있었다. 아들은 아버지가 나라를 팔아먹은 매국노이고 광우병 오적이라는 비난을 받는 걸 보면서 울었다고 한다. 사직서를 제출하던 날 딸이 울면서 하던 말이 생각난다.

"우리 아빠는 남들이 모두 피하는 일을 위험을 무릅쓰고 했는데 왜 대한민국에는 진실을 말해주는 사람이 하나도 없나요? 아빠, 3년만 기다리세요. 제가 먹여 살릴게요."

공직이 보람이었던 나는 들판에 내버려진 폐자동차 같은 신세가 되었다.

'선물을 주었다면 오히려 미국이 우리에게'

국정조사를 하는 국회에 소환됐다. 국회의원 한 사람 한 사람은 국가기관이다. 국회는 대한민국의 상징이다. 대한민국 공무원인 나는 국회에서는 당당하게 진실을 밝히겠다고 결심하고 나갔다. 야당의원들의 질문 공세가 터지기 시작했다. 질문지에는 내가 대표로 있었던 '쇠고기협상'의 제목이 '졸속협상'으로 아예 바뀌어 있었다.

"대통령이 무조건 타결하라고 해서 막 퍼주기로 한 이번의 졸속협상은 한미정상회담을 위해 미국에 바친 선물 아닙니까?"

"그렇지 않으면 미국에 바친 조공이었습니까?"

국회의원들로부터 악의에 찬 공격들이 쏟아져 나왔다.

나는 심한 모멸감을 느꼈다.

"미국에 바치기 위한 선물이었다면 대통령이 미국을 방문하고 있는데 차관보로 협상대표인 제가 막바지에 협상을 결렬시켰겠습니까?"

내가 대답했다. 계속 미국에 준 선물이라느니 조공이라느니 대통령의 카트비나 숙박료라는 빈정거리는 질문이 난무했다. 나는 인내의 한계가 다가오는 걸 느꼈다. 마침내 내 입에서 폭탄발언이 나갔다. 그것은 의도적으로 준비한 발언이었다.

"선물을 줬다고 그러시는데 선물을 줬다면 오히려 미국이 우리한테 준 편이라고 생각합니다."

국제무역에서 하나를 준다는 것은 열 개를 받아오기 위한 것이었다. 오히려 선물을 받았다면 우리가 훨씬 많이 받았다. 국회의원들은 국가간 협상이 주고받는 것이라는 걸 당연히 알고 있을 것이라는 생각이었다.

그러나 그들이 더 신경 쓰는 것은 주변의 카메라와 국민들의 표인 것 같았다. 갑자기 '쾅' 하고 책상을 치는 소리가 들리면서 민주노동당의 강기갑 의원이 자리에서 뛰어올랐다.

"어디서 그런 소리를 하고 있어?"

강기갑 의원이 삿대질을 하면서 쇼를 시작했다.

"국민들이 보고 있어, 국민들이."

강기갑 의원이 펄펄 뛰면서 국정조사장이 아수라장이 되기 시작했다.

"국민이 보고 있기 때문에 이 기회에 진실을 말한 겁니다."

내가 강하게 되받아쳤다.

강기정 의원이 긴급의사진행 발언을 했다.

"민동석의 발언은 국민을 우롱하는 것이고 여기 있는 위원들에게도 모욕입니다. 그런 점에서 이 발언은 사과를 받고 넘어가야 할 문제입니다. 이 문제를 반드시 해결하고 다음 질문으로 넘어가야 합니다."

민노당의 강기갑 의원이 다시 소리쳤다.

"사과를 받아야 합니다. 어디 이런 답변을 하고 있어요? 이건 국민을 우롱하는 답변이지. 내가 참을 수가 없어요."

이제 다음 수순은 내가 국회의원들 앞에서 사과를 해야 하는 절차였다. 나는 사과를 하지 않고 가만히 있었다. 국정조사장의 분위기가 험악해져 갔다. 뒤에 배석했던 농림수산식품부 기획조정실장이 쪽지 하나를 내밀었다.

'시끄러워지면 좋을 것이 없으니 빨리 부적절한 발언이라고 사과하면 좋겠습니다.'

나는 고개를 흔들었다. 이번에는 옆에 있던 정운천 장관이 귓속말로 이렇게 말했다.

"상황을 진정시키기 위해 일단 부적절한 발언이었다고 하면 어때요?"

"그렇게 하고 싶지 않습니다."

국회 쇠고기 특위 국정조사(2008년 8월 1일) 연합뉴스

나는 단호히 말했다. 정회가 되고 야당 국회의원들이 나갔다. 최병국 위원장이 내게 다가와 웃으면서 말했다.

"지금까지 국회의원들에게 베스트 장관이 누군지 알아요?"

나는 가만히 듣고 있었다. 위원장이 계속했다.

"○○○장관입니다. 그 장관은 소신 있게 말하기보다 국회의원들의 질문에 절절 매거나 동문서답했습니다. 한마디로 국회의원들에게 질문할 맛이 나게 하는 사람이죠."

위원장이 새겨들으라고 내게 한 말이었다. 밖에서는 야당의원들이 합동 기자회견을 열어 저를 집중 성토하고 있었다.

"이명박 대통령이 두 번이나 대국민 사과를 하고 뼈를 깎는 반성을 한다고 했습니다. 그리고 장관도 여러 차례 사과를 했습니다. 분노한 민심이 두 달 가까이 갔습니다. 그런데 민동석의 입에서 어떻게 미국이 한국에 선물했다는 발상이 나옵니까? 그게 대한민국의 관료입니까? 미국의 관료입니까? 결코 묵과할 수 없는 일입니다."

나는 미국한테서 받은 이익을 속으로 저울질해 봤다. 미국은 한국에 대한 비자면제를 해주었고 일본, 호주 수준으로 군사장비 구매지위를 올렸다. 미국시장의 관세면제를 토의하는 우선협상대상국이 됐다. 작은 문제지만 독도영유권 표기도 한국의 손을 들어주었다. 나는 그걸 확실히 인식하고 있었다. 대한민국 국회도 거품 같은 국민적 인기 앞에서 무력하다고 느꼈다. 나는 민주주의가 잘못되면 선동과 포퓰리즘이 지배하는 중우정치가 된다는 사실을 몸으로 체험했다.

진리를 외치는 사람들

폭풍 같은 세상 속에서도 보석같이 반짝이는 진실하고 용기 있는 사람들이 눈에 띄기 시작했다. 한양대 신문방송학과 4학년에 재학중인 이세진 군이 서울 청계광장 앞에서 촛불반대 1인 시위를 했다는 사실을 알게 됐다. 그는 이런 글을 앞에 들고 있었다고 한다.

'6·25 전쟁 때 자국민 4만 명을 희생시키고, 우리도 용서 못했던 버지니아공대 권총 난사범 조승희를 용서한 나라가 미국입니다.'

'미국의 쇠고기는 미국만 아니라 전세계가 먹습니다.'

'우린 지금 스스로 광우병을 만들어 내고 있습니다.'

'저는 수출무역국가인 조국을 위해 이 자리에 섰습니다.'

'김정일이 핵을 쏘고 3백만 동포가 굶어 죽을 때는 왜 촛불을 들지 않았습니까?'

PD수첩 프로그램에 선동된 군중들은 이세진 학생에게 욕을 퍼붓고 쫓아냈다. 이세진 학생은 밤에 다시 현장으로 와서 비를 맞아가면서 1인 시위를 계속했다.

• • •

조갑제 씨가 6월 18일 KBS와의 인터뷰를 통해 선동과 과장에 마취된 사회를 깨우기 시작했다. 조 씨가 이렇게 직격탄을 부었다.

> 대한민국에서 지난 두 달 동안 벌어진 것은 세계사에서도 드문 공영방송이 거짓선동을 하고 좌익이 폭력시위를 주동하고 여기에 정부가 법

질서 사수를 포기하고 그렇게 해서 국가적 망신을 당하고 국제적으로 웃음거리가 되고 국익이 파괴되고 법질서는 무너지는 초유의 사태입니다. 이 사태를 가져온 방송, 야당의원들 그리고 주동세력들이 반드시 책임을 져야 합니다.

광우병 방송은 거짓말입니다. 이런 거짓말이 나라를 흔들고 어린이들의 영혼을 오염시키고 공격적으로 만들었습니다. 문제의 핵심은 절대적으로 안전한 미국산 쇠고기를 절대적으로 위험한 물질로 조작한 선동방송에 있습니다. 안전한 쇠고기를 수입해 먹고 그 대가로 우리 자동차를 수출하고 이렇게 하면 되는 거 아닙니까?

한양대 이세진 군이 3일 오후 서울 태평로에서
촛불집회에 반대하는 1인 시위를 하고 있다.
(2008년 6월 3일) 연합뉴스

미국에는 연간 벼락에 맞아죽는 사람이 100명입니다. 지난 10년 동안 1,000명이 벼락에 맞아죽었습니다. 미국산 쇠고기를 먹고 죽은 사람은 없습니다. 이 이상 안전할 수 있어요? 이게 현실이죠.

조갑제 씨는 이렇게 계속한다.

쇠고기 문제는 실제로 이념의 문제입니다. 거기에는 반미감정이 깔려 있습니다. 중국에서 들어오는 식품에 얼마나 많은 오염물질이 있습니까? 그런데 거기에 대해서는 들고 일어나지 않죠? 촛불집회는 좌파들이 핵심입니다. 좌파들이 사소한 잘못을 부풀려 본질을 변질시키는 그런 선동기법을 썼고 거기에 속아 넘어간 사람이 있고 또 놀러온 사람이 모인 거죠.

6월 10일 백만 명의 촛불시위는 쇠고기 하나에 한정된 작은 사건이 결코 아니었다. 그것은 대한민국의 근간을 흔드는 엄청난 것이었다. 그에 대해 사회 인사들이 분노를 터뜨렸다. 조갑제 기자는 《거짓의 촛불을 끄자》라는 책자를 발간하면서 그 안에서 이렇게 주장했다.

광우병사태는 친북좌파의 촛불집회 선동과 MBC의 왜곡보도의 합작품이다. 이는 좌파에 장악된 문화권력의 실상을 보여준다. 6·25 이후 경성(硬性) 권력에 소외됐던 좌파는 학계 문화계 예술계 언론계 등 연성(軟性) 권력으로 집중 진출해 왔다. 이들은 1980년 주사파 출현으로 인적 인프라를 공고히 한 후 경성권력을 넘보기 시작했다.

심각한 것은 강력한 진지를 이루고 있는 좌파의 문화권력이다. 그들은 이명박 정부를 비웃으며 학계 노동계 언론계의 담론을 이끌고 세과시에 여념이 없다. 광우병괴담을 조작하며 촛불시위를 이끈 친북좌파의 맹렬한 활동이 그것이다. 좌파권력에 장악된 대한민국에서 진실이 밝혀지기 쉽지 않다. 강력한 여론형성 능력을 가지고 있는 방송은 물론 포털사이트 등에서는 여전히 광우병괴담이 판을 친다. 좌로 굳어진 학계, 교육계, 문화계, 예술계, 노동계의 모든 단체들도 여기에 편승한다. 진실은 꼴통이 되고 거짓은 진리가 된다.

조갑제 기자가 현실을 경고한 메시지였다.

• • •

김성욱 기자는 법조인들의 좌경화를 지적하며 자유민주주의를 걱정하고 있다. 그는 386 운동권이 '조용한 혁명'을 위해 사법시험을 선택했다는 걸 알리고 있다.

1999년 김일성주의 지하당인 민혁당의 하영옥은 사법시험 준비중에 구속됐다고 합니다. 이제 법조인 중 언더서클에서 활동하던 사람들은 한두 명이 아닙니다. 그들은 혁명을 위해 고시를 한 사람들이라는 것입니다. 몇몇 소수뿐 아니라 90년대 고시판의 주류는 아예 운동권 분위기였습니다. 고시생 중 운동권 출신은 소수였지만 '좌익적 변혁이 정의로운 것'이라는 공식은 지배적이었다고 합니다.

지겹고 따분한 수험생활을 이겨낼 자기정당화의 논리는 흔히 시험에 붙어서 정의를 실천하겠다는 것이었고, 그 기준은 '친일파가 세운 대한민국은 정의가 패배한 기회주의 역사'라는 것이었습니다. 반면 '북한은 친일파를 처단해 민족정기를 세운 자주와 주체의 형제국가'라는 우호적 감정이 깔려 있었습니다.

대학시절 대학원시절 법대에서 배웠던 헌정사 역시 '자학적 사관'에 기초했습니다. 북한의 공산전체주의에 대한 비판은 한 번도 듣지 못했고, 이승만 박정희 전두환 정권의 이른바 헌법유린에 대해서만 귀에 못이 박히도록 배웠습니다. 형법시간에 국가보안법에 대한 냉소와 조롱만 들었을 뿐입니다. 그런 배경이 이제 사법부를 통해 현실적인 판결로 나타나고 있습니다.

김정일을 찬양하는 편지를 써서 북한의 대남공작원에게 제출해도 국가보안법으로 처벌할 수 없다는 판결이 나왔습니다. 판사들은 먼저 국가보안법을 무력화해 버렸습니다. 빨치산추모제를 벌인 교사들이 무죄를 선고받았습니다.

전교조 소속 교사 김형근은 빨치산을 통일애국열사로 찬양하고 '제국주의 양키놈은 한 놈도 없이 섬멸하자' 등 극렬한 친북반미 주장을 했습니다. 그는 또한 '위대한 김정일 장군님께서 창조에 관해 하신 명언'을 인터넷에 올리기도 했습니다. 그러나 그는 무죄가 선고됐습니다. 이런 좌편향 판결은 이미 운동권 또는 지하당 출신인 몇몇 판사의 튀는 판결이 아니라 세대의 문제입니다. 그것은 80년대, 90년대 학생들을 지배한 자학적 사관의 결과물이고 진앙은 김일성주의였습니다.

그 시절 사회과학도들 중에서 반미 친북좌파적 시각을 갖지 않는 사람이 드물었고 이것은 고시를 통해 입신출세를 꿈꾸는 이들이 가장 심했습니다. 스스로 그것을 정의라고 불렀고 그렇게 믿었습니다. 자신들은 이미 강남의 고급아파트에 살며 자본주의의 가장 큰 특혜를 누리고 살지만 청년시절 입력된 붉은색 메모리칩은 빠지질 않았습니다. 더 큰 풍요와 더 큰 특권을 누릴수록 마음 속 앙금처럼 느껴지는 죄책감은 종북주의자들에 대한 우호적 판결로 표현되는 것입니다. 좌편향 판결은 광주사태 이후 합격한 전체세대의 문제입니다. 그들이 한국에서 가장 영향력 있는 집단이기에 한국의 위기는 필연적입니다.

가짜 목소리

촛불을 찬양하는 글들이 경향신문 등에 나왔다. 연대 사회학과 김호기 교수가 쓴 글을 보면 이렇다.

> 어느 날 그가 우리에게 성큼 다가왔다. 처음에는 소녀들과 함께 왔다. 그리고 나이 든 어른들과 어린 초등학생들이 더불어 왔다. 어떤 이들은 유모차를 끌고 왔고, 다른 이들은 예비군복을 입고 나타났다. 처음엔 청계천이 시작되는 곳에, 이어선 덕수궁 대한문이 보이는 곳에 모인 사람들은 그를 들고 북악산이 바로 보이는 광화문을 향해 곧바로 걸어갔다.
>
> 어떤 날은 자하문 터널로 가는 길 위에서 거칠게 흔들렸다. 다른 날은 우스꽝스러운 산성 앞에서 안타깝게 서성거렸다. 소통을 거부한 오만한 권력의 바벨탑에 맞서 그를 소중히 손에 든 사람들은 멀리 서울역에서 세종로 사거리까지 손수 날라 온 모래로 토성을 쌓기도 했다. 장마가 와도 그는 젖지 않았다.
>
> 스스로를 태워 어둠에 잠긴 서울을, 이 땅을 환히 밝히고 있었다. 속물주의, 패배주의, 어두운 욕망을 부추기는 달콤한 속삭임을 뿌리치고 그는 자유를, 평등을, 인간답게 살고 싶다는 소망을 '광야에서'와 함께, '헌법 제1조'와 함께 우렁차게 노래했다. 촛불이었다. 2008년 5월 우리를 성큼 찾아 온 그는 촛불이었다. 촛불은 오만한 대리인을 책망하고 바로 잡으려는 것, 직접행동의 시민불복종을 실현하고자 한 것이었다. 그러니 두려워할 필요가 없다.
>
> 촛불은 여름 밤하늘에 올라가 별이 되었다. 장마가 잠시 그친 밤하늘을 바라보면 별들이 환히 서울을, 이 땅을 비추고 있다. 도윤아, 너

> 는 기억해야 한다. 2008년 봄 우리를 성큼 찾아온 촛불을. 너와 내가 세종로 언저리에서 함께 서성거리며 들었던 촛불이 우리에게 전하는 말을. 2008년 봄에서 여름까지 거리에서, 광장에서, 자기 방에서 때로는 함께 때로는 홀로 타오르던 촛불의 의미를, 촛불이 전하는 자유와 평등과 생명의 간절한 소망을 언젠가 태어날 네 아이에게 말해줘야 한다. 촛불이 가르쳐준 민주주의를 자랑스럽게 말해줘야 한다.

그것은 부드럽게 심성을 자극하는 선동문이었다. 김호기 교수가 한겨레와 경향에 쓴 글들을 보겠다. 핵심내용은 이렇다.

> 일요일 현장에는 새로운 참여자들이 크게 눈에 띄었다. 대학생, 직장인, 예비군, 유모차에 아기를 태운 주부 등 다양한 사람들이 참여하고 있었다. 이들이 가득 메운 광화문 사거리는 거대한 아고라(광장)를 이뤘다. 이순신 동상 부근에는 시민들이 경찰과 팽팽히 대치하고 있었다. 후방에선 '거리의 축제', '거리의 민주주의'가 넘쳐흐르고 있었다.
>
> 관찰자의 시선에서 광화문 사거리는 직접행동의 생생한 현장이다. '제도의 민주주의'가 무기력할 때, 시민들은 자신의 마지막 수단인 직접행동, '거리의 민주주의'를 선택할 수밖에 없다. 이 '거리의 정치'를 어떻게 볼 것인가를 생각하지 않을 수 없었다.
>
> 마침 그때 녹색교통운동 민만기 사무처장을 만났다. 다(多)중심화되고 내부와 외부의 장벽이 무너지는 이 새로운 '거리의 시민불복종'은 우리 시민사회의 새로운 문턱, 새로운 진화를 상징한다.
>
> 밤 10시 30분, 광화문 사거리에서 서울 역사박물관까지 걸어와 집으로 오는 택시를 탔다. 머리 속에는 오래 전 부르던 "살아서 만나리라"는 '솔아 솔아 푸르른 솔아'의 한 구절이 뒤엉켜 맴돌고 있는데, 라디오에서 흘러나오는 MC몽 노래의 한 구절이 순간 내 귀에 걸렸다. "찬바람 불 때 내게 와 줄래 … 신나게 놀자 웃자 한바탕 … 전국민 좌절금지 프로젝트." 그렇다. 촛불집회는 전국민 좌절금지 프로젝트일지도

모른다. 새로운 희망의 속삭임일지도 모른다. 어느새 나는 참여자가 돼 있었다. 이명박 정부가 출범한 지 두 달이 조금 넘었다. 그동안 총선, 방미 등 많은 일들이 이뤄졌다.

이명박 정부의 정책기조는 '우파 신자유주의'다. 내가 말하고 싶은 것은 여전히 우리 민주주의는 미완의 과제라는 점이다. 모든 것들이 국민 다수로부터 신뢰와 정당성을 얻지 못한다면 사상누각이 될 수밖에 없다.

이명박 정부가 민주주의적 절차와 민의에 기초하기보다는, 힘을 앞세운 국정 독주를 노골화하고 있다. 법적 절차까지 무력화시키면서 방송장악을 시도하고, 집회와 시위에 대한 권위주의적 통제가 전면화되고 있다. 중립적인 국가기관을 점점 권력도구화하고 있고, 여당의 절대의석을 무기삼아 국회를 무력화시키고 있다.

이렇게 조성한 물리적 기반을 바탕으로, 이명박 정부는 찬반논란이 많은 중대한 국가정책을 여론수렴 없이 밀어붙이기식으로 집행하기 시작했다. 선거를 통해 집권한 절차적 정당성을 앞세워 민의를 무시한 독선, 독주의 국정운영을 노골화하고 있다는 점에서 '민간독재로 가고 있는 것 아니냐'는 우려도 제기되고 있다.

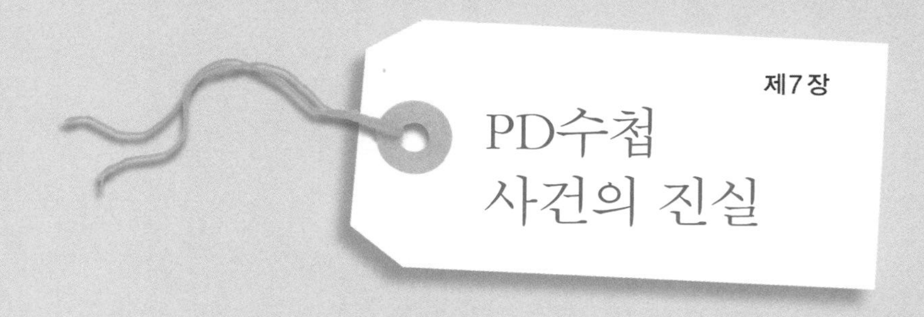

제7장

PD수첩 사건의 진실

"김 여사, 현장에 나와 보니 소감이 어때?
당신이 무슨 짓을 했는지 눈에 보여? 이제 만족해?"
"아니, 만족 못해."

수사의뢰

2008년 6월 20일 쇠고기 협상대표인 나와 정운천 농림수산식품부 장관은 검찰에 수사를 의뢰했다. 운동을 지도한 김광일이 세밀하게 기록했듯이 그들은 광화문 시청 앞 일대를 점령하고 그들의 거리정권 속에 복속시켰다. 민주주의 절차에 따라 선출된 헌법기관인 대통령을 폭동의 방법으로 주저앉히기 위해 청와대기습작전을 전개했다. 그리고 100만 명의 군중을 동원해 폭동을 자행해 가면서 국가기관인 대통령의 권능행사를 불가능하게 했다.

대한민국헌법은 자유민주주의를 그 기본이념으로 하고 있다. 그것은 마르크스-레닌주의에 입각해 계급투쟁과 폭력혁명을 수단으로 하는 공산주의를 반대하는 개념이다. 대한민국 형법은 자유민주주의를 공산혁명세력으로부터 보호하기 위해 제87조와 제91조에서 내란죄를 규정하고 있다. 그 내용을 보면 바로 촛불폭동에 딱 떨어진다는 생각이었다. 헌법기관인 대통령의 권능을 폭동의 방법으로 행사하지 못하게 할 때 성립되는 범죄였다.

이 나라는 김대중 정부와 노무현 정부를 거치면서 어떻게 된 상황인지 검찰도 경찰도 그 어떤 수사기관도 마르크스 레닌의 전략전술을 따르면서 폭동을 지휘하는 좌파세력에 대해 적극적 수사를 할 생각을 하지 않았다. 그들을 수사하면 마치 민주세력을 탄압하는 것 같은 인식이 퍼져 있었다. 모든 언론매체도 폭동을 하는 사람들은 선이고 그걸 제지하는 경찰은 악이라는 도식으로 가고 있었다.

MBC의 보도를 보면 불법폭력시위에 대해 단 한마디도 불법이라든가 폭력이란 말을 쓴 적이 없다. 차도 불법점거를 거리행진이라고 불렀다.

폭동주체들의 경찰공격에 대해서 가볍게 스치고 지나가든가 묵살했다. 폭동에 대한 비판의식은 방송에 없었다. 경찰에 대한 적대감만 볼 수 있다. 촛불시위의 주체인 좌파세력을 돕는 일방적인 편향된 보도를 하고 있었다.

MBC는 시위를 조종하는 박원석 상황실장의 논평을 네 차례나 내보냈다. 쇠파이프를 휘두르고 경찰을 납치하고 때리며 호텔에 난입하는 폭동현장을 매우 평화로운 시위라고 하는 폭동세력의 말을 여과 없이 그대로 중계해 준 것이 뉴스데스크였다. 폭동을 하는 전위대에게 시민이란 월계관을 씌워주고 그들의 불법을 '시민의 분노'라고 미화해 주었다.

좌파들이 말하는 대로 100만 명을 거리로 내몬 가장 큰 원동력은 PD수첩의 광우병 선동보도였다. 날조 왜곡 과장 등 온갖 수법이 동원된 최악의 거짓말이 공중파를 통해 확산된 결과였다. 대다수의 국민들이 속았다. 대한민국 공무원인 내가 정운천 장관과 함께 검찰에 수사의뢰를 한 것이다. 누구나 그냥 다 알 수 있는 사실에 대해 검찰에 출두해서 6시간이 넘게 강도 높은 조사를 받았다.

법조인인 검사들은 그 누구도 폭동의 배후를 알면서도 법 적용에 주저했다. 그들은 전혀 엉뚱하게도 나에 대한 명예훼손이 된다 안 된다로 1년 동안이나 시간을 끌었다. 나는 남부법원에 정정보도 청구를 하고 증인으로 나가 PD수첩의 허위를 낱낱이 밝혔다. 그러는 사이에 가을이 가고 겨울이 가고 어느새 해가 바뀌었다. 그들을 처벌하려면 내가 명예훼손으로 고소해야 한다는 법적 의견들이 있었다.

내가 바라는 것은 대한민국 법과 질서의 보호였다. 그 대한민국의 헌법기관인 대통령과 법질서는 나의 개인적인 명예훼손의 고소가 아니면 안 된다는 취지 같았다. 나를 보고 친일파 매국노라고 사회자가 직접 말을 했으니까 명예훼손은 당연하다는 생각이었다. 정운천 장관과 쇠고기 협상대표인 나는 고소를 했다.

고소장

고소인

1. 정운천 전 농림수산식품부 장관

2. 민동석 전 농식품부 농업통상정책관 (차관보)

피고소인

1. 조능희

2. 송일준

3. 김보슬

4. 이춘근

5. 김은희

6. 이연희

7. 그 외 주식회사 문화방송(MBC) "PD수첩" 제작과 관련된 성명불상 작가, 국장 및 사장 등 일체의 관련인물

8. 별지목록에 기록된 악플을 보낸 성명불상자들 및 시위현장에서의 모욕 및 폭행 등의 불법행위자

고소취지

고소인은 피고소인들에 대하여 다음과 같이 명예훼손, 모욕 등의 혐의로 고소하오니 철저히 수사하시어 법에 따라 엄벌하여 주시기 바랍니다.

고소사실

1. 작은 고소사건의 큰 성격

이것은 전직 농림수산식품부 장관과 한미쇠고기 협상대표였던 민동석 차관보 개인들에 대한 명예훼손사건으로 시작하지만 본질적 성격은 과장 왜곡 허위방송으로 세계 유일의 광우병 공포국가가 탄생해 국기가 문란되고 대한민국의 명예가 떨어지고 사회적으로 엄청난 비용을 치렀습니다. 이에 법과 원칙이 바로서야 나라가 바로설 수 있다는 사명감에 연유한 고소입니다.

2. MBC PD수첩의 성격

MBC의 PD수첩은 이미 공적 방송이 아니라 허위 과장 왜곡방송이라고 판단합니다. 그들은 법리에 따라 공익성과 진실성 그리고 상당성 등 기교적인 법적인 투쟁을 하면서 문제의 본질을 교란시켜 왔습니다. 언론의 자유, 방송의 독립성과 공공성이라는 명분을 방패로 하면서 거짓으로 국민을 선동했습니다.

가. '목숨을 걸고 광우병쇠고기를 먹어야 합니까'

56분간 방영된 PD수첩은 그 전체가 있지도 않은 미국산 쇠고기의 광우병 위험성을 과장하기 위해서 만든 것입니다. 특히 사회자 뒤에 걸어놓은 '목숨을 걸고 광우병쇠고기를 먹어야 합니까?'라는 표어는 한마디로 그 제작의도를 알려주고 있습니다. 방향을 설정해 놓고 처음부터 끝까지 모든 등장인물, 모든 화면, 모든 내레이션, 모든 수치를 그 방향으로 몰고 가서 있지도 않은 광우병을 스스로 만들어내어 한국사회에 퍼뜨리고 그렇게 집단 히스테리를 일으켜 정국을 심한 혼란에 빠뜨린 그 출발점이 4월 29일자 PD수첩이었습니다.

나. 영상 및 자막조작

방영내용을 보면 광우병과는 직접 관련이 없는 주저앉은 소(다우너 소)를 광우병에 걸린 소로 오인되도록 영상을 조작해서 공포심을 확산하는 왜곡보도를 하고 있습니다. 다우너 소를 마치 광우병 소인 것처럼 단정하고 다우너 소가 도축되는 장면을 보여주며 미국에서 광우병 소가 공공연히 도축되는 것처럼 시청자들을 오도하였으며, 나아가 그 과정에서 고의적으로 영어원문을 실제와 다르게 번역해 자막에 소개하거나 자료를 교묘하게 편집하여 사실을 왜곡했습니다.

다. 미국인의 사망원인을 왜곡 조작

또 미국인이 내 딸은 CJD(인간광우병과 관계없는 병)에 걸렸을 가능성이 있다고 한 말을 vCJD(인간광우병)에 걸렸을 가능성이 있다고 자막에서 날조하고 있습니다. 뿐만 아니라 그 사인(死因)이 인간광우병이 아닌 것으로 밝혀진 아레사 빈슨의 죽음을 소개하면서 교묘히 자료를 편집하고 인터뷰 장면의 영어원문을 의도적으로 오역해 마치 아레사 빈슨의 사인이 인간광우병인 것처럼 오인하게 하고, 한국인의 경우 특이한 유전자형으로 인해 광우병에 걸린 소의 쇠고기를 먹을 경우 무조건 인간광우병에 걸릴 확률이 영국인이나 미국인보다 2~3배 크며, 정부가 금번 합의를 통해 인간광우병 유발가능성이 높은 특정위험물질(SRM)의 수입을 허용하였고, 라면스프, 화장품, 의약품 등의 사용을 통해서도 쉽게 인간광우병에 걸릴 수 있다고 보도하는 등 방송 내내 오로지 편향된 시각에서 전혀 근거가 없는 허위, 과장된 보도로만 일관하였습니다.

라. 근거의 날조

PD수첩은 이렇게 보도하고 있습니다.

'광우병 쇠고기를 먹었을 경우 미국인을 비롯한 서양인은 오직 인구의 35%에서만 인간광우병이 발생하지만 한국인의 유전자구조는 광우병에 취약하여 인구의 95%에서 발병할 수 있다는 연구결과가 발표 됐습니다.'

그러나 그런 논문은 지구상에 단 하나도 없습니다.

마. 매국노 만들기

PD수첩은 방송이 아니고 반미이념이 깔린 국민선동이었습니다. 그 과정에서는 친일파 같은 매국노 반동이 속죄양으로 만들어져야 합니다. 그렇게 속죄양이 된 대상이 장관 정운천 및 쇠고기 협상대표 민동석이었습니다. PD수첩은 정부가 미국의 실정을 잘 몰랐거나 아니면 알면서도 그 위험성을 은폐 내지 축소한 것이 아니냐는 의문의 형식으로 마치 정부나 협상단이 미국산 쇠고기의 안전성에 대한 분석을 위한 아무런 노력도 하지 않고 위 합의에 이른 것처럼 허위보도를 했습니다. 그리고 방송말미에서는 위 협상을 담당한 당국자를 일제시대의 매국노로 비유했습니다. 법망을 피해보려는 노련한 기술을 가진 명예훼손 행위였습니다. 결국 최후의 목표는 그들을 임명한 이명박 대통령과 그 정부였습니다.

3. 촛불시위와 고소인들의 피해

이에 위 방송보도가 나간 후 고소인들은 인터넷, 집회 등에서 수많은 사람들로부터 꼭두각시, 매국노, 비겁한 놈, 심지어는 국민의 건강을 팔아먹은 놈, 광우병 오적, 을사오적이라는 등 헤아릴 수 없는 욕설과 모욕을 당했습니다. 특히 장관인 고소인 정운천은 2008년 6월 10일 시청앞 광장에서 열린 촛불집회에서 온갖 비난을 받은 바 있고, 6월 27일에는 충남 농산물품질관리원에 원산지 단속대책 기관장 회의에 갔을 때에는 수백 명으로부터 둘러싸여 양복이 찢기고 안경이 깨지는 수모를 당하기까지 하였습니다.

뿐만 아니라 장관을 물러난 후에도 MBC는 고소인 정운천이 백억 대의 특혜대출을 받은 양 방송뉴스에서 보도를 한 바 있습니다. 이로 인해 고소인 정운천, 그리고 쇠고기 협상대표를 했던 민동석은 저주보다 더한 악플이나 모욕 등에 시달려야 했습니다. 너무 지독한 것은 별제목록에 첨부하기로 하고 그 중 점잖은 몇 가지 예를 들어 보겠습니다.

'정 장관 이번에 잘려도 평생 먹고 살 걱정은 없겠어. 그리고 오래 살겠어, 김일성보다 욕을 많이 먹어서…'

'나도 연이율 1% 백억을 대출받아보고 싶다'

'미국산 소 수입하게 하고 그 대신 5백억 챙기고 아주 나쁜 새끼'

'정운천, 민동석 이 호로새끼 미국소고기 외판원질 하면서 개구라 까던 거 이미 수많은 사람들 머릿속에 차곡차곡 저장되었다. 심장마비로 다 뒈져 버려라'

'정운천 이 새끼는 키위 팔아먹는다던데'

그 외 입에 담을 수 없는 것들은 고소장의 자료로서 첨부합니다.

4. 고소인들의 지위

고소인 정운천은 2008년 2월 29일부터 2008년 8월 6일까지 농림수산식품부의 장관으로 근무하였으며, 민동석은 현재 농식품부 농업통상정책관으로 근무하다가 현재 외교통상부 외교역량평가단장으로 근무하고 있으며, 우리 정부가 2008년 4월 11일부터 4월 18일까지 미국정부와 미국산 쇠고기 및 쇠고기 제품의 위생조건 개정에 관한 협상을 벌여 새로운 수입위생조건 개정에 합의하고, 위 합의에 따라 2008년 5월쯤 농림수산식품부 고시(제2008-15호) "미국산 쇠고기 및 쇠고기 제품 수입위생조건"(이하 '이 사건고시'라 합니다)을 제정할 당시 각각 주무부처인 농림수산식품부의 장관으로 위 협상 및 고시 업무를 총괄하고, 협상수석대표로서의 역할을 수행했습니다.

5. 미국산 쇠고기 수입협상 타결의 의미

지금 경제전문가들의 실질적 평가는 세계적 금융위기로 상당수의 나라들이 국가부도의 위기에 처한 이때 한국이 미국의 스왑(달러지원)으로 살아나게 된 근본원인은 쇠고기 협상타결을 한 정운천 장관과 민동석 협상대표의 공이라고 하고 있습니다. 너무 국가이기주의에 치우치지 않고 서로 줄 것 주고 받을 것 받아 원만한 관계가 되었기 때문인 것입니다. 그렇다고 수입쇠고기에 대해 조금이라도 소홀했던 것은 아닙니다. 국제적 기준에 조금도 뒤지지 않게 그동안 쇠고기 수입위생조건의 개정을 위해 노력을 기울여 왔습니다. 그 구체적인 내용은 이렇습니다.

정부는 지난 2003년 12월쯤 미국에서 최초로 소해면상뇌증(BSE, Bovine Spongiform Encephalopathy, 이하 간단히 '광우병'이라 합니다)이 발생함에 따라 미국산 쇠고기의 수입을 일시 중단하였다가, 2006년 3월 6일

30개월령 미만의 소에서 생산된 뼈 없는 살코기에 한하여 수입의 재개를 허용한 바 있는데, 그 뒤 미국은 2007년 5월 25일 국제수역사무국(OIE, 이하 'OIE'라 합니다)으로부터 광우병의 위험을 안전하게 통제할 수 있다는 '광우병위험통제국' 지위를 인정받음에 따라 한국정부에 미국산 쇠고기의 수입위생조건을 OIE의 기준에 부합하도록 개정해 줄 것을 요청하였습니다.

한편, 농림수산식품부는 미국에서 광우병이 발생한 직후부터 미국의 광우병 발생상황 및 미국산 쇠고기의 안전성에 대하여 예의주시하며 면밀한 분석을 계속하여 왔고, 2006년 3월 6일 수입재개 전후로도 미국정부의 협조 하에 미국 현지의 사료공장 및 도축작업장 등에 대한 현지조사를 실시하는 등 실태파악을 위한 노력을 계속해 왔습니다.

그러다 미국으로부터 위 수입위생조건 개정요청을 받은 후 2007년 5월 말부터 미국 측에 가축위생설문서를 송부하고, 미국의 답변서를 검토 분석하며, 미국 가축 위생실태에 대한 현지조사를 실시하는 등 OIE와는 별도로 미국산 쇠고기에 대한 독자적인 수입위험 분석절차를 진행하고, 2007년 7월쯤부터 미국산 쇠고기 수입허용 범위에 대한 우리 측 대응방안 마련을 위해 가축방역협의회를 3차례, 전문가 회의를 3차례씩 개최하고, 수입위생조건 개정협의를 위한 한미 전문가 기술협의를 개최하는 등 미국과의 협상을 앞두고 미국 현지의 실태파악과 미국산 쇠고기의 안전성을 확보하기 위해 최선의 노력을 기울였습니다.

이와 같이 장관을 비롯한 농림수산식품부의 협상대표단은 국민의 건강과 안전확보를 최우선으로 하여 당시까지 검토된 결과를 바탕으로 2008년 4월 11일부터 같은 달 18일까지 한미 고위급 기술협의를 벌여 새로운 수입위생조건의 개정에 합의하게 되었는바, 이렇듯 위 한미간 합의는 사전에 충분한 실태조사와 심도 있는 토의를 거쳐서 마련된 것으로서, 국제적 기준과 과학적 근거에 의하여 미국산 쇠고기의 안전성을 충분히 확보할 수 있다고 판단되었기에 가능한 것이었습니다.

현재까지 미국산 쇠고기에 대해 광우병의 위험이 없다는 것은 3억의 미국인 그리고 미국산 쇠고기를 먹는 100개국 국민 등 수십억의 인구가 실증을 하고 있습니다. 단 한 명도 인간광우병에 걸린 발생사례가 나타나지 않고 있습니다.

6. 결론

MBC PD수첩 제작진들의 기교적인 허위, 과장보도는 단순한 오보나 사실확인 미비 정도와는 차원을 달리하는 것이라고 생각합니다. 그들 뒤에 있는 제작에 관련된 작가, CP, 국장, 임원 또는 사장들 중에는 처음부터 정부를 흔들기 위한 목적의식을 가지고 계획적이고 의도적으로 프로그램을 만들면서 사실을 왜곡한 것으로 판단합니다. 그리고 종국적으로 고소인들을 미국에게 한국국민의 건강권을 넘겨준 매국노로 만들어 정부에 대한 극도의 불신을 유발하기 위한 목적으로 제작된 것이 분명합니다. 결국 위와 같은 허위의 왜곡된 방송보도로 인하여 고소인들의 명예가 직접적으로 매우 심각하게 침해되는 결과가 초래되었는바, 이러한 피고소인들의 행위는 형법상 허위사실 유포에 의한 명예훼손죄에 해당한다고 하지 않을 수 없습니다. 따라서 피고소인들의 위법행위에 대해 철저히 수사를 해주시고, 법과 원칙이 바로서는 나라가 될 수 있도록 해주시길 요망합니다.

2009년 3월 3일

고소인 민동석

서울중앙지방검찰청 귀중

선과 악

재판이 시작됐다. 널찍한 이마에 작은 눈을 가진 고집스러운 인상의 단독판사 문성관이 법대 중앙에 버티고 앉아 있었다. 그 오른쪽에 미남미녀들이 다소곳이 앉아 있었다. PD수첩 제작진들이었다. 그 반대쪽에 딱딱한 표정을 한 검사들이 앉아 있었다. 방청석은 젊은 기자들이 차지하고 있었다.

나는 촛불시위를 겪으면서 우리사회에서 선과 악의 개념이 바뀌어 있는 걸 느꼈다. 쇠파이프를 든 시위대는 선의 개념이다. 그걸 진압하는 경찰은 악이다. 시청앞에 모인 군중은 선량한 국민이다. 대통령과 정부는 타도해야 할 악의 덩어리이다. 가난한 사람은 선이고 부자는 무조건 악이다. 누군가에 의해 세상은 그렇게 이미지 조작이 되어 있다.

법정 안에서도 젊고 싱싱한 PD수첩 제작진은 선의 개념이고 장관과 차관보는 늙고 험상궂어 보이는 악의 화신으로 보이는지도 모르겠다는 생각이 들었다. 젊은 단독판사가 그런 단순한 선입견으로 재판을 진행할까 두려운 생각이 들기도 했다.

관념 속의 사법부와 현실은 전혀 달랐다. 법대 위에 앉아 있는 이십년 아래의 문성관이란 인물의 독자적인 판단이 대한민국 판결이구나 하고 생각을 하니 섬뜩했다.

• • •

서울대학교 수의과대학 이영순 교수가 광우병에 대해 전문가로서 증언하기 위해 증언대에 올랐다. 그가 광우병 자체에 대해 말했다.

"광우병 소는 갑자기 광폭해지거나 신경질적인 반응을 나타내고 나중에는 뒷다리를 못 쓰고 주저앉고 떨리는 증상을 나타냅니다. 창문으로 빛이 비치거나 문을 열 때 삐걱 하는 소리에 갑작스럽게 예민한 반응을 보이는 변화가 대표적인 증상입니다. 광우병은 인간이 실수로 일으킨 질병으로 그 원인이 밝혀졌습니다. 그것은 소에게 육골분을 먹였기 때문입니다.

세계 각국이 시차는 다르지만 영국을 필두로 해서 소에게 육골분을 먹이지 않도록 하고 사람에게는 병을 일으킬 수 있는 원인체가 있는 소의 부위들(SRM)을 먹지 못하도록 법적으로 금지했습니다. 그 결과 전세계적으로 1992년 한 해 동안 3만7천5백 마리나 발병하던 광우병이 최근 1~2년 전에는 100마리 이하가 되는 등 기하급수적으로 줄었는데 그 이유는 변형프리온을 먹이지 않았기 때문입니다.

나라들마다 육골분을 먹이지 않도록 하는 조치에 시차가 있기 때문에 그런 것입니다. 이런 역학적인 사실 외에도 광우병 걸린 소와 감염되지 않은 소를 몇 년 동안 같이 사육해도 옆의 소에게 전염되지 않는 특징을 가지고 있습니다. 일반적으로 전염병은 공기와 물, 사료, 토양 등의 접촉에 의해 감염될 때 전염병이라고 하는데 소의 광우병은 그렇게 해서 감염된 예가 없습니다. 광우병에 걸린 소라도 고기나 우유는 절대 안전합니다. 변형프리온이 그 속에 없기 때문입니다."

그는 광우병은 거의 극복한 질병이고 앞으로 5년 이내에 극복될 것이라고 주장했다.

"PD수첩에서 방영한 동영상 속에 나오는 소들 중 주저앉은 소들이 있는데 그 소들이 광우병에 걸렸을 가능성이 있는 소입니까?"

검사가 물었다.

"제가 젖소 질병만 평생 연구한 후배와 동영상을 함께 봤습니다. 후배가 물을 먹이고 전기봉으로 자극을 줘도 가만히 있는 젖소들을 보면서 저렇게 순해빠진 게 무슨 광우병이냐고 했습니다. 화면상으로만 봐도 절반이 외상이었습니다. 젖소는 체중이 6백kg 이상 나가기 때문에 한 번 미끄러져 쓰러지면 거의 대부분 뼈가 부러지는 부상을 입습니다. 젖소들은 뼈가 부러지면 깁스를 할 수 없고 깁스를 하더라도 2~3일 뒤에는 욕창이 생기기 때문에 그런 젖소는 도축장으로 끌고 가는 것으로 알고 있습니다."

이영순 교수는 광우병의 99.97%가 유럽지역에서 발생한 것을 증언하고 나머지 0.03%가 일본과 캐나다, 미국에서 발생했다고 말했다. 0.03% 중에서도 35마리가 일본, 캐나다는 17마리, 미국은 자국 내에서 발생한 것은 2마리로 집계됐다고 했다. 결국 우리나라에서 미국 쇠고기를 수입해서 광우병이 인간에게 옮겨질 확률은 거의 0%에 육박한다는 증언이었다.

PD수첩의 동영상중 시청자들이 광우병으로 인식했던 쓰러져 있는 소는 일단 외상 때문에 쓰러진 소가 절반 이상이라는 게 밝혀졌다. 그리고 그 화면은 젖소의 동물학대를 고발하기 위해 휴메인소사이어티라는 단체가 몰래카메라로 찍은, 전혀 다른 의도의 동영상임이 밝혀졌다. 서울대 이영순 교수의 이런 증언을 반박하기 위해 PD수첩 측 변호사가 질문을 하기 시작했다.

"화면에 나오는 주저앉은 소가 광우병에 걸렸을 가능성이 높은 소가 아니었다는 겁니까?"

"기립불능만으로 광우병 소라고 할 수 없습니다."

이영순 교수의 대답이었다.

"기립불능의 소 중에 광우병에 걸렸을 가능성이 있는 거 아닙니까?"

"그렇게 말할 수는 없습니다. 오히려 기립불능보다도 광폭하거나 신경질적인 과민반응을 나타내는 증상이 있어야 합니다."

"증인은 사전예방의 원칙이라는 것을 알고 있지요?"

"압니다. 식품이 사람에게 위해를 가져올 가능성이 있을 때 그것을 철저히 사전에 예방하는 것입니다."

"조금이라도 가능성이 있으면 하지 말자는 것이 사전예방의 원칙이 아닌가요?"

변호사가 묻는다.

"다들 그렇게 오해하고 있는데 식품위생학적 측면에서 얘기한다면 조금이라도 위해하지 않은 식품은 존재하지 않는 것으로 알려져 있습니다. 우유에서 세균이 얼마 이하, 수돗물에도 중금속 등이 몇 ppm 이하는 허용하도록 되어 있습니다. 사전예방의 원칙을 그렇게 빗대서 전혀 위험하지 않아야 한다는 것은 있을 수 없고, 실제 먹는 식품이라는 것은 매우 위험한 것도 있을 수 있습니다."

다음은 신경병리학을 전공한 양기화 박사가 증언대에 올랐다. 인간광우병의 전문가 자격으로 진술하게 된 것이다. 검사가 물었다.

"PD수첩 프로그램을 보면 한국인의 MM형 유전자 보유가 94%이기 때문에 광우병에 걸린 쇠고기를 섭취할 경우 인간광우병이 발병할 확률이 약 94%가 됩니다. 한국인이 영국인보다 3배, 미국인보다 2배 더 잘 걸린다고 보도했는데 어떻게 생각하십니까?"

"과학적 데이터를 가지고 보면 그건 사실이 아닙니다. 그 방송내용은 잘못된 것이고 전체 인구집단 중에서 MM형의 비율이 한국인이 94%, 영국인이 37%라는 비율만 가지고 광우병에 걸릴 확률을 단순 비교하는 것은 무리가 있습니다. 인간광우병에 걸릴 원인은 유전적인 요인 이외에도 환경문화적인 요인이 복합적으로 작용할 여지가 있습니다."

"광우병에 걸린 소 0.1g의 특정위험물질만으로도 인간이 광우병에 감염된다고 말할 수 있나요?"

방송에서 그런 얘기가 나왔다.

"그건 과학적 사실이 아닙니다. 프랑스에서 광우병에 걸린 소의 뇌를 원숭이한테 먹인 실험을 했는데 5그램을 먹였는데 걸리지 않았다는 실험결과가 있습니다."

그 다음은 PD수첩 방송 프로그램에 출연해 광우병의 공포를 지지했던 전문가들이 증인석에 나왔다. 검사가 먼저 성균관대학의 정해관 교수에게 질문했다.

"PD수첩이 방영된 날인 2008년 4월 29일 오후 PD수첩의 조능희 PD로부터 전화를 받으셨죠? 그때 위 수술이 원인이 되어 3개월 만에 죽은 22세의 미국여성의 경우 프리온이 뇌 속으로 들어가 오염이 되는 병인 CJD에 걸려 죽었을 가능성을 물었죠?"

"그렇게 기억합니다. 그러나 수술과 관련해서 광우병이나 인간광우병을 말하는 CJD나 vCJD에 걸려 죽었을 가능성은 없다고 했습니다. 왜냐하면 프리온이 수술중 들어갔다고 하더라도 잠복기가 있기 때문에 최소한 6개월에서 1년, 먼 곳에서 들어갔으면 몇 년에서 몇 십 년의 잠복기가 필요하기 때문이었습니다. 의료적인 측면에서 생각했을 때 프리온 병은 쉽게 옮는 병이 아닙니다. 대부분의 국민이 수 차례에서 수십 차례, 수백 차례에 걸쳐 광우병 프리온에 노출되었음에도 불구하고 발병자는 현재까지 170명에 불과할 정도로 전체적인 발병확률은 대단히 낮다고 볼 수 있습니다."

"0.1g 소의 특정위험물질만으로도 인간광우병에 감염될 수 있는 겁니까?"

검사가 묻는다.

"정확히 말씀드리면 종간 장벽이 있기 때문에 확인할 수 없습니다."

"미국에 가셨을 때 미국산 쇠고기를 드셨나요?"

"먹었습니다."

방송에서 광우병의 공포를 확산시킨 전문가의 전혀 다른 태도와 답변이었다.

다음은 광우병 공포의 한 부분을 맡았다고 해도 과언이 아닌 우희종 교수가 증언대에 올랐다.

"증인은 PD수첩과의 인터뷰에서 미국산 쇠고기의 수입이 안전하지 않다고 말씀하셨죠?"

"그렇습니다. 국제수역사무국의 기준은 최소조건이고 국민의 식생활까지 고려하지 않은 채 충분조건인 양 얘기하는 건 치명적이라고 생각했습니다."

"증인은 광우병연구 전문가로서 미국산 쇠고기 수입협상의 문제점을 지적해왔는데 문제점은 뭐라고 보시나요?"

"국민의 식생활을 고려하지 않은 정부의 태도는 참 문제라고 생각합니다. 한 사례를 들어본다면 미국은 북유럽으로부터 정자수입까지 금지했습니다. 지금까지 인간광우병이 정자를 통해 전염된다는 사례는 단 한 건도 없지만 그렇다 하더라도 아니라는 증거가 없다면 사전에 자국민 보호를 위해 수입할 수 없다고 해서 금지시킨 것입니다. 공항에서 농축산물을 못 가지고 들어오게 하는 이유는 외국에서 안전하게 먹지만 그것을 통해 올 수 있는 질병을 예방하고자 하는 것이 전형적인 사례입니다. 그런데도 왜 광우병 쇠고기 수입에서 그런 원칙이 지켜지지 않았는지 의문입니다."

"우리나라는 광우병에 대해 어떤 나라인가요?"

"광우병 미결정국입니다."

"30개월 이상의 미국 소를 수입하는 것이 위험하다고 한다면 우리나라의 한우도 30개월 이상은 먹으면 안 된다고 해야 하는 것 아닌가요?"

"돈을 주고 수입할 때 국민을 위해서 바람직한 조건으로 사오는 것을 의미하는 것이기 때문에 다르다고 생각합니다."

"PD수첩이 0.1g의 위험부위만 섭취해도 인간광우병에 감염되고 감염이 되면 100% 사망한다고 방영한 내용은 사실인가요?"

검사가 묻는다.

"그 말이 그대로라면 오버된 표현입니다."

'PD수첩에 대해선 할 말이 너무나 많습니다'

국립수의과학검역원에서 근무하는 주이석 박사가 증언대에 섰다. 수의사이고 미생물학과 바이러스에 관한 연구를 27년째 하는 전문공무원이다. 그는 광우병전문 연구실에서 광우병, 구제역 등 우리나라에서 발생하지 않은 해외 전염병에 대해 연구하고 진단하는 업무를 총괄하는 과장이다. 그는 한미쇠고기 수입협상단에 참여해 필요한 과학적인 조사를 하고 관련자료를 공유하는 일을 했다. 먼저 검사가 물었다.

"미국산 쇠고기로 인해 인간광우병에 감염될 가능성은 얼마입니까?"

"가능성은 거의 없는 것으로 판단을 내렸습니다."

"그렇게 판단하는 근거는요?"

"미국에서 발생했던 소 광우병이 3건인데 그 중 하나는 캐나다에서 들어왔으니까 2건이 됩니다. 그 2건은 1998년 이전에 출생한 소들이었기 때문에 소에게 육골분 사료를 먹이지 않은 그 이후의 소들에 대해서는 염려할 게 없었습니다. 미국은 도축시스템에서 광우병이 걸러질 수 있게 되어 있고 또 위험부위인 SRM이 제거됩니다. 또 만약 오염됐다 하더라도 소와 인간 간의 종간장벽이 있기 때문에 감염될 가능성이 거의 없습니다."

"증인은 2008년 4월 29일 방영된 PD수첩을 보셨죠?"

"그렇습니다."

"미국에서 다우너 소들이 도축될 수 있는 건가요?"

다우너 소는 쓰러진 소를 의미한다.

"동영상을 보고 마음이 아팠습니다. 거기 나오는 소들은 이미 1차검사를 받은 소들입니다. 연방수의사들이 제일 먼저 다우너 소나 신경증상을 보이는 소를 걸러냅니다. 그 다음에 소들을 계류장으로 보내는데 수송 스트레스나 계류장에서 자기네끼리 부딪치거나 대사장애 등에 의해서 다우너 소가 발생할 수 있습니다. 그 경우 규정에 의해서 다시 연방수의사가 질병 여부를 확인해서 식용으로 할 것인지를 판단하도록 되어 있습니다.

그 절차를 통과하면 비록 쓰러진 다우너 소라고 해도 문제가 없기 때문에 먹을 수 있는 겁니다. 동영상에 나오는 소들은 이미 1차검사를 받은 소들이기 때문에 그걸 광우병과 연결시킨다는 것은 있을 수 없습니다."

"동영상에 나오는 소들이 광우병 소와는 상관이 없다고 그렇게 단정적으로 말씀하시는 근거는 뭔가요? 좀더 구체적으로 말씀해 주시죠."

검사가 말했다.

"일반사람들은 쓰러진 소, 그러니까 다우너 소를 보면 광우병이라고 착각을 하는데 그렇지 않습니다. 광우병 소는 뇌에 프리온이 축적되어 구멍이 나서 세포가 못쓰게 됩니다. 구멍이 난다는 것은 신경증상을 의미하죠. 그래서 멀리서 사람이 오면 깜짝 놀라거나 그런 반응을 보이는 겁니다. 동영상을 보면 소가 물대포를 쏘는데도 신경증상을 나타내지 않고 있는 걸 보면 광우병과 전연 상관이 없다는 겁니다."

동영상에 나온 것은 웨스트랜드 홀마크 도축장에서 젖소를 학대해서 도축하는 장면이었다. 그게 휴메인소사이어티라는 단체에 의해 고발되어 리콜이 이루어졌다.

"광우병이 아니라면 리콜의 경위는 무엇인가요?"

검사가 증인 주이석 과장에게 물었다.

"미국에서는 동물보호가 엄격하게 시행되고 있습니다. 쓰러져 있는 소를 억지로 일으켜서 도축을 했기 때문에 가장 중요한 동물윤리문제로 리콜의 대상이 된 겁니다. 그리고 그 리콜은 2급이었습니다. 만약 질병이 사람에게 전파될 수 있는 경우였다면 1급이었을 겁니다."

"PD수첩의 방송에서 정부가 미국의 실정을 몰랐거나, 알면서도 오히려 그 위험성을 은폐 축소하려고 한 게 아닌가 라고 했는데 어떻습니까?"

검사가 물었다.

"많은 전문가들이 심혈을 기울여 연구하고 잠을 제대로 자지 못하며 국민들의 건강을 위해 노력했습니다. 수천 페이지가 되는 자료를 분석하고 현장을 다녀왔습니다. 전문가회의까지 거쳐서 나온 결과인데 PD수첩에 대해서는 할 말이 너무 많습니다."

PD수첩 번역책임자의 폭로

정지민은 이화여대와 한국외국어대학 그리고 영국유학을 한 인물로 영어를 모국어나 다름없이 자유자재로 구사하는 능력을 가지고 있다고 한다. 그는 PD수첩 프로그램의 번역자로 참여했다. 그녀는 PD수첩의 왜곡과 조작을 얘기한 유일한 증인이었다. 그녀가 검찰과 법정에 나와 증언한 중요한 내용은 대략 이랬다.

• • •

정지민은 번역가로 PD수첩 측에서 제공한 동영상을 보게 됐다. 휴메인소사이어티라는 단체가 위장 잠입해서 찍은 젖소에 대한 동물학대 장면이었다. 번역을 하기 위해 미국의 뉴스와 보도자료, 웨스트 홀마크사 청문회 및 쇠고기 리콜 등을 다룬 자료를 봤다. 홈페이지를 통해 동영상 속의 젖소들이 칼슘부족으로 쓰러지는 증상을 보일 가능성이 있다는 사실도 알았다.

자료들을 공부하면서 광우병과 인간광우병(vCJD)이 어떻게 다른지도 알게 됐다. 아레사 빈슨이라는 미국 여대생의 죽음과 관련된 장면도 봤다. 그와 관련한 미국 보건당국의 공문내용도 봤다. 아레사 빈슨의 사인에 대해 일부언론에서 인간광우병을 의심하는 얘기가 나왔지만 전문가는 그런 게 아니라는 뉘앙스로 자신 있게 말하고 있었다.

정지민이 맡은 번역감수작업은 제작진이 방송에 내보낼 부분으로 골라낸 영어문서 및 영상물 부분과 번역가들이 번역한 내용들이 문제가 없는지 점검하는 작업이었다. 제작진 중의 한 사람인 보조작가가 동영상을 보면서 '광우병 소'라고 지칭하는 걸 보고 얼굴을 찌푸리면서 '그건 좀 아니다'라고 했었다.

동영상은 젖소에 대한 동물학대행위였기 때문이다. 진짜 광우병에 걸린 소는 일으켜 세울 수 없었다. 영상에 나타난 관계자의 말은 일으켜 세울 수 없는 소는 총을 쏴서 폐기한다고 했다. 그러니까 광우병 소가 섞여 도축될 우려는 없는 것이다. 그녀의 의견에 대해 제작진인 보조작가는 "그런 식으로 하면 방송제작하기 힘들어요" 라고 대답했다. 정지민 씨는 방송 자체가 과장하는 습성이 있기 때문이라고 생각했다.

오역이 발견됐다. 동영상 속에서 그래거라는 인물이 '젖소'라고 말한 부분이 '이런 소'라고 번역되어 있는 걸 발견했다. 젖소라는 영상 속의 단어를 제대로 듣지 못하고 초벌번역을 한 것 같았다. '이런 소'라고 번역하지 말고 '젖소'라고 정확히 번역해야 한다고 했다. 당시 영상 속의 전후 문맥을 보면 일반적으로 사람들이 젖소가 도축되는 것을 알지 못했을 것이라는 취지였다.

영상 속의 인터뷰 내용도 전혀 다르게 번역되어 있었다. 인부들에게 동물학대에 대해 질문하는 내용들이 자막에는 광우병우려 소를 왜 일으키냐로 바뀌어 있었다. 동물학대라는 구체적 혐의를 광우병우려라고 바꾸고 있었다. 그 영상을 가지고 광우병을 논하기는 무리였다. 그래서 광우병 소로 연계시키는 것은 무리라고 다시 말하면서 제작진에게 그 사실을 전해달라고 했다.

나중에 PD수첩 프로그램을 봤다. 사회자가 젖소의 동물학대 장면을 보면서 '광우병 소'라고 단정적으로 말하고 있었다. 자신이 말한 부분을 제작진이 반영하지 않았다고 하더라도 광우병에 걸린 소라는 단정적인 멘트는 상상할 수 없었다. 아레사 빈슨의 경우도 인간광우병으로 단정한 자막이 나오고 있었다.

촛불시위가 터지고 PD수첩 제작진들의 사과가 있었다. 제작진이 번역자인 자신에게 책임을 전가하는 태도에 그녀는 분노를 느꼈다. 해명하는 태도가 정정당당하지 못했다. 그래서 그녀는 인터넷에 글을 올리고 언론사와 인터뷰를 했다. 검찰에 가서도 사실대로 얘기했다.

이게 법정에서 한 그녀의 핵심 증언내용이었다. 앞뒤의 얘기들이 대체적으로 자연스러워 보였다. 그러나 증인신문조서를 보면 재판장이 중간에 끼어들어 이런 질문을 한 게 보인다.

"증인은 광우병에 대해서 전문가가 아니잖아요?"

전문가라야만 말할 수 있는 건 아니라는 생각이다. 재판장은 나에게도 직접 도축장에 가서 검사를 했느냐고 따졌다. 재판장은 처음부터 나나 정지민 등의 증언을 부인하고 싶은 의도가 확실했다. 재판장의 질문에 대한 정지민의 대답은 이랬다.

"전문가는 아니지만 영국에 거주하면서 광우병 관련 여러 보도를 들었기 때문에 그 당시 일반시청자들보다는 조금 더 알았을 것입니다."

"동영상을 보고 광우병소가 도축될 수가 없다고 확신한 건가요?"

재판장이 물었다.

"광우병 소가 섞여 있었다면 폐기가 됐을 겁니다. 영상 속 휴메인소사이어티 관계자의 말은 전기충격이나 동물학대를 해서 일으켜 세울 수 없는 소의 경우 총으로 쏴서 폐기한다는 것이었습니다."

"광우병에 걸렸을 가능성이 있는 소는 전기충격기에 의해서도 설 수가 없다는 겁니까?"

"진짜 광우병에 걸린 소는 일으켜 세울 수 없습니다."

증인 정지민의 대답이었다. 증인신문조서를 보면 PD수첩 측 변호사가 그녀의 신빙성을 떨어뜨리기 위해 애를 쓰고 있다. 그 중 몇 가지를 보면 이렇다.

"한 번 쓰러진 소는 다시 도축되기 힘들다고 했는데 그 이유가 뭡니까?"

얼핏 보면 눈치 챌 수 없을 정도로 질문사항을 살짝 뒤틀었다. 증인 정지민이 그걸 바로잡으면서 대답했다.

"정확히 말하면 한 번 쓰러진 소가 도축되기 힘든 것이 아니라 한 번 쓰러진 후에 인위적인 방법으로도 일으켜 세우지 못하는 소는 도축될 수 없다는 것입니다."

"그걸 어떻게 알죠?"

"영상에 나와 있습니다. 휴메인소사이어티가 인정하고 있는 부분입니다."

"증인은 이 사건과 관련해서 《주—나는 사실을 존중한다》라는 제목의 책을 발행한 사실이 있지요?"

변호사가 물었다.

"저는 공부하기 위해 한국을 떠날 사람입니다. 제가 겪은 일을 기록하고 싶었고, 사건이라는 것은 시간이 흐르면 곡해될 수 있기 때문에 역사학도인 저의 입장에서 기록을 남기는 것이 의무라고 생각합니다."

"증인은 이 사건보도의 어떤 부분이 의도적 과장이고 왜곡이라고 판단하나요?"

"예를 들면 '동물학대 혐의를 받은 인부들에게 물었더니'라는 내용을 전혀 상관없는 내용으로 바꾸거나, 아레사 빈슨의 사망원인을 인간광우병으로 단정하는 것은 단순히 방송을 잘 해보자는 의욕과는 반대방향인 것 같았습니다."

"증인이 보기에 이 프로그램의 주제는 무엇인가요?"

"미국산 쇠고기는 광우병위험이 굉장히 크다는 취지라고 생각합니다."

"증인은 사전예방의 원칙이라는 것을 알고 있지요? 조금이라도 위험하면 예방 쪽으로 가자는 것이지요? 증인은 책에서 아레사 빈슨이 인간광우병 케이스일 가능성은 거의 없는 것으로 보였다고 했는데 그 근거가 뭐

죠?"

"현지보도와 문서 번역내용을 보고 결론을 내렸습니다. 현지보도를 종합해 보고 버지니아 보건당국의 공문을 보았기 때문입니다."

마법의 변론요지서

인터넷에는 PD수첩 측의 변론요지서가 떠돌아다니고 있었다. 그 핵심 변론내용은 이랬다.

PD수첩은 급작스럽게 타결된 미국산 쇠고기 수입협상의 문제점을 심층적으로 보도한 방송이었습니다. 국가기관의 업무수행이 정당했는지에 관한 것이지 자연인으로서의 민동석이나 정운천에 대한 것은 아니었습니다. 국민의 건강과 직결되는 미국산 쇠고기 수입협상이라는 공무가 정당하게 수행되는지를 감시 비판하는 것은 언론의 정당한 몫입니다. 그것은 순수한 정부의 정책비판이었습니다.

그러나 검찰은 PD수첩 제작진의 이메일까지 압수수색하고 그 일부 문구들을 맥락 및 본래의 의도와는 전혀 무관하게 자의적으로 짜깁기해 수사발표를 했습니다. 검찰의 이메일 공개는 그 자체로 이 사건 기소가 얼마나 무리한 것인지를 반증할 뿐입니다. 이 사건보도는 급박한 제작과정에서 미처 다 챙기지 못한 흠결로 말미암아 부당하게 왜곡논란에 휘말려 왔습니다.

PD수첩에서 방송된 내용은 도축이 금지된 다우너 소를 억지로 일으켜 세워 검사에 통과시켰다는 사실이었고, 불법도축된 다우너 소는 광우병 소인지 여부도 확인할 수 없었다는 것입니다. 비록 진행자가 동영상 속의 소를 가리켜 '광우병에 걸린 소'로 지칭하기는 했지만 이는 의도와는 전혀 무관한 생방송중의 실수이고 제작진은 2008년 5월 13일 방송을 통해 이 부분 오류를 정정했습니다. 비록 진행자가 '광우병에 걸린 소'라고 실수를 했지만 시청자들은 다우너 소 불법도축의 의미를 충분히 인식하고 있었을 것입니다.

내가 본 것은 광우병에 걸린 소를 먹어도 되는가 라는 주제였다. 그러나 법정에서 PD수첩의 주장은 쓰러진 젖소의 불법도축 고발이었다. PD수첩 측의 그럴듯한 변명은 이렇게 계속되고 있었다.

> 미국 여대생 아레사 빈슨의 사망에 대해서도 PD수첩 제작진들은 인간광우병(vCJD)라고 단정한 바 없습니다. 인간광우병 의심진단을 받았다는 사실을 보도했을 뿐입니다.

나는 자막에서 분명히 인간광우병으로 단정한 걸 본 기억이 있었다. 그리고 남아있는 동영상 자체가 확실한 증거일 것이다. 그런데도 PD수첩 측은 손바닥으로 해를 가리고 있었다. 그들의 변론은 이렇게 계속된다.

> 만약 협상타결 후 아레사 빈슨의 사인이 인간광우병 확정진단이었다고 가정할 경우 우리 사회에 어떤 일이 벌어졌을지 상상해 본다면 당시 이 사건 방송이 담고자 했던 문제의식이 결코 허위나 과장이 아니었음을 짐작해 볼 수 있는 것입니다.

갑자기 가정과 상상을 해보자고 하면서 마치 바이러스가 공격하는 공포의 가상세계를 펼치고 있었다. 방송은 진실을 파헤치는 보도프로그램이었지 공상과학영화가 아니었다. PD수첩은 자기합리화를 위해 적절한 시점에 논리를 비약시키고 있었다. 그러면서 광우병이라고 속이면서 방영한 동물학대 프로그램 속의 쓰러진 젖소와 광우병을 연결시키기 위해 논리의 장난을 하고 있었다. 그 내용은 이렇다.

> 미국의 다우너 소 도축금지는 광우병에 대한 대책으로 실시되었기 때문에 다우너 소의 불법도축은 광우병 위험의 문제와 직결되는 것이었습니다. PD수첩 방송 전 국내 언론들은 동물학대를 촬영한 이 동영상 속의 다우너 소를 '광우병 의심 소'라고 칭했습니다.

젖소 동물학대를 가정과 상상 그리고 논리조작을 통해 광우병 의심 소까지 만들었다. 그리고 본 방송에서는 사회자가 광우병이라고 단정하는 단계에 이르렀다. PD수첩 측은 슬며시 국내언론들이 전혀 다른 취지에서 언급한 내용을 슬쩍 가져다 붙여 희석시키는 모습을 보이고 있다. 학대받는 젖소 중에 광우병 소가 있을지도 모르지 않느냐는 것이다. 그러면서도 PD수첩은 논리의 비약을 치밀하게 감성과 사정조로 보강하고 있다.

> 분초까지 다툴 만큼 절대적으로 제한된 시간의 제약을 받는 것이 방송프로그램의 속성입니다. 정해진 방송시간 초과시 징계위원회에 회부될 수도 있을 만큼 방송종사자들에게는 엄격한 시간엄수의 의무가 주어집니다. 이러한 시간의 제약상 방송에서는 취재원의 인터뷰 내용 중 극히 일부분만을 사용할 수밖에 없지만 일부분만을 인용하게 될 경우 그 전후 맥락이 끊겨 충분한 의미를 전달하기 곤란해지는 경우가 많습니다.
>
> 동영상이 동물학대라는 것에 대한 부분의 번역설명이 누락됐습니다. 발음부분이 잘 들리지 않아 초벌 번역자조차 이 부분은 아예 번역을 못한 것으로 보입니다. 그리고 영어감수과정에서도 감수자 정지민 씨는 이에 대해 아무런 지적을 하지 않았습니다. 이에 따라 번역이 누락된 채 남아있게 된 것입니다.

자신들의 잘못은 모두 이해와 용서가 가능한 실수이고 국가협상대표인 나는 신적인 경지에 이르도록 조그만 과오도 없어야 한다는 논리였다. PD수첩 측은 모든 책임을 아르바이트로 온 아직 이십대 중반의 어린 정지민에게 전가했다. PD수첩 측은 비약된 논리를 느꼈는지 그에 대한 보강성 변명이 나오고 있었다.

> 다우너 소들을 광우병에 감염되었을 잠재적인 위험이 있는 소와 동일시하는 것은 전혀 과장된 진술이 아닙니다. 젖소에 대한 동물학대를 하

는 장면의 동영상 속에서 '젖소'를 '광우병 소'로 한 것은 초벌번역자가 애초에 그렇게 오역을 한 것입니다.

작가인 김은희는 이 초벌번역본에 나오는 '광우병 걸린 소'를 그대로 인용하여 이 부분 편집구성안을 작성했습니다. 다행히 자막의뢰서가 작성되기 전 영상편집과정에서 김보슬 PD가 '젖소'가 '광우병 걸린 소'로 잘못 번역되어 있는 것을 확인했습니다. 그리고 그 부분 자막을 '이런 소'로 의역하기로 결정하고 그렇게 처리토록 지시한 것입니다.

방송내용은 동영상 속 다우너 소가 광우병에 걸린 소라거나 광우병에 걸렸을 확률이 매우 높다는 것은 아니었습니다. 동영상 속 다우너 소가 광우병에 걸렸을 확률이 매우 높은지 아니면 매우 미미한지가 이 방송의 내용도 아니었습니다.

이 부분 보도는 검사규정을 위반하여 다우너 소를 불법 도축한 실태를 전달하고 미국에서 광우병 위험이 효과적으로 통제되고 있는지 의문을 제기한 것이었습니다. 이는 PD수첩에서만 제기한 문제가 아니었습니다. 미국 내 언론이 공히 제기한 문제이기도 합니다.

이 행간의 의미를 어떻게 해석해야 하는가? 비굴한 책임회피와 자기변명이 아닌가? 젖소를 '이런 소'라고 했다는 것에 대하여 어떤 해석을 해야 하나. 더러 바둑을 둘 때 바둑돌을 점이 아닌 중간에 어물쩍 놓는 사람이 있다. 가장 유치한 엉터리가 아닌가. 초벌번역자에게 모든 책임을 뒤집어씌우고 PD는 영웅이 된다. 정의감에 투철해야 할 공영방송의 PD가 그렇게 궁색한 태도를 보여도 되는 것일까? 더 말하기 싫다. 계속 변론요지서를 보겠다. 그들의 변명은 이렇게 계속된다.

다음은 아레사 빈슨의 보도부분입니다. PD수첩 제작진은 2008년 4월 초순쯤 미국 언론에서 전하는 아레사 빈슨의 뉴스를 접했습니다. 미국 밖으로 여행해 본 적이 없는 20대 초반의 여성이 인간광우병 의심진단을 받았다는 것입니다. 그 여성은 결국 사망했고 그 이틀 뒤 한미 쇠고기 협상이 시작됐습니다.

PD수첩 제작진은 해외리서처인 '오'라는 인물에게 아레사 빈슨 어머니와 전화로 접촉해 줄 것을 요청했습니다. 그 후 '오'와의 통화에서 아레사 빈슨이 인간광우병 진단을 받았고, 다른 사인으로 의심이 가는 것에 대해서는 들은 것이 없다는 취지의 답변을 했습니다. 제작진의 김보슬 PD가 미국에서 로빈 빈슨을 만났습니다. 다시 한번 아레사 빈슨이 인간광우병 진단을 받았다는 사실을 확인할 수 있었습니다.

2008년 5월 5일 미국 농무부 레이먼드 차관은 아레사 빈슨의 사망원인이 인간광우병이 아니라고 발표했습니다. 2008년 6월 17일 미국 프리온질병병리학감시센터는 사망원인이 인간광우병 때문이 아니라는 결론을 내렸습니다. 2008년 6월 17일자로 PD수첩은 그 사실을 보도했습니다.

제작진은 방송내용 중 몇 가지 번역오류가 있었음을 이미 시인했고 수차례 시청자에게 사과한 바 있습니다. 그러나 번역자막의 오류를 인정하는 것과, 그 자막오류를 제작진이 의도적으로 만들어냈는가의 여부는 전혀 다른 차원의 문제입니다. 이는 무엇보다 언론종사자의 양심과 직결되는 문제이며, 허위사실을 보도하기 위한 의도로 자막을 사실과 다르게 왜곡했다는 검찰의 주장은 그 자체로 제작진의 명예를 심각하게 훼손하기 때문입니다.

검찰이 의도적인 자막왜곡이라 주장하는 것들은 해당 발언의 진의를 살린 제작진의 정당한 의역이거나 긴박하게 진행된 제작과정 중 불가피하게 걸러지지 못한 실수일 뿐입니다. 검찰이 의도적인 왜곡으로 몰아가는 것은 방송제작과정에 대한 몰이해와 정치적 의도에 의한 방송 흠집내기라고밖에 볼 수 없습니다.

불가피하게 걸러지지 못한 실수라고 했다. 물론 인간이 실수할 수 있다. 그러나 그런 실수가 너무 많았다.

PD수첩은 50분 방송 동안 30곳 이상을 조작, 변조, 왜곡, 과장을 했다. 이걸 단순한 실수라고 볼 수 있을까? 나는 오랜 시간 정성을 다해서 PD수첩 제작진과 인터뷰를 하고 알고 있는 사실들을 얘기해 줬다.

그러나 PD수첩의 제작진은 그 중 아무런 의미가 없는 몇 마디만을 교묘하게 왜곡시켜 나를 매국노 병신으로 만들어 버렸다. 그것도 단순 실수인가. 이런 유례를 찾아볼 수 없는 허위방송은 기네스북에 오르기에 충분할 것이다.

방송전문가들에게 개인적으로 묻기도 했다. 또 사설이나 칼럼에서 광우병 소에 대한 프로그램 평가도 봤다. 거의 실수가 없는 최고의 매끄러운 편집기술이 생산한 치밀한 작품이라는 의견들이었다. 수많은 사람들이 반 미쳐서 시청앞 광장으로 뛰어나오게 하는 힘을 가진 프로그램이었다. 시간에 쫓겨 실수하는 그런 무성의한 프로그램이 아니었다.

변론요지서를 보면 PD수첩은 악의의 왜곡들을 우연한 과실로 슬며시 바꾸어버리는 모습을 보이고 있다. 계속 그들의 변론을 보겠다.

> PD수첩은 MM형 유전자를 가진 한국인이 인간광우병이 걸릴 확률이 94%라고 했습니다. 그것은 잘못된 표현이었습니다. 저희 제작진은 이 부분 보도에 문제가 있음을 인정하고 2008년 7월 15일 PD수첩 방송에서 정정한 바 있습니다. 이 부분의 취지는 우리가 다른 나라들보다 인간광우병이 발병할 위험이 높다는 것이었습니다. 이것은 방송 전까지 우리 과학계에서 이론이 없이 정설로 받아들여지고 있었던 것입니다.
>
> 미국이나 유럽 등 대부분 선진국들은 보건과 환경관련 문제에서 중요한 국제법 및 국내법원리로 채택하고 있는 '사전예방의 원칙'은 해당 분야의 어떤 사안이 만에 하나라도 위험한 상황을 낳을 가능성이 있고 그 상황이 돌이킬 수 없는 비가역적인 것이라면 그 위험이 현실화할 가능성이 매우 불확실 하더라도 공중의 안녕과 행복을 위해 그 위험을 미연에 막는 것이 법과 행정이 취할 바임을 기술하고 있습니다.
>
> 미국산 쇠고기 수입문제는 역시 국민건강과 직결되는 사안입니다.

우리 정부로서는 그 위험이 발생할 확률이 지극히 낮더라도 사전에 철저히 차단하고 예방하는 사전예방의 원칙에 입각해야 했습니다.

PD수첩의 치고 빠지기는 정말 영악하다고 할 것이다. 도저히 우길 수 없는 94%의 가능성에 대해서는 자백하는 듯 바로 인정하면서 감성을 자극해 문제를 잠재우고 있었다. 그러나 그건 자백이 아니다. 더 큰 공격을 위해 순간적으로 낮춘 웅크린 자세에 불과하다. 왜냐하면 사전예방금지의 원칙이라는 허황한 공론을 들고 나와 역공격을 했기 때문이다. 그 내용은 0.0001%의 위험성만 있어도 수입을 해서는 안 된다는 것이었다. 그것은 쉽게 말하면 0%의 위험성이라도 방송은 할 수 있다는 결론에 도달해 있었다.

조롱당하는 장관*

정운천 전 농수산식품부장관이 증언석에 나와 앉았다. 검사가 물었다.

"고소장을 제출하셨는데 그 이유가 뭔가요?"

"방송의 자유와 함께 책임도 수레의 두 바퀴가 되어 민주주의를 끌고 가야 한다고 생각합니다. 그러나 언론의 책임이라는 수레바퀴는 고장나 버린 채 자유만을 누리면서 왜곡, 허위, 과대, 선동방송을 했습니다. 저는 국가의 법을 바로 세워야 한다는 마음을 먹었습니다. 그래서 고소장을 접수하게 됐습니다."

"증인은 장관으로서 미국산 쇠고기의 광우병 발생가능성에 대해 검토하셨을 텐데 어땠나요?"

검사가 물었다.

"서울대학교 전염병위원장인 이영순 교수와 깊이 있게 얘기를 했는데 광우병은 5년에서 10년 사이에 사라진다고 했고, 광우병의 원인도 동물성사료를 먹였기 때문이라고 들었습니다. 스웨덴에서는 동물성사료를 먹이지 않았기 때문에 광우병이 걸린 소가 하나도 없다는 겁니다. 이미 미국에서 1997년부터 사료금지조치가 취해졌고 10년 이래 광우병 소가 발생한 사실이 없기 때문에 이 정도면 국민건강에 위해를 받지 않고 협상을 할 수 있다고 판단했습니다."

"PD수첩의 광우병 방송 후 장관인 증인을 향한 수많은 욕설이 인터넷에 게재된 사실이 있지요?"

"그렇습니다. 저를 사형시키자는 얘기도 있었고 국민의 생명건강을 팔

---

* 월간조선 2010년 3월호 "증인이 동영상에 나온 소를 검사한 적 있어요?"(엄상익 변호사)

아먹은 역적 매국노로 몰리기도 했습니다. 장관실로 걸려오는 수많은 폭력전화로 인해 우는 여직원도 있었고, 시위대가 집까지 밤낮 찾아와 안팎으로 고통을 당했습니다. 시위대에 옷이 찢기고 안경이 깨지고 목에 상처까지 입은 사실이 있습니다. 광우병도 없는데 PD수첩 방영 이후에 우리나라는 광우병 공포국가가 됐습니다. 그런 걸 보면서 방송의 영향력이란 것이 정부의 힘보다 어마어마하게 크다는 것을 느꼈습니다. 장관 정도의 힘은 아무것도 아니었습니다. 아무리 노력을 기울여도 대중과 소통하지 못하고 매국노 역적으로 몰리게 됐습니다."

이어서 PD수첩 측 변호사가 증인으로 나온 정운천 전 장관을 공격하기 시작했다.

"증인, '사전예방금지의 원칙'에 대해 들어본 적이 있어요?"

밑도 끝도 없는 질문이었다. 그렇게 질문하는 변호사의 표정은 '장관이 그것도 모르냐?'는 비양이 들어있었다.

"예?"

정운천 장관이 갑자기 당황한 표정이 되었다.

"사전예방금지의 원칙, 그거 압니까?"

PD수첩 측 변호사는 다시 다그쳤다. 그런 식으로 질문하면 그 누구라도 당혹할 것이 틀림없다. 변호사라고 하지만 야비한 태도라는 생각이 들었다.

"앞뒤 다 빼고 그렇게 물으시면…."

정 장관이 불만인 듯한 어조로 항의했다.

"광우병이 5년에서 10년 사이에 없어진다고 했죠?"

변호사가 말꼬리를 잡았다.

"그렇습니다."

"식인종의 뇌를 검사한 결과 뇌에 구멍이 뚫리는 병이 사라졌는지 여부를 보려면 40년에서 50년은 지켜봐야 한다는데, 알고 있나요?"

다른 사람 말의 꼬투리를 찾는 데는 현미경 같은 눈을 가진 변호사 같았다.

"모릅니다."

장관이 대답했다.

"노벨상 후보자인 스위스의 아구찌 교수는 인간광우병의 경우 긴 잠복기의 불확실성으로 인해 40년은 지켜봐야 한다고 했는데 그거 알고 계세요?"

변호사는 그가 본 논문의 지엽적인 사실을 가지고 장관을 놀리고 있었다. 신문이 아니라 말꼬리 잡고 상대방 뭉개기 법정이었다. 재판장인 문성관 판사는 싱긋이 웃으면서 본다. 정운천 장관이 제정신이 돌아온 것 같았다. 그가 이렇게 되받아쳤다.

"퓰리처상을 받은 리처드 로즈는 《죽음의 향연》에서 담배 한 대 피우고 벼락 맞을 확률이 광우병에 걸릴 확률보다 높다고 했습니다. 광우병은 곧 사라진다고 했습니다."

"광우병이 몇 년 내 사라진다는 생각으로 그 타결에 임하는 것이 사전예방의원칙에 입각한 것이라고 할 수 있나요?"

"100% 안전한 것이 없기 때문에 무시할 만한 수준이면 무시할 수밖에 없다고 생각합니다."

"일본의 경우 1996년 이후에 태어난 소에서 광우병 소가 21마리나 발견된 걸 알고 있나요?"

PD수첩 측 변호사가 다시 물었다. 1997년 이후 미국에서 광우병 소가 발견되지 않았다고 얘기한 데 대한 역공격이었다.

"21마리가 아니라 29마리로 기억합니다."

증인인 장관이 수치까지 정정해 줬다.

"증인은 일본과 캐나다의 광우병검사 비율이 어떤지 알고 있죠?"

변호사는 철저히 준비한 듯 다시 허점을 뚫고 들어왔다.

"일본은 전수검사를 하는 것으로 알고 있는데 캐나다의 경우는 모릅니다."

전수검사는 모든 소에 대해 광우병을 조사한다는 뜻이었다.

"1억 마리 중 광우병 소가 1마리 나올 수 있다고 한다면, 전수검사를 할 경우 그 1마리가 나오는데 0.1%만 검사를 하면 안 나올 수도 있지 않나요?"

그건 완전히 논리의 유희를 하자는 것으로 보였다. 조금 과장한다면 쌀을 수입하는데 몇 억 조가 되는 쌀알을 다 검사해 봐야 한다는 억지논리였다.

"전수검사를 하니까 일본에서는 돈이 많이 들어 후회하고 있다고 합니다."

정운천 장관이 그렇게 대답했다.

"미국의 연구권위자 감베티 박사는 미국의 광우병 검사비율이 0.1%에 불과해서 극히 우려할 만하다고 하는데 아세요?"

PD수첩의 박사타령이었다.

"기억이 없습니다."

말꼬리 잡기 전쟁에서 장관은 밀리고 있었다. 흔히들 남과 얘기할 때 갑자기 어려운 전문용어나 자기만 알고 있는 말을 내세우면 상대방이 당혹하게 된다. 사전예방금지의 원칙도 그런 것이었다. 미국영화에는 종종 공포의 바이러스로 모든 인류가 멸망당하는 괴기영화가 나온다. 불가사의한 현상으로 지구가 파괴되는 드라마도 흔히 있다. 그렇게 불확실한 어떤 위험이 다가오고 그 위험한 결과를 막기 힘든 상황이 닥칠 우려가 있을 때 만분의 일의 위험성만 있어도 사전에 예방하자는 게 사전예방금지의 원칙이다. 광우병은 이미 정체가 확실히 알려졌다. 아예 그 적용대상이 아니다. PD수첩 측은 혼자만 개발한 엉뚱한 원칙으로 증인들을 놀렸다.

'증인이 동영상 소를 직접 검사한 적 있어요?'

얘기를 다시 2009년 12월 2일 오후 2시 서울 형사지방법원 519호 법정에서의 증언으로 돌아가 보자.

"증인은 아직 공무원이시죠?"

PD수첩 측 김형태 변호사가 물었다.

"그렇습니다."

"사직원은 그때 수리가 안 됐나 보죠?"

모멸감이 느껴지는 얄미운 질문이었다. 왜 목이 잘리지 않았느냐는 비아냥거림이었다. 그가 과연 나의 외교관생활 30년의 아픔을 얼마나 알까 하는 의문이 들었다.

"근무하지 않고 계속 재판정에 나오셔도 되는 거예요?"

김형태 변호사가 다시 물었다. 그건 노골적인 힐난과 빈정거림이었다. 그동안 법정에 나와 방청한 걸 염두에 두고 한 비난이다. 법정은 공개되어 있다. 고소인인 나는 특히 매번 와서 볼 수 있다는 생각이었다. 증인을 야유하는데도 문성관 판사는 아무런 제지 없이 나를 관찰하는 느낌이었다. 김형태 변호사의 나이도 적지 않은 것으로 알고 있다. 그런 사람이 능멸하는 듯한 질문을 할 때 정말 쇠꼬챙이가 나의 심장을 꿰뚫는 것 같았다. 도대체 법조인들을 이해하지 못하겠다. 법과 판례만 보다 보면 현실의 세상이 보이지 않는 것인지 아니면 외면하는 것인지조차 판단이 가지 않는다. 보람으로 알고 살아온 30년 공직이다. 잘못한 게 없다는 생각이다. 그런 사람한테 변호사는 왜 사직하지 않느냐고 다그치고 있다.

"협상을 잘못해서 사직서를 제출한 건 아닙니다. PD수첩의 방송 때문에 거의 죽음 직전까지 몰렸습니다. 대통령은 사과를 하고 청와대 수석비서관과 장관이 사퇴를 하고 제가 공직자로서 어떻게 해볼 도리가 없었습니다. 하루에도 몇 번씩 바위산에서 뛰어내리고 싶었습니다."

왜 그러면 바위에서 안 뛰어내렸느냐고 물을 것 같았다. 그러나 김형태 변호사는 질문을 바꿨다.

"방송에 나온 쓰러진 소가 광우병에 걸렸는지 안 걸렸는지 확실히 아십니까?"

질문에 '확실히'라는 단어를 삽입해 강조하고 있었다.

'절대'라던가 '완벽'이라든가 '확실히'라고 묻는다면 과연 그런 게 있을까하는 생각이다. 그 단어는 상대방이 그렇지 않다는 걸 유도하기 위한 것이다.

"그건 광우병 소가 아닙니다. 이미 확인된 사실입니다."

내가 대답했다. 상대방의 의도를 감지했기 때문이다.

"혹시 0.0001%라도 걸렸을 수 있는 거 아닙니까? 어떻게 그렇게 단정적으로 말합니까?"

김형태 변호사는 논리로 나를 가지고 놀리려고 하는 것 같았다.

"그렇게 가정을 해서 질문하시면 안 되죠. 그건 말장난이죠."

내가 그렇게 대답했다.

"말장난이오? 증인, 이 자리는 말이죠, 하고 싶으신 말 하러 나온 자리가 아니에요. 우리가 물어보는 거 대답하러 나온 거예요. 제가 알고 싶은 것만 대답하시면 돼요."

변호사가 찍어 눌렀다. 법정증인으로 처음 선 나는 한풀 꺾였다. 나는 곰곰이 생각하다 잠시 뒤 이렇게 조심스럽게 대답했다.

"쓰러진 소가 확실히 광우병은 아닙니다. 이미 계류장에 들어온 소는 검사를 통해 다 걸러진 소입니다. 소들은 농장에서부터 철저히 체크가

됩니다. 그리고 광우병 소는 자극을 주면 흥분해서 날뛰는 증상을 보이기도 합니다. 방송에 나왔던 그 소는 전기충격을 줘도 가만히 있지 않습니까?"

사실 그 이상 정확하게 대답할 수 없다는 생각이다. 광우병 소는 뇌에 이상이 생긴 소다. 민감하게 반응한다. 프로그램의 동영상 속에 나오는 소는 전기충격을 가해도 가만히 있는 모습이었다. 정말 그런 소는 광우병 소가 아닌 것이다. 전문가인 수의사들에게 동영상을 확인시키고 내가 들은 의견이었다.

"증인이 그 소를 해부해 본 것도 아닌데 어떻게 그렇게 절대적으로 말할 수 있습니까?"

PD수첩 측 김형태 변호사가 다시 물고 늘어졌다. 그의 목적은 진실이 아니라 나를 아무것도 모르는 바보로 만드는 데 있다는 걸 어렴풋이 알았다.

"그게 중요한 게 아니라 PD수첩이 광우병이 아닌 소를 광우병이 걸린 것처럼 조작해서 여론을 몰아간 게 이 사건의 핵심이 아닙니까?"

내가 되물었다. 이상했다. 재판장은 김형태 변호사의 질문이 어떤 한계를 넘고 있는데도 제지해 주지 않는 것 같았다.

"잠깐만요."

그때 재판장이 나섰다. 재판장이 화가 난 듯한 경직된 표정으로 나를 보면서 경고했다.

"민동석 증인 말이죠. 그 당시 동영상에 나와 있는 소에 대해 직접 검사를 한 적 있어요?"

재판장의 말을 듣고 나는 갑자기 멍해졌다. 이어서 재판장인 문성관 판사가 엄중하게 경고했다.

"증인은 말이죠, 직접 알지 못하는 내용에 대해서 마치 사실인 것처럼 말씀하시면 위증의 벌을 받을 수 있습니다."

그건 나에게 노골적인 협박이었다. 협상대표인 나는 거의 모든 걸 보고를 통해 간접적으로 알게 된 셈이다. 직접 검사를 한 게 아니면 말을 하지 말라는 경고는 충격이었다. 그런 식이라면 도대체 내가 할 수 있는 말은 아무것도 없었다. 방청석이 술렁거렸다.

"말도 안 돼, 재판장이 어떻게 저렇게 물을 수 있어? 이 재판 더 볼 것도 없네."

방청객중 누가 그렇게 말하는 소리를 들었다.

편협하고 미숙한 재판

재판장의 행동은 도저히 이해할 수가 없었다. 협상대표로서 나는 실무 책임을 맡은 전문가들의 보고를 받았다. 그건 사실상 직접 확인한 것이나 마찬가지였다. 그걸 모를 리 없는 재판장의 의도는 내게 너무 분명하게 들렸다. 그는 애초부터 고소인의 권리를 보호하는 법관의 자세가 아닌 것 같았다. 재판장은 내가 무슨 말을 하건 나는 안 믿기로 한 것같이 보였다. 설사 그런 선입견이 있더라도 그렇게 노출시켜 재판진행을 하지는 말아야 한다는 생각이었다. 내가 단독판사인 젊은 재판장에게 이렇게 항의했다.

"이 재판의 본질이 그게 아니잖습니까?"

내가 법에 요구한 건, 매국노라고 하면서 나를 욕한 게 명예훼손이 될 경우 그들에게 벌을 내려달라는 것이었다. 나는 국민으로 고소를 할 권리가 있고 판사는 대답을 할 의무가 있다고 생각했다. 그리고 재판과정을 통해 사악한 거짓말로 국민을 선동한 PD수첩 프로그램의 허위가 세상에 드러나길 원한 것이다. 그러나 재판장은 나의 항의를 그에 대한 도전이라고 오해한 표정이 분명했다. 재판장이 불쾌한 어조로 이렇게 즉석에서 통고해 주었다.

"방송 당시 제작진들이 방송내용의 허위성을 인식했느냐가 재판내용에 중요하게 작용할 수 있어요. 그래서 물어보고 있는 겁니다."

그들의 고의를 알기 위해 내가 직접 소들을 검사해 보았어야 한다는 논리를 이해할 수 없었다. 그리고 그들의 허위성은 이미 대한민국 사법부에서 결론이 난 것이 떠올랐다. 내가 한마디 덧붙였다.

"이미 고등법원에서 거짓이라는 정정보도 판결이 났고 재판중에 허위가 다 드러났잖아요?"

"네, 알겠습니다."

재판장인 문성관 판사는 차갑게 말을 끊었다. 나는 그의 표정에서 다가올 검은 구름을 예견했다. PD수첩 제작진의 변호사가 나에게 계속 물었다.

"2008년 쇠고기협상 표결 당시 아레사 빈슨이라는 미국 대학생이 광우병 의심진단을 받은 상태였죠? 그렇다면 그때 협상을 기다려 봤어야 하는 거 아닙니까?"

"국가간의 협상에서 불투명한 상황을 놓고 그렇게 할 수는 없었습니다. 이 쇠고기 협상은 노무현 정부에서 결정한 것을 정치적인 이유로 현 정부에 넘긴 겁니다. 저는 타결을 하면 하고 안하면 안했지 그걸 끌 입장은 아니었습니다."

노무현 정부 때 쇠고기문제는 이미 끝이 난 사안이었다. 노무현 대통령이 부시 미국 대통령한테 전화까지 걸어서 쇠고기 협상을 실질적으로 타결해 버렸기 때문이다. 대통령선거가 있어 할 수 없이 협상이 지연되면서 이명박 정부로까지 넘어온 것이었다. 받아들이기로 한 조건에도 무리가 없었다. 가축 전문가들이 만든 국제적인 위생조건에 따르면 큰 흠이 없었다. 세상은 졸속협상이라고 매도하지만 오히려 내가 질질 끌고 있던 상황이었다. 미국대표 엘렌은 대통령이 약속했는데 왜 대표가 협상을 지연시키느냐고 화를 냈었다. 광우병 의심환자가 그 무렵 생겼으니까 협상을 중단하거나 연기하라는 질문은 통상협상의 기본도 모르는 어리석은 질문이었다.

"인간광우병이 발생했다고 해도 협상하고 관계가 없다는 겁니까?"

PD수첩 측 변호사가 그 점을 다시 부각시켰다. 그 환자는 인간광우병 환자가 아닌 것으로 결론이 났다. 그런데도 계속 묻는 것이었다. 마치 역사에 가정조건을 달아서 그랬다면 어떻게 됐느냐고 묻는 것 같았다.

재판장은 법정에서 나보고 경험한 사실만 말하라고 주의를 주었다. 그런데 상대방 변호사가 가정조건을 제시하고 의견을 묻는 데는 방치해 두는 것이었다. 상대측 변호사는 수석대표인 내가 쇠고기의 위험성도 모르고 부실협상을 했다는 쪽으로 몰아가고 있었다. 그냥 병신이 될 수는 없었다. 내가 맞받아쳤다.

"그런 의심은 PD수첩의 얘기겠지요. 그리고 가정을 해서 자꾸 이야기하지 마세요. 아시겠지만 미국에서 쇠고기 먹고 인간광우병에 걸린 사람이 한 사람도 없습니다. 그런데 왜 법정에서 가정을 가지고 얘기합니까?"

"만약 아레사 빈슨이 인간광우병으로 확진이 되었다면 위험하기 때문에 여러 가지 협상을 다시 해야 한다는 생각을 가지고 있는 국민들이 많은 것을 알고 있나요?"

"만약은 무슨 만약입니까? 죽은 미국 여대생이 인간광우병이 아닌 걸 PD수첩이 거짓으로 선동해서 그런 건데요."

'당신들이 미워하는 건 대한민국이야!'

"잠깐 정리하고 갑시다."

재판장이 다시 중간에 나섰다. 재판장이 나에게 물었다.

"그러니까 증인은 쇠고기 협상대표로서 당시 아레사 빈슨이라는 여성이 인간광우병으로 확진이 되지 않을 것이라는 확신이 있었나요?"

도대체 저의가 의심스러운 엉뚱한 질문이었다. 이미 어떤 단정을 해놓고 몰아가는 질문 같았다.

"그렇게 단정할 수는 없었습니다. 미국 관계당국에서 사인을 조사중에 있었으니까요."

내가 그렇게 대답하자 재판장은 다시 다그쳤다.

"그러니까 결국은 아레사 빈슨의 사인이 인간광우병으로 진단될 가능성이 없다고 생각했기 때문에 그런 것이죠?"

"아니라니까요. 그건 미국 관계당국이 조사중이었기 때문에 그 조사결과를 기다려봐야 하는 입장이었습니다."

재판장이 나를 탄핵한다는 상대측 변호사보다 더하다는 느낌이 들었다. 재판장이면 최소한 심판의 역할이라고 생각했는데 심판이 직접 뛰어들어 상대방선수와 함께 나를 패고 있었다. 하고 싶은 말은 봉쇄당했다. 증언은 나의 의지와는 다른 방향으로 교묘하게 바뀌고 있었다. 순간 분노가 폭발했다.

"당신들."

제가 눈을 부릅뜨고 PD수첩 제작진들이 있는 쪽을 향했다.

"당신들은 정말 나쁜 사람들이야."

나는 그들을 노려보면서 참았던 말을 내뱉었다.

"당신들이 제일 미워하는 걸 알아. 그건 대한민국이야."

나는 그들의 배경을 알기 때문이다. PD수첩 작가의 이메일 내용이 다시 떠올랐다.

'이명박에 대한 적개심이 하늘을 찌를 때'

작가는 메모에 '1년에 한두 번 쯤 필(*Feel*)이 꽂힐 때 그런 방송을 만든다'고 했다. 작가와 PD가 폭동이 일어난 광장에 가서 했다는 말이 떠올랐다. PD가 작가에게 물었다.

"김 여사, 현장에 나와 보니 소감이 어때? 당신이 무슨 짓을 했는지 눈에 보여? 이제 만족해?"

그 말에 작가는 대답했다.

"아니 만족 못해."

그들은 대한민국을 미워하는 게 틀림없었다. 재판장은 봐도 보지 못하고 들어도 이해할 수 없는 사람인 것 같았다.

PD수첩의 행동은 촬영 당시에도 야비했다. 박창규 씨는 2008년 4월 29일 PD수첩이 방영될 당시 미국쇠고기를 수입해서 파는 주식회사 에이미트를 경영하고 있었다. 직영점인 '다미소' 매장은 양재동과 부평 두 곳에 있었고 가맹점은 41개소로 그는 직영점과 가맹점에 쇠고기를 공급해 왔다.

PD수첩은 촬영을 한다는 말도 없이 가맹점을 하겠다고 위장하고 와서 회사의 이민석과 2시간 동안 대화를 하면서 몰래 촬영을 했다. 그들은 가맹점을 하겠다고 거짓말을 하면서 회사를 보여달라고 해서 창고, 공장, 납품처, 직영점까지 모두 그대로 보여주었다. 정식 취재허가를 받지는 않았어도 방송의 특성상 어느 정도는 박창규 씨도 이해하는 입장이다.

그러나 사실을 왜곡하는 점에 대해 그도 증인으로 나와 항의하고 있다. PD수첩은 수입쇠고기를 팔면서 원산지를 표시하지도 않았다고 방송을 한 바 있다. 이에 대한 검사의 질문에 대해 박창규는 이렇게 진술한다.

"아닙니다. 매장과 간판에 '미국산 쇠고기 직수입업체'라는 플래카드를 걸어놓고 판매하기 때문에 주변에서는 미국산 쇠고기를 판매하는 곳으로 다 알고 있습니다."

"2003년 이전에 미국산 쇠고기가 어느 정도 유통되었나요?"

검사가 물었다.

"2003년에는 연 19만 톤이 수입되었고 미국산 쇠고기의 시장점유율이 60% 정도였습니다. 그때는 우리나라 사람들이 미국산 쇠고기를 거리낌없이 먹었습니다. 그런데 PD수첩의 방송에서 미국산 쇠고기를 먹으면 죽는다는 느낌을 시청자들에게 주자 매출이 폭락했습니다. 양재점은 폐업을 했고 부평점도 장사가 안 돼서 폐업할 상황입니다."

차라리 이런 몰래 촬영은 그래도 봐줄 만하다. 영국제 동영상을 섞어 넣어 미국산 도축장인 것처럼 왜곡한 사실에 비하면 말이다. PD수첩은 한미 쇠고기 협상을 타결하기 오래 전인 2007년부터 이미 방송준비를 해왔다. 그때부터 국내외 자료수집과 소위 전문가들을 접촉해 왔다. 그것은 김은희 작가의 2008년 7월 31일자 한겨레신문 인터뷰에 잘 나타난다.

세계일보의 ○○○ 기자가 그 3일 전인 2008년 7월 28일 단독 보도한 바에 따르면 정호식 국장이 기획의도를 직접 지시한 것으로 알리고 있다. 정호식 국장은 2008년 한겨레신문 제2창간위원에 명단이 올라 있다. 피고측 김형태 변호사도 역시 공동본부장 15인에 포함되어 있다.

김보슬 PD도 '작은 날갯짓으로 세상에 나비효과를 일으키다'라는 한 대학 학보사와의 인터뷰 기사에서 "휴메인소사이어티에서 광우병 관련 동영상을 보고 이걸 아이템으로 가져가보면 어떨까 라는 생각을 했거든요."라고 말하고 있다. 동영상 공개시점이 2008년 2월 1일이니 쇠고기 협상이 타결되기 몇 달 전부터 PD수첩 제작을 생각했다는 고백이다.

김보슬 PD는 4월 3일 헤럴드경제 '이홍우의 방송에스프레소'의 'PD수첩과 PD저널리즘'에서도 이미 2월 말 이명박 대통령 취임식에서 대통령 뒤에 앉아 있는 앤디 그로세타 미국축산농가협회(NCBA) 회장의 모습이 찍힌 사진을 보고 PD수첩 프로그램의 아이템을 잡았다고 고백하고 있다.

56분간 방영된 PD수첩은 정부에 대한 적개심을 배경으로 상상의 광우병을 만들어 한국사회를 집단 히스테리에 빠지게 했다. 몇몇 부분이라기보다 그 전체의 본질적인 부분이 왜곡되고 조작되고 편파적으로 편집이 된 거짓선동이다. MBC는 지난 10년 동안 좌파정부 아래서 대변인 역할을 충실히 해왔다.

PD수첩, 뉴스데스크뿐만 아니라 오락프로그램에서도 촛불시위를 적극적으로 옹호하며 청소년층을 선동했다. PD수첩에서 급식문제를 다뤘다. 학교에서 급식을 하면 미국산 쇠고기를 먹을 수밖에 없기 때문에 우리 아이들의 장래가 어둡다는 멘트를 했다. 그걸 보고 아이들이 '미친 소 너나먹어' 하면서 거리로 나왔다. PD수첩 프로그램은 일부 잘못된 오보가 아니고 의도적인 날조다. 공중파는 국민의 공공재산이다. PD수첩 프로그램의 근본문제는 언론의 자유문제가 아니고 진실과 거짓의 문제인 것이다.

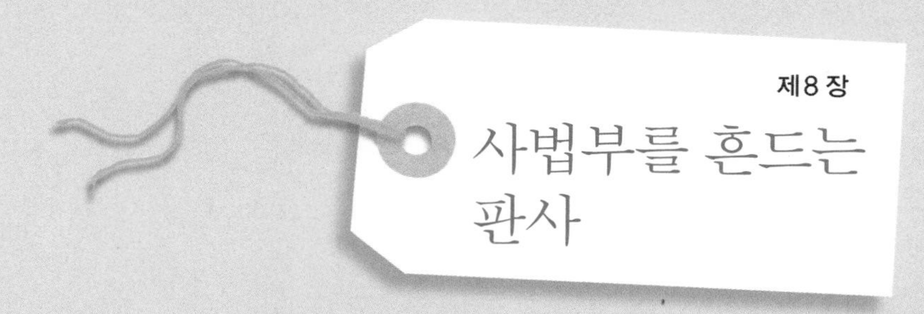

제8 장

사법부를 흔드는 판사

재판장이 나를 탄핵한다는 상대측 변호사보다
더하다는 느낌이 들었다.
재판장이면 최소한 심판의 역할이라고 생각했는데
심판이 직접 뛰어들어 상대방 선수와 함께
나를 패고 있었다.

대한민국 단독판사

문성관 단독판사가 혼자 전권을 가지고 결정하는 재판을 나는 믿을 수 없었다. 선입견을 가지고 있는 듯한 젊은 문 판사의 행동이나 발언을 보고 특히 불안을 느꼈다. 대한민국 헌법조문은 법관을 공평한 신적 존재같이 상정하고 있다. 그래서 법관에 의한 재판을 받을 권리를 헌법적 권리로 보장하고 있다.

그러나 현실에서 내가 보는 단독판사 문성관의 모습은 전혀 달랐다. 문성관 판사 때문에 모든 법관들을 폄하시키고 싶지는 않다. 그러나 나뿐 아니라 재판을 본 모든 사람이 느낀 감정은 어쩌면 동일했는지도 모른다.

미국 대법관인 소토마요르는 "판사는 법률을 사실에 적용할 뿐이지 자신의 감정을 사실에 이입할 수 없다"고 청문회에서 말했다. 해스패닉계로는 처음이고 여성으로는 세 번째 대법관이 된 사람이다. 법관의 감정이입을 반증한 말이기도 하다.

내가 증언을 할 때 상대편 변호사는 문제의 본질을 흐리는 엉뚱한 방향의 질문이 너무 많았다. 본질은 실종되고 나는 전혀 다른 곳에 와 있는 것 같았다. 물론 상대방 변호사가 내 진술의 신빙성을 탄핵하기 위해 어느 정도의 공격은 허용된다는 걸 알고 있었다. 그러나 그것도 정도문제였다.

내가 사건의 본질은 이게 아니지 않느냐고 문 판사에게 도움을 청했다. 문 판사는 이미 어떤 강한 선입견을 가지고 냉랭하게, 공정한 심판을 요구하는 나의 손을 뿌리쳤다. 뿐만 아니라 위증죄로 처벌받을 수 있다며 나에게 겁을 주었다. 나는 그걸 감히 협박이라고 표현하는 것이다. 법조계의 친구에게 물어봤다. 그는 단독판사의 미숙이라고 말해 주기도 했다.

내 시각으로 문성관 판사가 어떤 사회적인 최면에 걸려 있지 않나 하는 의혹이 들었다. 정부를 대변하는 공무원인 나는 악이고 방송은 선이라는 관념 말이다. 그리고 거짓과 선동이라는 것도 언론의 자유라는 껍데기 속에 숨어 있으니까 그게 전혀 보이지 않는 것 같았다. 아니 볼 눈이 없는지도 모른다는 생각을 했다.

독특한 주관을 가진 판사들에 의해 이상한 판결들이 나오고 있었다. 민노당 강기갑 의원의 공무집행방해에 대한 무죄판결이 문제가 되고 있었다. 뉴스에서 강 의원이 국회경비원들에게 "의원님에게 손대지 마라"를 외치며 국회를 난장판으로 만드는 걸 본 적이 있었다. 쇠로 된 긴 재떨이를 들고 의장실 문을 부수러 가는 장면이 있었다. 사무총장실에 보조탁자를 넘어뜨리고 탁자 위에 올라가 펄쩍 뛰는 화면도 보았다. 국회 내부의 일이기 때문에 웬만하면 덮을 국회의장이 고발까지 한 걸 보면 마음먹고 한 것 같았다.

젊은 단독판사가 판결을 했다. 담당판사는 사무총장이 신문을 보고 있던 중이기 때문에 공무수행중으로 볼 수 없고, 흥분한 상태였기 때문에 그 정도의 행위들은 사회상규에 반하지 않는 정당행위라고 했다.

판사들 사이에서 단독판사는 서울시장하고도 바꾸지 않는다는 말이 있다고 들었다. 그만큼 권한이 막강하다는 얘기였다. 고등학교 후배인 한 법원장은 요즈음 주요 사건을 단독판사에게 맡길 때 불안하다고 했다. 어디로 튈지 모르기 때문이라는 것이다. 그래서 다시 배당하는 경우가 있다고 했다.

국민들이 납득하지 못하는, 물의를 일으키는 판결들이 나오고 있었다. 대한변협에서 성명까지 냈다. 그런 판결은 상식뿐 아니라 확립된 법 논리에도 위반된다는 것이다. 판결은 그 시대의 바람직한 지도이념을 반영해야 하는데 그렇게 하지 못하고 있다고 했다. 법관의 양심은 외부뿐만 아니라 개인적 사상이나 소신으로부터도 독립해야 한다고 성명은 말하고 있었다. 법관 개인의 소신을 관철하기 위한 목적으로 설득력도 없고 시대정신에도 부합하지 않는 법 논리가 난무하다는 것이다. 그 마지막 뇌관인 PD수첩 제작진에 대한 1심 판결이었다. 그리고 마침내 그날이 왔다.

핵심증인 박살내기

2010년 1월 20일 11시 서울 형사지방법원 519호 법정 앞이었다. 주변은 꽉 들어찬 사람들로 발 디딜 틈조차 없었다. PD수첩 제작진에 대한 판결선고를 기다리는 사람들이었다.

형식은 명예훼손에 대한 심판법정이었지만 대한민국의 자유민주주의가 사법부에 의해 지켜지는지가 결정되는 법정이었다. 촛불시위는 문화제가 아니고 정권타도를 목적으로 하는 내란이었기 때문이었다. 나는 의도적으로 이 문제를 단순 법률문제로 보는 검찰과 법조인에 대해서 불만이었다.

법조인이 되면 눈이 현미경이 되어 앞의 슬라이드에 놓인 것 외에는 아무것도 보이지 않는 것 같았다. 슬라이드에는 명예훼손이라는 다른 샘플이 올라와 있었다. 판사는 자기가 가지고 있는 판례교범과 그 샘플이 일치하는가를 보기에만 급급한 것 같았다. 혁명도 폭동도 판사가 스크린하는 판례만 가지고 보면 존재하지 않을 것이 틀림없었다.

복합적인 사회문제를 이제 갓 30대를 넘긴 단독판사 한 사람이 결정한다는 데 대해 나는 불안을 느꼈다. 복도에서 서성이는 사람들 중에는 나이가 지긋한 노인들이 유난히 많았다. 그들 사이에서 고함이 터져 나왔다.

"빨갱이 판사는 물러나야 해."

다른 흥분한 노인들도 제각기 한마디씩 외치고 있었다. 이상했다. 선고가 되지도 않았는데 그들은 더 볼 것도 없다는 듯 법정에 난입할 기세였다. 검사들은 고소인인 나에게 우리가 이길 게 틀림없다고 하면서 아무 걱정하지 말라고 했다. 검찰에서 완벽하게 조사해 증거를 제출했다고 말해주었다. 판사가 그 자료들을 읽기만 하면 유죄판결이 나오는 건 불을 보듯 뻔하다고 말했다.

법정에 온 노인들은 판사가 무죄를 선고할 것을 점치고 있었다. 그러면서 선고되는 순간 시위를 벌이기 위해서 온 것이다. 그런 북새통 속에서 단독판사 문성관의 목소리가 흘러나오고 있었다.

"많이들 오셨네요, 일체 판결의 선고를 방해하거나 하는 일이 없었으면 좋겠습니다."

판사 역시 그런 사태를 이미 감지한 듯한 말이었다.

정작 주인공인 PD수첩 제작진 측 김형태 변호사도 꽉 찬 시위대들 때문에 법정에 들어가지 못하고 있었다. 그 역시 문틈으로 흘러나오는 판사의 소리를 귀에 손을 대고 듣고 있었다. 복도 한구석에는 법원 경비원들이 줄을 서 있었고 정체불명의 젊은 사람들도 보였다. 판사가 선고하면 일제히 패싸움이라도 벌일 기세가 분명했다. 문 판사의 판결이유가 나오고 있었다.

"증인 정지민은 방송제작과정에 참여한 바 없습니다. 보조작가 외에는 제작진을 만난 일도 없습니다. 그리고 프로그램의 제작의도나 제작과정, 취재내용 등을 정확히 알 수 있는 위치에 있지 않았습니다. 정지민의 진술은 믿기 어렵다고 판단을 했습니다."

PD수첩의 철저한 왜곡과 거짓을 폭로한 내부고발자의 진술을 문 판사는 완전히 묵살해 버렸다. 국민을 설득할 구체적이고 합리적인 이유가 전혀 없었다. 자기가 번역해준 대로 하지 않고 전혀 다른 자막이 나오는 것에 분개해 의도적인 오역이라고 한 게 정지민의 증언의 핵심이다. 번역가는 번역할 원문과 방영되는 동영상만 보면 의도적으로 자막을 바꾼 것인지 아닌지 그걸로 충분한 것이다.

그러나 문성관 판사는 제작진을 만나볼 위치가 아니라면서 증언의 신빙성을 인정하지 않은 것이다. 증인이 있어도 판사가 안 믿겠다면 증거는 없어지는 걸 나는 처음 알았다. 그만큼 판사의 권한은 막대했다. 내가 고소를 했어도 내 말을 믿지 못하겠다고 하면 모든 것이 존재하지 않을 수 있다는 사실도 동시에 깨달았다.

문제 바꿔치기

문 판사가 계속 판결이유를 말하고 있었다.

"재판부는 일반 시청자가 보았을 경우의 인상을 고려하면서 프로그램을 보았습니다. 보도의 의미는 '광우병 의심이 있는 다우너 소'들이 불법적으로 도축이 되어 식용으로 유통되었다고 보는 것이라고 판단했습니다."

나는 그걸 듣는 순간 문제를 바꾸기 위한 판사의 자의적인 해석이 들어있다고 판단했다. 공소장의 내용을 보면 광우병에 걸린 주저앉은 소들과 그걸 먹고 인간광우병에 걸려 사망한 미국 여대생이 나오고 한국인이 그런 광우병 쇠고기를 먹으면 광우병에 걸릴 확률이 94%라는 방영된 허위사실을 지적하고 있다.

내가 알기로 법원은 검사가 공소를 제기한 사실에 대해서만 판단을 하는 게 법원칙, 즉 '불고불리의 원칙'이라고 알고 있다. 거짓과 왜곡을 한 사실을 심판대상에 올려놨는데 문성관 판사는 '광우병 의심이 있는 소들에 대한 불법도축'으로 문제를 전혀 다르게 슬며시 바꾸어 버린 것이다.

PD수첩 사회자는 분명히 '광우병 소'라고 말했다. 화면자막도 '광우병 소'로 되어 있다. 플래카드도 '미국산 쇠고기 광우병에서 안전한가'로 걸려 있었다. 시청자들의 인상은 미국 광우병 소를 먹으면 인간광우병에 걸려 죽는다는 그 자체였다.

PD수첩 제작진이 거짓을 인정하고 정정과 사과방송까지 했는데도 문성관 판사는 그렇지 않다면서 문제를 바꾸어 버린 것이다. 문성관 판사는 동영상이 젖소의 동물학대장면인데 그걸 광우병 소로 슬쩍 바꾸어 시청자를 속인 PD수첩의 행위를 넘겨버렸다. 심지어 영국제 동영상을 끼워 넣어 시청자를 우롱한 것도 간과해 버리고 이렇게 엉뚱한 판결이유를 계속한다.

"동영상 속에 등장하는 다우너 소들이 광우병에 걸렸을 가능성이 거의 없다고 단정할 수 없고, 따라서 PD수첩 제작진들이 동영상 속에 나오는 다우너 소들을 '광우병 의심 소'라고 보도하였다고 하여 이를 허위사실이라고 볼 수 없다고 판단했습니다."

이미 고등법원은 그 부분을 허위라고 판단하고 정정보도를 명령한 바 있다. 문성관 판사는 같은 법원의 심리결과를 알고서도 허위를 진실로 둔갑시키는 순간이었다. 민사재판의 진실이 형사재판에서 허위로 바뀔 수 있다는 것은 사실상 논리의 장난이고 자기변명의 졸렬한 법리라고 생각한다.

PD수첩측은 광우병 발생확률이 0.0001%라도 있을 수 있지 않느냐, 그래서 보도하게 됐다고 억지논리를 폈다. 광우병에 걸릴 확률은 49억분의 1이다. 문성관 판사는 0%나 마찬가지인 그 확률을 '거의 없다고 단정할 수 없고'라고 했다. 그런 논리라면 대한민국에 수입되는 어떤 농축산물이라도 방송은 마음대로 위험성이 존재한다고 하면서 국민들을 겁줄 수 있는 것이다.

0.0001%의 가능성을 따진다면 증류수가 아닌 한 에비앙의 물도 중금속에 오염된 물일 수 있다. 우유 속에도, 살코기 속에도 광우병의 위험이 존재할 수 있을 것이다. 그런 논리라면 한우도 먹지 말아야 할 것이다. 한국은 광우병 미결정국으로 되어 있기 때문이다.

0%에 수렴하는 확률을 가지고 문성관 판사는 광우병 위험성으로 만들어 버렸다. 그게 판사의 주관적인 시각인데도 문성관 판사는 일반시청자의 시각이라고 강변했다. PD수첩의 프로그램을 보고 흥분한 수많은 시민들이 광장으로 모였다. 광우병에 걸린 미국산 쇠고기를 먹으면 인간광우병으로 옮겨진다는 거짓에 속아서였다.

'0%는 94%와 같다?'

PD수첩 프로그램에서는 미국산 쇠고기를 먹으면 독특한 MM형 유전자를 가진 한국국민은 94%가 광우병에 걸릴 확률이 있다고 했다. 그것이 촛불시위를 넘어 폭동까지 일으키게 한 원인이기도 하다. 1심의 문성관 판사도 이 시대를 함께 살고 현장의 상황을 직간접적으로 경험하는 국민 중의 한 사람이다. 또 이미 정정보도 판결에서 법원은 한국인이 인간광우병에 걸릴 확률이 94%라고 보도한 부분은 허위라고 판결을 한 바 있다. 그런데도 문성관 판사는 이렇게 말한다.

"보도내용 중간에 한국인이 광우병에 걸린 쇠고기를 섭취할 경우 인간광우병이 발병할 확률이 약 94%가량 된다는 내용은 한국인이 유전적으로 광우병에 취약하다는 취지다. 이는 단순히 과장되거나 잘못된 이해에서 비롯된 표현이므로 허위로 볼 수 없다."

PD수첩에 대해 엄청나게 관대한 문 판사의 해석이었다.

얼핏 '늑대와 소년'이라는 우화가 떠오른다. 늑대가 나타난다고 거짓말을 한 소년에게 그건 거짓말이 아니고 마을사람들의 위험에 대한 경각심을 일으키기 위한 것이다. 좀 과장했거나 늑대가 나타날지도 모른다는 잘못된 이해에서 비롯된 것이기 때문에 거짓말이 아니라고 한다면 어떻겠는가. 거짓말을 한없이 얘기해도 괜찮다는 게 될 수 있을 것이다. PD수첩 프로그램에서 94%의 의미는 너무 엄청났다. 당시 아고라광장에 나와 있던 한 중학교 3학년이 프로그램을 보고 쓴 글은 이랬다.

'어제 저녁 학원에서 돌아온 후 PD수첩을 다시 봤습니다. 느낀 점은 죽음에 대한 공포입니다. 미국에서 수입해 오는 쇠고기를 먹으면 언제 어디서 미쳐 죽어도 이상하지 않을 거라는 공포였습니다. 이명박 대통령은 미국의 광우병 소들을 수입해서 우리 국민들을 모두 살해하려고 하고 있습니다. 이명박을 뽑은 이유가 무엇입니까? 투표권을 가진 우매한 어른들 때문에 투표권이 없는 우리까지 모두 죽게 생겼습니다.'

일반시청자인 중학생이 솔직하게 느낀 내용이었다. PD수첩 프로그램을 보는 수준은 고매한 판사님의 시각보다는 차라리 이런 중학생의 시각이 일반적 시청자의 입장이 아닌가 한다. 문성관 판사는 94%, 그러니까 한국인이 미국산 쇠고기를 먹으면 10명 중 거의 대부분 사람이 인간광우병이 걸린다고 했는데도 그게 허위가 아니라고 판단했다.

문 판사의 논리라면 0%와 100%는 똑같다는 결론에 이르게 된다. 광우병 위험성이 0%라고 했는데 시민들이 광장으로 뛰어나왔을까. 0%라고 했다면 나도 그렇게 도망다니지 않았을 것이다. 가족도 별 일이 없었을 것이다. 내각도 사과할 필요가 없었고, 장관도 사퇴할 일이 없었을 것이다.

자막이 안 보이는 판사

이미 법원은 미국 여대생이 인간광우병으로 죽었다는 PD수첩의 방송은 허위라고 판결한 바 있다. 그러나 그 방송사실에 대해 문성관 판사는 이렇게 말했다.

"시청자의 입장에서 이 프로그램을 봤을 때 아레사 빈슨과 관련된 보도내용은 현재 부검을 통해서 정확한 사인을 조사하고 있는 것이라고 보여집니다."

문성관 판사는 모든 국민이 보고 느낀 방송 그 자체를 바꾸어 놓은 것이다. 인간광우병이라고 하지 않았다는 얘기였다. 죽은 미국 여대생의 사인에 대해 방송은 분명 인간광우병(vCJD)이라고 자막에서 못 박고 있었다. 나중에 그게 허위였던 게 판명되고 제작진들도 정정하고 사과방송까지 했다.

여기서 인간광우병을 조금 설명해야 할 것 같다. PD수첩 측은 의도적으로 혼란된 전문용어를 쓰고 있다. 그것은 조금 복잡한 의학명칭인 크로이츠펠트야콥병(CJD)과 인간광우병(vCJD)을 유사한 질병군으로 착각하게 한다는 것이다. 얼핏 영어로 된 이니셜 명칭만 보면 그렇다. 그러나 실제로 두 병은 전혀 다르다. CJD는 뇌에 광범위한 손상이 생기면서 다양한 신경증상을 보이는 퇴행성 뇌질환이다. 치매의 증상과 비슷하다. CJD는 백만 명당 한 명꼴로 전세계에 걸쳐서 발생하고 있다. 물론 우리나라에서도 발생한다.

그에 비해 vCJD(인간광우병)는 광우병의 원인물질인 변형프리온 단백질이 들어있는 부위를 먹은 인간에게 걸리는 신종질환이다. 많은 사람들이 영어로 표시된 병명이 비슷한 걸 보고 유사한 병으로 착각을 하고 PD

수첩 프로그램도 그것에 착안해 시청자들이 오해를 불러일으키게 한 것이다.

대충의 내막을 알아본 바에 의하면 이렇다. 우선 미국의사들은 개인의 의학적 비밀을 절대 발설하지 않는다. 이른바 의사로서의 업무상 비밀유지의무로, 이를 위반할 경우 그 책임이 무겁다. 특히 인터뷰를 하러 간 한국의 PD수첩 제작진에게 자신의 환자의 진단내용을 말해 줄 리가 없는 것이다.

여기서 하나의 방송기술이 이용된다. 인도계 의사 바룻에게 다가간 김보슬 PD가 CJD에 관한 일반적인 내용을 물어본다. 의사로서는 일반 의학적 지식을 묻는데 별 부담이 없었다. 당연히 용어를 입에 올리면서 증상을 설명한다. PD수첩 프로그램은 그런 의사의 일반적인 말에 미국인 환자의 영상을 배경으로 깔았다. 그리고 자막에는 인간광우병을 의미하는 vCJD라고 표시했다. 시청자는 미국인 여대생이 당연히 인간광우병으로 죽은 것으로 본 것이다. 방송인의 지능적인 조작행위라고 본다.

인터뷰를 한 담당 PD는 그런 기본적인 의학지식들을 사전에 공부하고 갔다. 또 담당 PD는 미국에 살고 있는 한국인 250만 명이 오랫동안 30개월 이상 된 쇠고기가 든 햄버거를 일상으로 먹고 살아온 것도 알고 있다. 미국을 여행하는 매년 백만 명 이상의 한국인도 미국산 쇠고기를 당연히 먹어왔다. 인터뷰를 하러간 김보슬 PD 역시 채식주의자가 아닌 한 미국 쇠고기를 당연히 먹었을 것이다.

미국의 모든 쇠고기 육수가 스프에 들어간다. 30개월 이상 연령의 쇠고기를 분쇄해서 햄버거로 만든다. 한국 식당에는 설렁탕, 곰탕은 물론이고 곱창전골까지 즐비하다. 3억의 미국인 중 쇠고기를 먹고 인간광우병에 걸린 사람이 없다.

미국 쇠고기를 먹을 거면 차라리 청산가리를 들이마시겠다는 해프닝을 벌인 배우 김민선이 쇠고기 햄버거를 맛있게 먹는 장면이 나온다. 문성관 판사는 인간광우병이라는 자막을 내보내면서 동영상을 가져다 붙인 것과 의사가 한 말을 전혀 다른 의미로 떼어 붙이는 허위를 의도적으로 외면했다.

판사가 본 MM형 유전자

방송장면으로 잠시 돌아온다. 송일준 PD가 과학적 논문과 통계를 준비해 놓고 있는 손정은 아나운서를 보면서 묻는다.

"한국사람들은 영국인이나 미국인 같은 서양인들보다 광우병에 더 취약하다 그런 연구결과가 있었다구요?"

이미 그것은 결론을 내린 답변을 유도하기 위한 멘트였다. 손정은 아나운서가 기다렸다는 듯 화답한다.

"한국인의 유전자분석을 실시한 결과 광우병에 몹시 취약하다는 것을 알 수 있습니다. 지금까지 인간광우병이 발병한 사람은 모두가 MM형이었습니다. 즉, 한국인이 광우병에 걸린 쇠고기를 섭취할 경우 인간광우병이 발병할 확률이 약 94% 된다는 것입니다."

PD수첩은 신빙성을 주기 위해 과학적 연구결과를 인용했다. 그러면서 시청자에게 미국산 광우병 쇠고기를 먹으면 특히 광우병에 취약한 MM형 유전자를 가진 한국인은 94%가 인간광우병에 걸린다는 인상을 준 것이다. 이 멘트 자체가 의도적인 악의였다.

모든 과학적 연구논문이나 전문가들은 하나의 유전자형만으로 인간 광우병의 발병위험성을 단정할 수 없다는 것이다. 인간광우병은 유전자형태보다 그 원인체인 SRM에 대한 접촉가능성, 섭취량, 섭취기간 및 빈도, 변형프리온을 섭취한 사람의 감수성 여부, 잠복기, 종간장벽 등이 복합적으로 작용하기 때문이다. PD수첩은 한국인만 마치 MM형 유전자를 가진 듯한 인상을 주었다.

그러나 중국인, 대만인, 일본인의 90% 이상이 MM형 유전자를 가지고 있다. 그 수는 14억 명에 이른다. 동양인들의 일반적 형태다.

서양에서 광우병이 가장 많은 나라는 영국으로, 167명이 인간광우병에 걸렸다. 서양인의 유전자 형태인 VV형과 MV형이 인간광우병에 노출됐다.

광우병에 관한 일반적인 논문이나 통계수치만 살피면 당장 알아낼 수 있는 자료들이었다. 결국 PD수첩은 고의적으로 과학을 빙자해서 진실을 왜곡하고 국민들을 공포 속으로 몰아넣은 것이다.

PD수첩은 특수 유전자를 가진 한국인의 94%가 인간광우병에 걸릴 확률이 있다는 표현은 부정확한 표현이었을 뿐이지 의도적인 왜곡은 아니었다며 일부 잘못을 인정하는 정정방송을 한 바 있다. 그러나 그것은 왜곡이라는 사실을 피해가기 위한 테크닉이라고 본다.

방송프로그램의 실무책임자인 조능희는 2007년 9월 29일 스페셜방송에서 한국인의 유전자형과 인간광우병 발생가능성을 자세히 다루었다. 그는 프리온 단백질은 253개의 아미노산으로 구성되어 있고, 그 서열 129번째 코돈 유전자형의 구성 아미노산에 따라 MM형, MV형, VV형 3가지 종류의 유전자가 있다는 걸 전문가 수준 이상으로 알고 있었다.

그리고 그는 인간광우병에 걸린 대부분이 동양인이 아닌 영국인이라는 것도 알고 있었다. 뿐만 아니라 복어의 내장같이 독성물질이 축적된 광우병 소의 뇌나 척수 같은 특정부위를 먹어야만 인간광우병이 발병할 가능성이 있다는 것도 이미 알고 있었다.

그런 특정부위를 먹는다고 모두 다 인간광우병에 걸리는 것도 아니었다. 오랜 기간 그 위험부위를 반복해서 먹는 사람 중 감수성이 높다든지 하는 등 특별한 조건 속에서만 오랜 잠복기 후에 인간광우병이 나타나는 것이다. 조능희는 그걸 알고 있었다.

그는 2007년 9월 29일 방송에서 사용한 유전자형 분류도표를 2008년 4월 29일에도 그대로 사용했다. 과학자 이상으로 인간광우병이 걸릴 확률이 거의 제로라는 걸 알고 있었다.

그런데도 그는 총책임자로 한국인이 미국산 광우병 쇠고기를 먹으면 94%가 발병한다고 방송하게 한 것이다. 결국 MBC의 부정확한 표현이었다는 정정 및 사과방송은 그보다 더 큰 왜곡과 선동을 감추기 위한 허위라고 생각한다.

문성관 판사는 그런 지능적인 기교에 속아서 이렇게 판결이유를 제시했다.

"보도내용의 취지는 한국인이 유전적으로 광우병에 취약하다는 것이었습니다. 비록 그 보도내용 중간에 "한국인이 광우병에 걸린 쇠고기를 섭취할 경우 인간광우병이 발병할 확률이 약 94% 가량 된다"는 내용이 들어있기는 하나, 이는 전후 문맥에 비추어 과장되거나 잘못된 이해에서 비롯된 표현이므로 이 부분 보도내용은 중요한 부분에 있어 객관적 사실과 합치되어 허위라 볼 수 없었습니다."

판사는 시청자의 입장에서 이 프로그램을 분석한다고 하면서 자기의 주관적 사견에 따라 판단했다. 방송내용을 보고 수많은 시청자들이 죽음의 공포를 느꼈다고 댓글을 쓰고 있었다. 미국에서 수입해 오는 쇠고기를 먹으면 언제 어디서 미쳐 죽어도 이상하지 않을 거라는 공포가 시청자들의 인상이었다. 심지어 이명박 대통령이 미국의 광우병 소들을 수입해서 우리 국민들을 모두 살해하려고 한다는 격한 반응도 있었다. 이 사건 방송의 허위사실의 핵심은 94%에 있다고 생각한다.

제9장

가면을 벗어라

PD수첩과 그들의 배경에 있는 세력들의
유기적이고 조직적인 대응은 정말 칭찬해 줄 만했다.
그들에게는 작가가 있었고 연출가가 있었다.
아름다운 모습의 연기자도 보였다.
그들은 대중 앞에서 북 치고 장구 칠 수 있는
방송이라는 힘이 있었다.
단결된 그들은 전심전력을 기울여 사악한 거짓이
진실이 되도록 드라마를 연출했다.

'정말 은폐한 건?'

방송 자체의 결론은 광우병의 위험성에 대한 정부의 은폐 축소 쪽으로 낙착된다. 진행자 송일준이 김보슬 PD에게 말한다.

"광우병의 위험성을 은폐하거나 축소하려고 한다는 그런 인상을 받는데요."

시청자에게 그런 인상을 강력하게 주입하고 있다. 그에 대해 김보슬 PD가 이렇게 재확인해 준다.

"사실 협상팀이 이런 상황을 잘 알고 있는지가 의문입니다. 미국의 도축시스템에 대해 과연 정부가 그 실태를 본 적이 있는지, 보려는 노력을 했는지 그것도 의문입니다."

이런 말들은 이번에 처음 미국에서 쇠고기를 수입하기 위해 위생조건을 논의하는 경우라면 있을 수 있는 말이다. PD수첩은 우리 식탁에 처음으로 미국 쇠고기가 오르는 듯 착각을 주었다. 그러나 지난 24년 동안 우리는 미국의 쇠고기를 수입해 먹어왔다.

LA갈비도 국내시장에 범람했다. 미국산 소의 내장이나 다른 부위도 제한 없이 수입되어 국내에서 소비되었다. 2003년만 해도 미국으로부터 20만 톤 이상 수입해 국민들이 소비했다. 미국산 쇠고기를 수입하고 있는 국가는 117개국이고 그 중 99개국이 소의 연령과 부위에 제한없이 미국의 쇠고기를 수입하고 있다.

미국 쇠고기 수입으로부터 국내 축산업자를 보호해야 한다는 문제가 사실상의 과제였다. 미국산 쇠고기는 관세 40%를 부과해도 국내산 한우보다 경쟁력이 있었기 때문이다. 따라서 정부는 사실상 수입위생조건의 완급에 따라 미국쇠고기의 수입을 제한하는 형식을 택한 것이다.

예를 들어 미국산 쇠고기에 뼈가 섞여 들어와서는 안 된다는 위생조건의 의미는 LA갈비에 대한 수입금지조치였다. 그러나 국제규범상 위생조건을 이유로 수입을 제한하지 못하도록 되어 있다. 따라서 위생조건을 따지더라도 그런 의도는 숨기고 광우병 등 다른 트집을 잡아야 하는 것이다. 협상에서 미국도 그런 점을 꿰뚫고 있었다.

협상은 본질과 외형이 다른 측면을 띤다. 실질적인 정책적 측면과 국민들이 인식하는 게 달랐다. 물건을 사는 우리측은 억지로 미국물품의 흠을 잡고 티를 잡아야 하는 입장이었다. 그러나 우리 정부 협상단의 그런 행위들이 진짜 미국물품에 흠이 있어서 그런 건 아니었다. 국제간 흥정의 측면이 있었던 것이다.

안전성을 위한 기본적인 위생조건은 문제가 없었다. 전문가들이 국제수역사무국에 모여 만든 기준을 따르면 안전성에 문제없이 쇠고기가 국제시장에서 교역이 가능하다. 그 기준의 바탕 위에서 각국의 내부사정에 따라 위생조건이 더 까다로워지기도 하고 관대해지기도 하는 것이다.

나는 인터뷰를 온 이춘근 PD에게 그런 사정을 상세하게 설명해 주었다. 뿐만 아니라 협상단의 다른 대표들도 우리의 농정실태를 PD수첩에 솔직하게 얘기해 주었다. 그러나 PD수첩은 정부가 안전성을 전혀 고려하지 않은 채 광우병 위험을 은폐한 것처럼 악의적으로 매도해 버린 것이다. PD수첩이 정말 은폐한 건 나의 진실이었다.

최고의 위생시스템

실제로 미국산 쇠고기의 안전성에 대해 간단히 설명하겠다. 먼저 미국인들의 일상적인 쇠고기 소비패턴을 말해야 할 것 같다. 광우병에 위험한 뼈나 내장을 자기네들은 먹지 않고 우리나라에 수출한 것 같은 괴담이 국민들의 마음을 상당히 흔들었기 때문이다.

미국인들은 뼈를 우려낸 육수로 따뜻한 고기스프를 만들어 먹는다. 또 뼈 육수는 스튜, 파이, 파스타, 각종 스테이크소스에 필수적이다. 일반 슈퍼마켓에서 분말형과 액체형의 육수가 판매되고 있다. 한국인만 뼈를 고아먹은 식습관 때문에 광우병에 걸릴 위험성이 있다는 전문가의 주장은 사실과 다르다. 내장도 미국인 사이에 식용으로 많이 사용된다.

미국 내 한인마켓에서는 꼬리뼈와 사골, 도가니 내장, 힘줄 등 다양한 부위를 만날 수 있다. 멕시코 음식 중 가장 대중적인 '메누도수프'도 쇠고기의 내장을 재료로 한 것이다. 법정에서 증언을 했던 우희종 등 편협한 전문가들은 미국에서는 내장이나 뼈를 먹지 않는 것처럼 강변하고 있다. 그것은 실태를 모르거나 알면서도 그렇게 한 말이다.

우리나라는 오히려 광우병 미결정국으로서 국제적 기준으로는 미국보다 위험도가 더 높을 수 있다. 그러나 전문가들은 그런 점에 대해서는 침묵하고 있다. 뿐만 아니라 "사먹는 소만 얘기하자"며 정치적 진술을 하기도 했다.

PD수첩은 협상단이 미국의 도축시스템에 대해 무관심을 넘어 은폐 축소한 듯이 매도했다. 나는 협상대표로서 미국의 도축실태를 분명히 파악하고 있었다. 나는 미국만큼 소에 신경을 쓰고 도축을 철저히 하고 있는 나라를 본 기억이 없다. 3억 명의 미국인이 주식으로 먹고 있기 때문이다. 미국의 소들은 12개월까지 방목되면서 목초를 먹고 자란다.

그렇게 자란 소는 비육장에서 6개월간 옥수수와 보리 같은 영양가가 높은 곡물을 먹인다. 곡물을 먹이는 이유는 고소한 맛이 나는 육즙을 만들어 내기 위해서다. 축산업자들은 소 하나하나에 대해 안전한 사료를 먹였다고 확인하는 서명을 하게 되어 있다. 이제 비육장의 소들은 식품으로 전환될 단계에 왔다. 이때부터 철저한 확인과 검사절차를 밟게 된다. 소들에 대해 귀가 똑바로 서 있는지, 코가 깨끗한지, 눈이 맑은지, 보행장애가 없는지를 본다.

이상이 없다고 판단한 소들을 계류장으로 이동시키면 연방수의사가 다시 섬세하게 검사를 실시한다. 여기서 통과한 소들만 도축장으로 가게 된다. 위생적인 기계도축장치를 통과한 소들의 처리는 자동화된 처리과정을 밟게 된다.

부위별 전용칼을 사용하여 머리와 혀뿌리가 제거된다. 제거된 머리 부분은 다시 전용라인에서 검사를 받게 되어 있다. 머리 부위에서는 식용으로 쓰는 혀와 볼살을 떼어내고 나머지 머리뼈 뇌 눈은 폐기된다. 별도로 분리된 내장은 또 내장 전용라인에서 검사 후 처리된다.

변형프리온이 있을지 모르는 소장 끝부분의 회장원위부는 맹장 결장 접합부로부터 위쪽으로 2미터 이상 잘라 안전성을 확보하고 있다. 등뼈는 미국 국내법으로 식용이 금지되어 있어 도축과정에서 파란색으로 염색처리해 완전히 폐기된다. 척추뼈를 이등분하는 데 사용한 톱 등 기구는 전용 고온세척 소독조를 사용하고 척수는 진공흡입기를 사용해 제거한다.

정부 오래 전부터 미국의 소에 대한 도축상태를 철저하게 파악해 왔다. 세계 최고수준을 자랑하는 미국은 숨기는 바도 없다. 정부의 입장으로 은폐 축소할 내용들이 없는 것이다.

49억분의 1의 확률을 위험하다는 법원

문성관 판사는 이렇게 전제한다.

> "동영상이 공개되고 미국산 쇠고기의 광우병 위험성을 완벽하게 통제하기 어렵다는 국내외 전문가들의 평가를 받고 있는 상황에서 … ."

문 판사는 광우병 위험성의 존재를 전제하고 있었다. 한국인이 인간광우병에 걸릴 확률은 49억분의 1이다. 미국에서 지난 10여 년 동안 소 광우병이 한 마리도 발생하지 않았다. 사료금지조치를 취한 후 인간 광우병의 근원이 되는 광우병 소가 없어진 것이다.

만에 하나 광우병에 걸린 소의 특정위험물질이 검역을 통과하여 시중에 판매되었다고 해도 소비자가 그것을 자주 그리고 충분히 많은 양을 먹어야 광우병에 걸릴 위험이 생기는 것이다. 광우병 걸린 소의 특정위험물질을 충분히 많이 먹더라도 소와 인간 사이에는 넘기 어려운 '종간장벽'이 있다. 그래서 사람이 인간광우병에 걸릴 확률은 49억분의 1 또는 심지어 50경분의 1이라고까지 한다. 확률 자체가 의미가 없는 것이다.

리처드 로즈는 인간 광우병에 걸릴 확률은 담배 한 개비로 암에 걸리거나 벼락을 맞을 확률보다도 적다고 했다. 이런 제로의 확률을 놓고 문 판사는 위험성이 존재한다고 판단했다. 그런 논리라면 우리는 그 어느 농산물이나 수산물 축산물도 수입할 수 없다. 심지어 물도 증류수가 아니면 들여올 수 없다는 결론이 되어버리는 것이다.

문성관 판사는 판결이유에서 이렇게 계속한다.

"미국 내 첫 감염사례가 될 수 있는 미국거주 젊은 여성이 인간광우병 의심진단을 받고 사망한 사실이 발생하였다면 이는 미국산 쇠고기의 안전성에 관하여 의구심을 가질 만한 사정변경이 있었다고 볼 것인데 …."

미국의 젊은 여성은 인간광우병과는 전혀 상관없는 베르니케뇌병증으로 사망했다. 그녀의 증상이 크로이츠펠트야콥병이라는 의심도 있다. 그렇다 하더라도 그 병은 인간광우병과는 전혀 다른 병이었다.

미국의사들은 환자의 비밀을 목숨같이 지켜준다. 한국 PD가 묻는다고 대답해 주지 않았다. 한국의 PD가 그 사실을 알고 의사에게 일반적인 크로이츠펠트야콥병에 대한 지식을 물었다. 그런 경우 의사로서는 일반의학지식에 대해 대답을 한다.

그 화면을 조작해서 PD수첩 프로그램은 미국의 젊은 여성이 인간광우병에 걸려 죽었다고 시청자들을 속였다. 사악한 거짓을 범한 것이다. 그리고 그들은 결국 법원의 판사까지 속여 사정변경이 생겼다는 결론을 얻어내게 된다. 드디어 최면에 걸린 문성관 판사는 이렇게 방송내용을 바꾸게 된다.

"PD수첩이 미국의 소 도축시스템의 실태를 파악하는 데 소홀히 하였다는 취지로 평가했다고 해서 허위라고 볼 수 없다."

방송의 핵심은 '목숨을 걸고 광우병 걸린 미국 쇠고기를 먹어도 되는가?'였다. 그게 논리와 착시작용을 통해 미국의 도축시스템으로 둔갑해 버리고 말았다. 문 판사는 이미 다른 법원에서 그 부분에 대한 방송을 허위라고 판결한 사항도 인정하지 않았다.

법원으로 몰려드는 국민들

PD수첩 제작진 모두에 대해 무죄가 선고됐다. 이상한 것은 판결이 선고되기 전에 세상이 먼저 결과를 예상하고 있었다는 점이다.

"이게 법이냐? 김정일이 법원까지 장악했구나!"

시위대가 법정 안에서 항의하기 시작했다. 고성과 욕설이 터졌다. 젊은 단독판사의 경솔하고 오만한 판결은 그가 속했던 사법부에 커다란 수치를 주었다. 대법원 앞에서 시위가 벌어지고 강연회가 열렸다. 언론인 출신 조갑제 씨가 관중들 앞에서 이렇게 소리쳤다.

> "머리 좋다는 법관이 하는 일이 기껏 말장난과 법을 비트는 기술입니다. 요약하면 이겁니다. PD수첩이 고양이를 개라고 했다. 판사는 그건 본질적인 잘못이 아니고 지엽적이기 때문에 그것 가지고 죄를 줄 수 없다 이런 이야기예요. 그러니까 판사는 고양이를 개라고 한 것도 허위사실이 아니다. 왜 허위가 아니냐, 그건 네발 달린 짐승이란 점에서는 같은 거니까 그걸 허위사실로 볼 수 없다 이겁니다.
>
> 이게 말이 됩니까? 천지분간을 못하는 판사한테 우리의 생명과 재산에 관한 결정을 맡기는 것은 수술칼과 식칼을 구분하지 못하는 돌팔이 의사한테 환자를 맡기는 것과 같습니다. 대법원장이 지키겠다는 사법부의 독립이란 이런 엉터리 재판을 해도 간섭하지 말라는 겁니다. 이제부터 오천만 국민은 일억 개의 눈을 가지고 엉터리재판을 감시하는 운동을 벌여야 합니다."

나도 기자들 앞에서 이렇게 소리쳤다.

"저는 앞으로 이 나라의 편향된 판사들에 대해 탄핵소추운동을 벌이겠습니다."

동아일보는 다음날 아침 사설에서 '문성관 판사 어이없다'라는 제목으로 건강성을 잃은 사법부를 강하게 비난했다. 국민의 건전한 상식으로는 납득할 수 없는 아집에 사로잡힌 판결은 독재권력 이상으로 위험하다는 내용이었다. 중앙일보 사설도 판결에서 보이는 이념적 편향과 정치성을 비난하고 있었다.

조선일보 사설 역시 구체적 판결이유를 조목조목 따지면서 PD수첩 제작진에게 면죄부를 준 판사의 편향성을 강하게 비판했다. PD수첩 제작팀은 영웅이 됐다. 그들은 조중동이나 한줌의 정치검찰이 꼴좋게 됐다고 비아냥거렸다. 인터넷에 PD수첩 제작진의 기자회견 내용들이 떴다. 대충 이런 내용이 눈에 들어왔다.

"MBC니까, 그 중에서도 PD수첩이니까 버텼지 다른 언론사의 경우였다면 쉽지 않았을 겁니다. 타협안이 나오기도 했는데 그럴 수는 없었습니다. 소문에 의하면 청와대는 뒤집어졌다고 합니다. 그리고 이 사건을 다룬 KBS보도를 보니까 그걸 보도라고 하는지 … 말도 안 되는 부끄러운 보도죠. 결국 문제는 조중동과 같은 수구꼴통 신문이에요."

참과 거짓의 구별이 그렇게 어려운 것인지 몰랐다. 판사가 법 논리로 비틀면 허위도 진실이 되는 걸 처음 알았다. 아직 날것의 냄새가 나는 단독판사 문성관에게 지혜를 찾아볼 수 없었다.

일부 판사들은 아직 확정되지 않은 재판에 대해 비판하지 말라고 한다. 그러나 그건 아니라는 생각이다. 선고된 판결에 대해 국민은 자유롭게 자기 의견을 개진할 권리가 있다. 또 그래야 법관 개인의 사상을 관철시키려는 교만한 판결을 견제할 수 있기 때문이다.

평가

PD수첩과 그들의 배경에 있는 세력들의 유기적이고 조직적인 대응은 정말 칭찬해 줄만 했다. 그들에게는 작가와 연출가가 있었다. 아름다운 모습의 연기자도 보였다. 그들은 대중 앞에서 북 치고 장구 칠 수 있는 방송이라는 힘이 있었다. 단결된 그들은 전심전력을 기울여 사악한 거짓이 진실이 되도록 드라마를 연출했다.

PD들과 한겨레신문 운영위원으로 끈끈한 맥락을 가지고 있는 PD수첩 측 변호사도 일류프로급이었다. 그는 94%라는 숫자를 0으로 바꾼 천재였다. 변호사는 재판정에서 0.0001%의 위험성만 있어도 방송을 해야 하고 국가는 협상을 중단해야 한다는 이론을 제시했다. 문성관 판사는 그 논리를 받아들였다. 대한민국 사법부는 왜 눈에 보이는 것도 철저히 외면하는지 알 수가 없다.

한미 FTA 협상에서 자동차나 섬유 등 화려한 공이 남는 역할을 맡았던 협상대표들은 모두 화려한 승진을 했다. 나는 혼자 좌천을 당해 외교안보연구원의 구석자리에 홀로 앉아 있다.

나는 PD수첩에 의해 인생의 모든 게 꺾여버린 셈이다. 좌천과 비아냥거림만이 내게 돌아온 결과였다.

행정부든 사법부든 공직자에게는 자기가 하기 싫은 일이 닥쳐올 수 있다. 판사들은 사형의 선고를 싫어한다는 말을 들었다. 그래도 질서를 바로잡기 위해 사회적 십자가를 져야 하는 게 판사의 운명이라고 현직에 있는 원로급 법관에게 들었다.

농업분야 통상협상의 책임자 역시 그 비슷한 자리였다고 생각한다. 그러나 1심의 문성관 판사는 문제를 정면으로 보지 않고 답도 기피했다고 생각한다. 나의 의견으로 판사란 직책은 국민들의 어리석은 질문에도 현명한 대답을 주어야 할 성스러운 의무가 있다고 생각한다. 그러나 문성관 판사는 그렇게 하지 않았다.

법원은 법 논리를 등뻐 같이 주체성 같이 내세우고 있다. 본질을 외면하고 판례와 형식논리만으로 사건을 볼 때 과연 정확히 보는지 의문이다. 그렇게 재판이 종결지어질 때 그 결론은 사회정의나 국민들의 법 감정에 합치하지 않는다는 걸 알게 됐다.

PD수첩 제작진의 잔인성

나는 법원이나 PD수첩의 제작진들이 참 잔인하다는 생각이 든다. 법정에서 증언을 할 때였다. 나는 하고 싶은 말이 있어도 할 수 없었다. 문성관 판사가 하지 못하게 했기 때문이다. 물론 소송지휘는 그가 전권을 가지고 있는지 알고 있다. 다만 그것도 정의와 진실을 규명하는 데 제한을 받아야 한다고 생각한다. 문성관 판사는 그렇게 하지 않았다. 자신의 선입관과 다른 부분은 입을 다물게 했다.

PD수첩 측 변호사는 현미경 같은 눈을 가지고 나를 뒤졌다. 광우병에 관한 아주 희귀한 논문의 구석까지 모르면 병신취급을 하면서 비웃었다. 모든 책임을 나에게 뒤집어 씌웠다. 말을 해도 중간에 제지당했다.

첫날 재판정으로 갔을 때였다. 법정 문 앞에서 조능희 PD와 마주쳤다. 그의 얼굴에 나를 비웃는 표정이 완연히 나타났다. 그가 내게 손을 내밀었다. 나는 그보다 한 세대는 더 살아왔다. 그리고 그 세월은 그의 마음속에 있는 게 교만인지 아니면 진정한 사과인지 정도는 알게 하는 지혜를 줬다. 내가 느끼기에 그는 용감한 투사라고 자신을 의식하는 것 같았다. 그리고 그는 나를, 자신이 무너뜨리려는 성의 부패하고 늙은 장군쯤으로 보는 것 같았다. 그건 설익은 영웅심이라고 느꼈다.

나는 피해자로 방청석 맨 뒷좌석에 앉아 PD수첩 제작진들의 모습을 살펴보았다. 그들은 큰소리로 자기네끼리 웃고 낄낄거렸다. 의도적으로 사법부의 권위를 인정하지 않으려는 모습이 역연했다. 나는 대한민국의 외무고시에 합격하고 공무원 생활을 한 지 30년 되는 사람이다. 한 직급만 높아도 정신을 바짝 차리고 예의를 다하면서 살아왔다. 나는 고위공무원직의 위치에 있다. 그래도 검사나 판사라고 하면 최대한 존중을 하고 예의를 차리려고 애를 썼다.

법정에서 선 PD수첩 제작진은 모두 피고인의 입장이었다. 그런데도 그들은 사법부에 대한 최소한의 예의마저 없는 것 같았다. 오히려 의도적으로 법원을 무시하고 기선을 제압하려는 태도였다. 솔직히 '저래도 되나' 하는 생각이 들었다. 하기야 그들이 그만큼 기가 펄펄 살아있는 게 현실이다. 여론을 꽉 잡고 국가를 흔들 수 있으니까 말이다.

검찰은 스폰서사건 때문에 이미 그들에게 발목이 잡혀 있기도 했다. 현재 대한민국에서 언론보다 더 강한 힘은 없다. 포퓰리즘이 뒷받침하고 있기 때문이다. 진실은 굳이 필요 없다. 거짓이더라도 방송이나 인터넷이 진실이라고 하면 그렇게 되어버린다.

이춘근 PD가 손에 물병을 들고 내게 다가왔다. 그는 내게 와서 2시간 이상 인터뷰를 하고 간 PD였다. 동시에 그 내용들을 다 빼버리고 앞뒤 내용을 다 생략한 채 내가 병신이 되도록 편집한 당사자였다. 그는 내 말을 다 들었기 때문에 진실을 알고 있는 사람이기도 했다. 그이야말로 나의 말과 쇠고기 협상과정의 진실을 악의적으로 비틀고 왜곡한 주인공이다.

그가 먼저 다가왔다. 그의 표정이 묘했다. 조금도 미안한 표정이 아니었다. 내가 느끼기에는 오히려 '공연히 쓸데없는 짓 하지 말아' 하는 눈빛이었다. 그가 냉소를 지으며 손에 들고 있던 물병을 내게 내밀었다. 법정 문만 나서면 가까운 곳에 각종 음료수를 파는 자판기가 있었다. 사막에서 목마른 사람에게 물을 주는 호의는 분명 아니었다. 나는 흔히들 '물 먹어라' 하는 비아냥거림을 그가 행동으로 보인 것이라고 느꼈다. 그들은 정말 잔인한 것 같았다.

작가 김은희의 이메일

검찰은 PD수첩 프로그램작가 김은희 이메일을 압수했다. 그 내용 중에 이런 말이 나온다. 2008년 4월 18일 김은희는 아는 사람에게 이런 내용의 이메일을 보낸다.

'이번 PD수첩 아이템을 잡는 과정에서 총선결과에 대한 적개심을 풀 방법을 찾아 미친 듯이 홍정욱 뒷조사를 했는데 말이죠. 혹시 제보 들어온 거 없나 하고 뒤지기도 하고… 뭐 우리가 늘 표적방송을 하는 건 아니에요.'

홍정욱은 민주노동당 후보를 제치고 당선된 국회의원이다. 프로그램 제작의 동기가 표적방송 그리고 정치성을 띤 것을 의미한다. 그녀가 2008년 6월 7일 보낸 편지를 보면 공중파를 장악한 그들의 악의가 더욱 적나라하게 들여다보인다. 내용은 이렇다.

> '여전히 이명박의 운명에 관심이 많은 나는 날마다 촛불시위 중계며 아고라 눈팅이며 시간을 무지하게 보내고 있어요. 1년에 한두 번 필 꽂혀서 방송하는 경우가 있는데 지난해 삼성이 그랬고 올해 광우병이 그랬어요. 아마도 총선 이후 이명박에 대한 적개심이 하늘을 찌를 때라서 더 그랬나 봐요.'

그녀가 2008년 6월 13일 보낸 편지에는 이런 내용이 나온다. 촛불시위에서 이미 수십만이 동원되어 성공을 거둔 것을 보며 그녀는 외치고 있다.

'출범 100일이 된 정부의 정치적 생명줄을 끊어놓고 결코 무너지지 않을 것 같던 조중동의 견고한 아성에 균열을 만든, 과거 그 어느 언론도, 운동세력도 해내지 못한 일을 해낸 그 대중의 힘의 끝이 나는 못내 불안해요. 그래도 홍정욱은 못 죽였잖아요. 그런 인간은 서둘러 제거해야 한다는 게 제 생각이에요. 무엇보다 노회찬을 이겼잖아요. 백 번 생각해도 나쁜 놈.'

이미 방송인의 얘기가 아니다. 동기가 악의이고 취재진도 이미 정상적인 방송인이 아니다.

제작진들은 각자 역할을 나누어 거짓 프로그램 제작에 전력을 기울였다. 김보슬 PD는 미국에서 죽은 여대생의 어머니인 로빈 빈슨, 죽은 여대생의 담당의사인 바롯과 버지니아 보건당국의 관계자들을 만나 진실을 파악했다. 김보슬 PD는 그 과정에서 미국 여대생 아레사가 위 절제수술을 받고 발병한 이후 사망까지의 과정을 상세히 알게 됐다. 특히 문제의 핵심이 되는 아레사의 사망원인이 인간광우병이 아니라는 사실을 확인했다. 김보슬 PD는 마이클 그레거와의 인터뷰를 통해 그들이 광우병 소로 둔갑을 시킨 장면이 젖소의 동물학대 동영상인 사실을 확인했다.

조능희 CP는 정해관 교수를 직접 인터뷰해서 미국 여대생 아레사 빈슨의 사인이 인간광우병으로 보기 어렵다는 사실을 직접 알게 됐다. 이춘근 PD는 나와 직접 인터뷰를 통해 협상의 실체와 배경에 대해 진실을 들은 사람이다. 그 외 국내전문가들과 직접 인터뷰를 통해 광우병 위험을 판단하는 가축방역협의회의 결론과 쓰러지는 증상을 가진 소가 광우병은 아니라는 걸 확실히 알고 있었다.

그러나 PD수첩 프로그램 제작진들은 자기들의 제작회의를 통해 거짓을 생산해 냈다. 영국의 동영상을 미국의 광우병 소로 화면을 끼워놓았다. 젖소의 동물학대장면을 광우병 소의 도축으로 둔갑시켰다. 쓰러진 소를 광우병 소라고 지칭하면서 한국국민의 94%가 미국산 광우병 쇠고기를 먹으면 병에 걸려 죽는다는 방송을 내보냈다.

프로그램 제작진들은 철저히 야비했다. 나는 나를 찍어간 촬영내용들이 궁금했다. 그래서 그들에게 개인적으로 사진을 보내줄 거냐고 물은 적이 있다. 그들은 편집 조작한 화면 속에 나의 그런 말을 집어넣어 개인의 공명심에만 눈이 먼 부패하고 무능한 공무원으로 덧칠을 해놓기도 했다.

노조가 운영하는 MBC

PD수첩의 작가 김은희는 이명박에 대한 적개심이 하늘을 찌를 때 필이 꽂혀 프로그램을 만들었다고 이메일에서 적고 있다. PD수첩을 보고 선동되어 나온 군중들을 보고 MBC 노조위원장은 100만 군중을 모은 PD수첩을 극찬하기도 했다.

김대중 정부와 노무현 정부를 거치면서 MBC는 공영방송이 아니고 노조가 지배하는 노영(勞營) 방송이었다. PD수첩 제작진은 미국의 불법도축시스템을 고발한 게 아니라 이명박 정부에 타격을 가하기 위해 상상의 광우병을 만들어 국민들을 선동했다. 2008년 6월 18일부터 28일 사이에 MBC는 뉴스데스크를 통해 광우병 난동의 핵심주동이었던 광우병 국민대책회의 박원석 상황실장의 논평을 네 차례나 여과 없이 중계했다.

> "정부의 벽창호와 같은 그런 태도로 인해 국민들이 분노하고 흥분한 건 사실이지만 지난 50일 동안 촛불시위는 매우 평화로운 행진이었습니다."

MBC는 폭동을 주도한 범죄자의 말을 그대로 내보냈다.

방송통신위원회는 PD수첩의 광우병 프로그램에 대해 '시청자에 대한 사과'라는 중징계를 내렸다. 공정성과 객관성을 위반했다는 이유였다. 심의위원의 상당수는 영어자막의 오역이 방향성이 느껴진다고 판단했다. 오역이 일어난 부분들이 일관성 있게 인간광우병과 연결되어 있기 때문이라는 것이다.

박명진 위원장은 미국 소는 광우병 소로, 빈슨은 광우병으로 죽었다는 쪽으로 집중오역이 된 것을 단순한 실수로만 볼 수는 없다고 했다. 방송통신위원회 위원장은 진행자가 주저앉은 소를 가리켜 '광우병 소'라고 지칭한 부분에 대해서도 "MBC측은 실수라고 말하지만 당시 발언은 광우병에 관련된 시청자의 의혹을 단정시켜주는 '프레이밍 효과'(틀짓기 효과)나 '닻을 내리는 효과'를 만들었다고 하고 있다.

김우룡 한국외국어대교수는 "국민의 생명과 관련된 민감한 사안을 과장, 왜곡보도할 경우 국민의 심리적 공황상태를 불러올 우려가 있다"고 지적하고 그게 현실이 됐다.

방송통신위원회의 사과명령에 대해 MBC노조는 그 수용을 반대하면서 방송센터 1층에서 농성에 들어갔다. 동시에 시사교양국 PD들은 제작거부도 결의한 바 있다. MBC가 PD수첩과 뉴스데스크 그리고 라디오프로그램을 통해 석 달간 저지른 광우병 관련 선동, 과장, 편파방송은 세계언론사상 유례를 찾아볼 수 없는 진실과 법에 위반된 반인륜적 행패였다. PD수첩 제작진들은 검찰의 소환에도 불응했다.

왜곡과 오보보다 더 나쁜 것은 잘못이 드러났는데도 바로잡기를 거부하는 태도였다. MBC 뉴스데스크는 야간 불법폭력시위를 평화적 자발적 시위라고 미화하고 경찰의 온건한 진압을 과잉진압이라고 몰아붙였다. 그들은 공영방송이라고 하면서 대한민국의 공동체 규범을 파괴하는 데 앞장섰다.

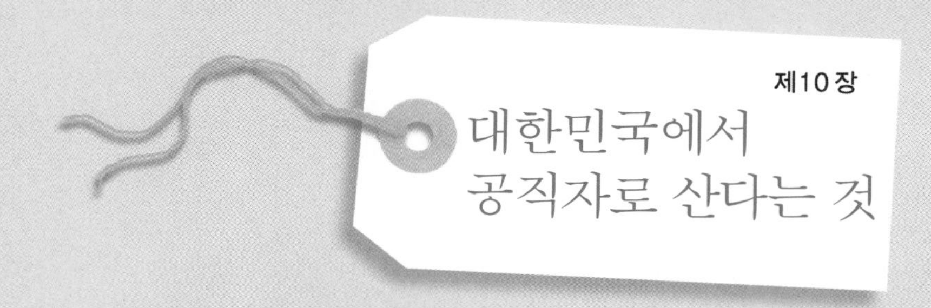

제10장

대한민국에서 공직자로 산다는 것

지난 세월 직급이 낮으나 높으나, 또 어떤 나라에서 근무하거나 나는 나 자신이 대한민국이라고 생각하며 일해 왔다. 조국과 민족을 위한다는 보람을 먹고 사는 존재였다.

'인격살인을 해 놓고 너는 피해자가 아니다?'

참 이상한 게 있다. 항소심에서도 PD수첩의 변호인은 방송에서 친일매국노라고 욕한 대상이 된 것은 민동석 개인이 아니라 협상단의 대표자격으로서 국가기관에 대한 것이었다고 한다. 자연인으로서의 민동석을 보도한 게 아니었다고 한다. 김형태 변호사의 법 형식 논리에 의해 나는 자연인과 국가기관이란 두 개의 존재로 분열됐다.

김형태 변호사는 헌법재판소 판례 중 일부만 뽑아 이렇게 인용한다.

"국가기관은 기본권의 주체가 아니고 오히려 국민의 기본권을 보호해야 할 의무와 책임만을 지고 있을 뿐이다. 따라서 인격권인 명예의 주체라 할 수 없기 때문에 명예훼손은 인정되지 않는다."

김형태 변호사가 제시한 두 논리가 결합해, 어느덧 방송에서 '민동석 협상단장'을 병신으로 만들든지 매국노라고 하든지 전혀 문제가 없다는 결론에 이르게 됐다.

그러니까 '민동석 협상단장'을 '민동석'과 '협상단장'이라는 두 단어로 나누어 협상단장을 아무리 두들겨도 죄가 되지 않는다는 것이다. 논리의 천재성을 칭찬하고 싶다. 그런 논리라면 노무현 대통령도 '노무현'과 '대통령'으로 둘로 나누어 대통령 부분을 찢어발겨 욕을 해도 노무현에 대한 명예훼손은 전혀 성립하지 않는다는 논리가 나오지 않을까. 원심판결을 했던 '문성관 판사'도 '문성관'과 '판사'를 나누면 판사를 공격해서 문성관이 고통을 받더라도 명예훼손이 되지 않는 것이다.

그러나 나도 기존의 판례를 찾아보았다. 축협회장이 농림부장관을 비방하는 내용의 신문광고를 낸 사건이 있다. 대법원은 명예훼손을 인정했다(2004도1632).

월간중앙이 청와대 민정수석이 장관인사에 개입했다고 보도한 사건이 있었다. 대법원은 명예훼손이 된다고 판결했다(2004도4573).

PD수첩은 민동석 협상단장이 광우병 위험을 은폐 축소한 친일매국노라고 했다. 그렇다면 대법원은 역시 나에 대한 명예훼손을 인정할 것이라고 판단한다.

방송 후 절벽으로 추락한 사회적 평가

외무공무원 생활을 30년 해왔다. 어린 시절 나의 꿈은 외국사절들과 멋진 담판을 이뤄내는 국가대표였다. 가난 속에서 그 꿈 하나로 버티면서 젊은 날의 고통과 장애물을 넘어왔다. 지난 세월 직급이 낮으나 높으나 또 어떤 나라에서 근무하거나 나는 나 자신이 대한민국이라고 생각하며 일해 왔다. 조국과 민족을 위한다는 보람을 먹고 사는 존재였다.

가족도 고통을 함께 나누었다. 아내 역시 외교관의 부인으로서 남모르는 온갖 궂은일을 해왔다. 자식들은 한 군데 뿌리를 내리지 못하고 돌아다녀야 했다. 그런 가족들에 대한 변명은 나라를 위하는 외교관이라는 것이었다.

나는 솔직한 심정을 진술서로 써낸 바 있다. 그러나 PD수첩 측 변호사는 그런 순수성을 악의적으로 헐뜯고 있다. PD수첩 측 변호사는 '자신보다도 국가를 위한다는 마음이 앞섰다'는 내 진술서 문장을 끄집어내 "국가가 중요하지 개인은 어떻게 돼도 상관없다고 말했는데, 검찰은 왜 명예훼손으로 기소를 했는지 의아하다"고 질문하고 있다.

법정에서 오가는 말로 그 품격을 다시 생각했다. PD수첩 측은 내가 사직서를 냈다고 하니까 왜 아직 근무하냐고 물었다. 죽고 싶은 심정이었다고 할 때 그들은 왜 죽지 않았느냐고 묻는 표정이었다.

PD수첩은 내가 미국 도축시스템에 대해 전혀 모르고 협상을 진행한 무능한 공무원이라고 발표했다. 더 나아가 내가 직무를 유기해서 매국노 같은 범죄행위를 범한 사람으로 매도했다. 그들은 나를 우리 국민의 생명과 건강보다 미국 측 입장에서 미국산 쇠고기의 안정성만을 대변하는 파렴치한 인간으로 몰아버렸다. 무시무시하고 괴기한 장면으로 시청자를 공포로 몰아넣은 후 내가 화면에 나와 말한다.

"미국산 쇠고기는 절대 안전하고 협상에 만족합니다."

그런 조작된 편집은 곧바로 나에게 죽음 같은 고통을 가져왔다. 대전지방법원에서 선고한 판결을 보면 방송 직후 비방메일이 상당수 접수된 상황을, 사회적 가치가 저하됐는지 여부의 중요한 요소로 삼고 있다(대전지법2004가합2605). 나에게 온 몇 개의 대표적인 메일을 보면 이렇다.

'복어독 같은 개새끼 니가 5천만 명을 죽이는 거다'
'현대판 이완용인 것 같아요. 한반도의 2대 매국노 이완용, 민동석'
'이완용이도 형님 하는 매국노 개동석'

PD수첩 측은 항소심의견서에서 자연인 민동석에 대한 방송이 아니었다고 하고 있다. 그렇다면 사회적 평가가 바닥으로 떨어진 나의 명예는 누가 그렇게 훼손한 것일까 그들에게 묻고 싶은 마음이다.

'공인은 뭉개져도 됩니까?'

PD수첩 측은 내가 공인이니까 명예가 훼손당해도 된다고 한다. 판례이론이 그렇다는 것이다. 그러나 이 사건의 경우같이 PD수첩 제작진의 악의가 분명하고 허위를 방송한 경우는 아니라고 생각한다.

MBC의 '2580' 프로그램에서 제작진이 충분한 확인 없이 경찰관이 수사과정에서 추행에 가까운 몸수색을 했다고 방영한 적이 있다. 대법원은 방송사가 충분한 조사를 하지 않았다는 이유로 방송이 악의적이고 현저히 상당성을 잃었다고 판단했다.

MBC의 법조비리 보도사건에서 대전지역 검사들이 이종기 변호사와 뒷거래를 해서 사건을 부당하게 처리하고 직접 브로커 역할을 한다고 한 방송내용에 대해 근거 없이 악의적이고 현저하게 상당성을 잃은 보도라고 판시했다.

언론의 자유를 위해 공인의 위치에 선 사람의 명예는 어느 정도 침해되어도 어쩔 수 없다는 논리는 방송이 악의적이고 현저히 상당성을 잃은 경우에는 아니라고 하는 게 대법원판례의 확고한 취지인 것이다.

그렇다면 고의적인 번역조작과 의도적인 왜곡, 중요사실에 대한 설명생략 등 수십 개의 잘못에 대해 PD수첩 프로그램은 악의와 현저히 상당성을 잃은 방송으로 나에 대한 명예훼손 책임을 져야 할 것이다.

어리석은 정치쇼의 결과

노무현 대통령 당시 정치인은 지독할 정도로 편협하고 국제문제에 대해 시각장애인 같은 태도였다. 국제통상은 서로 의존관계에 있다. 그러나 일부 정치인들은 내 것은 하나도 주지 말고 남의 것만 빼앗아오자는 이불 속의 논리를 제시한 게 현실이다.

미국산 쇠고기수입을 반대만 하는 정치인들의 행태가 그것이었다. 그들은 표와 인기 그리고 지지도만이 전부였다. 쇠고기 수입을 조금이라도 찬성하면 역적이 되고 표가 떨어져나가기 때문이었다.

축산업자 출신의 장관도 맹목적이었다. 국제적 통상관계와 상호의존성보다는 쇠고기를 절대 들여오지 않겠다는 근시안적인 정책에 손을 들었다. 그는 엑스레이 검사기를 전국의 검역소에 설치해 미국산 쇠고기에 뼈 조각이 조금이라도 있나 살펴보게 했다. 사실 뼈가 들어있다고 하더라도 안전에 어떤 위험성도 없었다.

국내 쇠고기 소비량을 볼 때 국내축산업자들의 생산으로는 수요의 절반도 채우지 못한다. 어차피 수입이 불가피하다면 미국에서 들여오는 걸 막을 이유가 없었다. 일부 정치세력의 반미감정이 미국산 쇠고기에 대해 광우병이라는 상상의 딱지를 붙여 시비를 걸기 시작했다. 먹을거리 문제는 국민 전체가 직접적으로 민감한 관심을 보일 수 있는 대상이기 때문이었다.

언론이 광우병문제를 보도하기 시작했다. 언론에 의해 광우병이 문제인 것처럼 여론이 만들어졌다. 국민들이 30개월 미만의 소와 30개월 이상의 소는 광우병 위험에 현저한 차이가 있는 것처럼 잘못 알게 됐다. 잘못된 국민여론이라도 일단 만들어지면 그 존재 자체가 독특한 힘을 가지기도 한다.

박홍수 전 농림부장관은 엑스레이기를 통해 뼈 조각 하나라도 나오면 미국에서 수입하는 쇠고기 전량을 반품시켰다. 지나치게 편협한 국수주의적 정치세력들은 그런 조치에 박수를 보내기도 했다.

화가 난 미국은 우리에게 물었다. 미국에 수입되는 모든 한국생산 자동차에 대해 세밀하게 정밀조사해서 1대의 차라도 작은 흠이 발견되면 전체 자동차를 한국으로 돌려보내도 되겠느냐고 말이다. 그런 식으로 다른 한국의 생산품에 대해서도 태도를 취하면 어떻겠느냐고 물었다. 국내라면 그런 정치 쇼가 통할 것이다. 그러나 냉정한 국제사회에서 우리는 엄연히 약한 나라 쪽으로 분류된다.

노무현 대통령이 무조건 항복을 했다. 노무현 대통령은 부시 대통령에게 전화를 걸어 미국이 요구하는 조건에 따라 쇠고기 협상을 타결할 것을 약속했다. 양국 정상이 그렇게 합의를 했으면 사실상 더 이상의 어떤 협상이나 흥정도 무의미하다. 그 이후 조치에 쇠고기 협상이라는 외형이 필요 없다. 수입위생조건에 관한 것인 만큼 서로 팩스나 이메일로 문서를 교환하고 대표가 서명하면 되는 것이었다.

미국이 요구한 조건

미국이 요구한 조건은 무리한 게 아니었다. 쇠고기나 돼지고기 같은 육류의 경우 안전성을 위해 국제기구와 규정이 엄격하다. 동물질병에 관해서는 세계 최고의 권위를 가진 전문가들이 모인 국제수역사무국에서 쇠고기 등에 대해 안전기준을 제시하고 있다. 그곳에서 제시하는 안전기준에 따르면 식품의 안전성에 문제가 없다는 것이다.

영국에서 가장 많이 발생했던 광우병은 과학자들에 의해 그 원인이 밝혀지면서 오늘날 거의 퇴치된 가축의 질병이다. 변형프리온이 뇌 속에 들어가 이상증세를 보인다는 게 밝혀졌다. 그런 원인은 소에게 자연의 섭리를 거스른 동물성사료를 주었기 때문이라는 것도 드러났다. 동물성사료금지조치가 제도화되면서 광우병은 이 세계에서 사라지게 됐다.

광우병 위험의 부위는 극히 한정되어 있다. 다시 말하면 일반 소가 아니라 광우병에 걸린 소에서 변형프리온이 모여 있는 부위인 뇌와 척수 그리고 편도와 회장원위부 눈 머리뼈 부위 등이다. 과학자들은 광우병 걸린 소의 변형프리온이 모여 있는 그 부분을 SRM이라고 하고 있다. 같은 부위라도 소의 나이가 30개월 미만이냐 이상이냐에 따라 SRM이 되기도 하고 안 되기도 한다. 광우병에 걸린 소라도 그 부위가 아닌 살코기를 먹으면 인간에게 아무런 해가 없다는 것이다.

세계적인 안전기준을 제시하는 국제수역사무국은 다시 안전기준을 정하고 있다. 즉, 광우병에 걸리지 않은 일반 소의 경우도 뇌나 척수 같은 SRM 부위를 제거하고 국제적 교역을 하라는 것이다. 안전에 안전을 기하는 기준일 수 있다. 그런 조치를 하면 30개월 미만이나 30개월 이상의 소의 연령은 광우병 위험과 무관하다는 것이다.

3억의 미국인들이 일상적으로 먹는 햄버거나 소시지 등 가공식품은 거의 다 30개월 이상의 쇠고기로 만들고 있다. 30개월 이하의 어린 고기들은 고급 스테이크 등으로 소비된다. 국민 먹을거리에 엄격한 미국정부가 정한 기준에서 소의 나이는 아무런 제한대상이 아니다. 안전에 문제가 없기 때문이다.

그리고 지금까지 3억의 미국인과 250만 한국교포가 미국의 30개월 이상의 쇠고기를 먹어왔지만 인간광우병에 걸린 사람은 단 한 명도 없었다. 간단히 말하면 요즈음 인간광우병에 걸릴 확률은 49억분의 1이고 벼락맞아죽을 확률보다 훨씬 작기 때문이다.

한국의 노무현 대통령이 응하겠다고 한 국제수역사무국의 기준은 합리적이고 과학적이다. 30개월 이상의 쇠고기에 광우병 위험성은 없는 것이다. 국제적 전문가단체인 국제수역사무국이나 세계적인 통상기구인 WTO는 합리적인 과학적 근거를 제시하면 각 나라가 추가해서 특별한 수입위생조건을 설정해도 좋다고 탄력성을 부여하고 있다. 그만큼 국제적 과학적 기준에 자신이 있다는 것이다.

미국이 요구하는 국제적 기준은 무리가 없었고 우리 국민건강을 위협하는 것도 아니었다. 여기서 문제가 되는 건 반미적 입장에서 국민들에게 망상을 심어준 정치인과 일부 언론이었다.

대통령의 약속 파기

2007년 12월 24일 노무현 대통령 주재로 회의가 열리고 있었다. 일주일 전 대통령선거에서 이명박 대통령이 당선되고 여당의 정동영 후보가 패배를 한 후 한미관계를 재점검하는 자리였다. 무거운 분위기였다. 회의에는 한덕수 국무총리와 송민순 외교통상부 장관, 김종훈 통상교섭본부장 외에도 대통령비서실장, 정책실장, 정무수석, 경제수석, 사회정책수석 등 대통령참모진이 모두 참여했다.

그날 회의의 핵심은 미국의 쇠고기문제였다. 쇠고기 문제에 대해 그동안 진행된 상황을 다시 확인하고 있었다. 8개월 전 노무현 대통령은 미국의 부시 대통령에게 전화를 직접 걸어 국제수역사무국의 기준에 따라 30개월 이상 이하를 불문하고 한국에서 미국의 쇠고기를 수입하겠다고 약속했었다. 이른바 뼈 조각 사건으로 미국의회의 반발이 심해지자 노 대통령이 그 불을 끄기 위해 담판을 벌인 것이다.

노 대통령은 측근들의 반미감정과 정책에도 불구하고 미국시장에 들어가기 위해 한미 FTA 협상을 국정의 최우선 과제로 추진하고 있을 때였다. 협상을 타결하기 위해 미국의 분노를 풀어주는 게 타당한 방법이었다. 미국은 그 이후 실무진에게 계속 확인을 요구했다. 두 달 뒤 권오규 부총리는 박홍수 농림부장관과 함께 기자회견을 열어 대통령의 약속을 공개적으로 재확인했다. 그 자리에서 부총리는 추석대목에 맞춰 미국산 쇠고기가 국내에 들어올 수 있을 것이라는 언질도 주었다.

농림부는 미국에서 받은 답변을 검토하고 전문가를 현지에 파견해 현지실태조사를 시도하는 등 이미 독자적인 수입위험평자절차에 들어갔다. 이어 전문가회의와 가축방역협의회도 개최했다. 그 회의에서 광우병에 대한 위험성은 없는 것으로 판정이 났다.

그러나 이미 쇠고기 문제는 단순한 축산물이 아니라 국민의 정서와 관련된 정치문제였다. 미국쇠고기 수입결정은 국내적으로 엄청난 비난과 어려움을 겪을 각오를 해야 하는 사안이었다. 그동안 무시해도 좋을 수준의 위험성을 부풀려 왜곡시킨 면이 있었기 때문이다. 그걸 방향을 틀어 안전하다고 하면 자기모순에 빠지게 된다.

더구나 몇 달 뒤면 국회의원 총선거가 있다. 안전 여부와 한미관계를 떠나 정치인들로서는 피해가야 하는 중대 사안이었다. 대통령에 당선된 이명박 후보는 쇠고기 문제는 노무현 정부에서 한 것이니까 그 정부에서 해결해 달라는 의사를 강력히 표시했다. 노 대통령 주재 회의에서 김종훈 통상교섭본부장이 이렇게 건의했다.

> "쇠고기 문제는 참여정부 임기 안에 해결하는 것이 좋을 것으로 생각합니다. 조속한 시일 내에 한미 FTA협정의 미 의회 비준을 위해서도 쇠고기 문제의 해결은 반드시 필요하다고 봅니다. 관계장관회의에서는 우선 30개월 미만의 쇠고기 수입을 허용하기로 하고 미국이 강화된 사료금지조치를 공표하면 30개월 이상의 쇠고기의 수입을 허용하기로 정부가 입장을 정했습니다. 미국쇠고기의 안전성에 문제가 없다는 것이 전문가들의 판단이고 정부도 그렇게 생각하고 있습니다."

30개월 이상의 소에 대해 분리해서 처리한 것은 국민들이 가지고 있었던 광우병위험에 대한 인식을 고려해 정부가 내놓은 대책이었다. 실질적으로 안전성에 문제가 있어서 그런 것은 아니었다. 이미 쇠고기 문제는 국민여론이 더 민감한 요소였다. 송민순 외교부장관도 통상교섭본부장과 같은 의견을 얘기했다.

"잘 알겠습니다. 제가 부시대통령에게 이미 약속을 했지요. 그런데 그렇게 쇠고기 문제를 해결해 주면 미국의회에서 한미 FTA를 비준해 주는 게 확실합니까?"

노무현 대통령의 특유한 어법이었다. 미국의회는 한미 FTA에 대해 비준할 움직임이 전혀 없었다. 노무현 대통령은 누구보다 그걸 잘 알고 말을 꺼낸 것이다. 그 의미는 노무현 대통령이 부시 대통령과의 전화로 한 약속의 파기를 의미했다.

"이 정부에서 30개월 이상의 쇠고기는 수입하지 않았으면 합니다."

국민들의 광우병에 대한 불안을 인식한 노무현 대통령의 정치적 발언이었다. 동시에 노 대통령은 미국 제안의 수용불가 결정을 내리고 내각에 협상중단을 지시했다. 국민의 정서를 예민하게 파악한 노 대통령은 미국 쇠고기라는 뜨거운 감자를 이명박 정부로 그대로 넘겨 버린 것이다.

결론

국산품을 애용하자고 목소리를 높이는 게 명분이다. 그러면서도 같은 값이면 외제를 사용해 보고 싶은 게 사람들의 마음이다. 정치권은 그런 명분에 얽매여 있다. 오늘날 국제적 상호의존관계는 홀로 살아가지 못한다. 자동차와 휴대폰을 판 돈으로 상대적으로 가격이 싼 쇠고기를 수입해 먹어야 한다. 그렇게 주고받는 세상이다.

미국산 쇠고기는 안전성에는 아무런 문제가 없다. 국제적 기준은 엄정하다. 건강을 세계 최고로 중시하는 나라가 미국이기도 하다. PD수첩은 상상의 광우병을 만들어 국민을 선동했다. 영국의 동영상을 미국 광우병 소로 사기극을 벌였다. 젖소의 동물학대장면을 광우병 소 도축으로 만들었다. 죽은 미국 대학생 사망을 엉뚱하게 인간광우병으로 둔갑을 시켰다. 미국산 광우병 쇠고기를 먹으면 한국국민의 94%가 반드시 죽는다는 미신을 만들었다.

PD수첩 프로그램이 만든 증오의 바이러스가 이 사회를 온통 점령했다. 이명박에 대한 적개심이 하늘을 찔렀다고, 작가는 이메일에서 솔직히 얘기하고 있다. 언론자유의 탈을 쓴 선동이었다. 시청광장 앞에 백만 군중이 모여 쇠파이프를 들고 경찰을 공격하고 청와대로 진군하는 모습을 보면서 MBC노조 위원장은 PD수첩 프로그램이 위대한 일을 해냈다고 칭송했다.

나는 그들이 미워하는 건 대한민국이라는 사실을 알고 있었다. 법정에서도 당당히 그렇게 외쳤다. 새로 된 대통령이 아무 잘못이 없이 무릎을 꿇고 말았다. 장관이 그들에게 폭행을 당했다. PD수첩은 나에게 검역주권을 미국에 넘겨준 친일파 매국노라고 했다. 애를 쓴 농림수산식품부 직원들은 전부 주눅이 든 죄인이 되어버렸다.

PD수첩 측은 어떤 수사에도 응하지 않았다. 법정에서도 오만한 그 태도를 버리지 않았다. 언론의 자유를 위해 재판장이 명령하는 자료를 제출할 수 없다고 거부했다. 내가 본 대한민국의 수사기관은 MBC노조 앞에서 무기력했다. PD수첩이라는 프로그램 제작진에게 사실상 항복을 한 것처럼 보이기도 했다.

1심법원의 문성관 판사 역시 다른 세상에서 사는 사람 같아 보였다. 모든 사람이 보는 걸 그는 다르게 봤다. 그냥 보면 보이는 걸 그는 억지로 자기의 프리즘을 통해 다른 색깔로 봤다. 법대 위에 오른 문제를 슬며시 바꾸어 전혀 다른 것으로 만들어 버리고 말았다.

1심판결이 선고된 시점부터 나는 공무원에서 투사로 변신한 느낌이다. 대한민국은 나같이 헐벗고 굶주린 세대가 피땀 흘려 이룩한 자유민주주의국가이다. 법이 무너지고 나 같은 공무원이 무너지면 대한민국은 더 이상 존속할 수 없다.

작게는 한 세대 많게는 딸 같은 나이인 PD수첩 프로그램 제작진에게 묻고 싶다. 흰밥에 쇠고깃국이 남북에 있는 우리 모두에게 꿈이었던 시절을 아느냐고 말이다. 그리고 지금 저녁이면 평범한 샐러리맨들이 불고기에 소주 한 잔을 걸치면서 하루의 피로를 푸는 게 어떤 의미인지 아느냐고 말이다. 명분과 논리장난의 달인인 그들에게 진정한 것이 무엇인지를 알려주고 싶다.

유치한 판결을 보면서 애국자 민동석 총영사를 추억한다

– **김충경** 전 니가타 총영사

외교관이 투사로 변신한 까닭은

– **정재욱** 〈헤럴드경제〉 논설실장

유치한 판결을 보면서 애국자 민동석 총영사를 추억한다!

김충경 전 니가타 총영사

허리케인 카트리나 때 사력을 다해 일하던 모습이 눈에 선하다. 아직 희망은 있다. 억지로라도 믿고 싶다.

어제 밤늦게 조갑제닷컴에 실린 민동석 씨의 최종진술서를 읽어보면서 말할 수 없는 슬픔과 분노를 느낀다. 내가 아는 민동석 씨는 대한민국의 국익을 수호하기 위해 늘 고민하고 분투해온 사람이다. 그것으로 삶의 보람을 느끼고 살아온 진정 훌륭한 직업외교관이다.

그가 주 휴스턴 총영사로 재직하던 중, 아직도 기억에 생생한 초대형 허리케인 카트리나가 뉴올리언스를 강타했다. 초강대국 미국조차 속수무책으로 당해야만 했던 자연의 엄청난 파괴력 앞에서 토착 미국인들에 비해 뉴커머에 불과한 한국출신 이민자(재미교포)들은 이중의 고통에 시달려야 했다.

그 과정에서 그는 불안에 떨던 교민들을 보호하고 동포사회를 위무하기 위해 사력을 다해 일했다. 많은 어려움 속에서도 그가 지휘했던 주 휴스턴 대한민국 총영사관은 교민보호를 위해 헌신적인 활동을 수행했다. 대부분 스스로 고국을 떠나 이민의 길을 선택했던 뉴올리언스의 재미동포들에게 눈물겹도록 고마운 조국의 존재를 새삼스럽게 느끼게 만들었다.

국가와 민족을 위해, 그리고 오직 국익만을 위해 봉사하는 직책이라는 사명감과 자부심으로 살아온 그에게 돌아온 포상(?)은 아무도 맡기 싫어하는 농산물협상. 그 가운데서도 미국의 공세가 가장 치열한 쇠고기협상의 실무대표였다. 그는 기꺼이 껄끄러운 임무를 맡았고 보신을 위해 복지부동하는 타성의 공직자가 아님을 온 몸으로 보여주었다. 그리고 피를 말리는 격렬한 협상과정을 거치며 국익과 협상이익을 적절히 지켜낸 합리적 결과를 이뤄냈다. 상대가 있는 협상에서 그 정도면 결과적으로 만족스러운 것이라고 생각한다. 협상을 이끌어가던 그에게 가장 어렵고 조심스러웠던 것은 좌파의 광기가 판치는 우리 사회 일각, 특히 좌파언론의 비(非)이성적 반미정서였을 것이라고 짐작한다.

협상이 타결되자 좌경화된 MBC의 노골적인 선동과 조직화된 좌익단체의 군중동원력 앞에서, 내부 결속에 실패한 청와대와 여당의 대오가 헝클어지면서 2008년 6월의 광화문은 매일 저녁 말 그대로 좌익들이 설치는 해방구로 전락했다.

당시 본국회의에 참석차 귀국해 서울 중심가의 호텔에 머물렀던 나는 도저히 믿기 어려운 광화문 일대의 무정부적 혼란사태를 직접 목격하면서 참기 어려운 분노에 휩싸였다. 우리 사회가 정말 이 정도밖에 안 되는가 하는 절망감과 수치심을 느꼈다. 그리고 쓸쓸한 기분으로 임지로 돌아갔던 기억이 난다.

커다란 상처를 입고 친정인 외교부로 돌아온 그는 사회적 흉기로 변한 거짓선동세력(사기꾼 수준인 그들을 언론이라고 부르고 싶지도 않다)을 상대로 외롭지만 의로운 투쟁을 하고 있다. 한때 공직에 몸담고 있던 나는 지난해 가을 그와 잠시 만나 대화를 한 적이 있다. 나는 그가 혹독한 시련을 겪으면서 인격과 정신력이 몰라보게 성숙해지고 강해져 있음을 느꼈다.

그리고 엊그제 1심 판결이 나왔다. 혈기방장한 젊은 단독판사가 유치하기 그지없는 논리로 점철된 수준 이하의 판결문을 밤을 새우며 썼다고 한다. 국민의 공복임을 자부하고 사는 성실한 공직자를 대신해 용감하게 앞장

서서 거짓언론과 싸우는 그에게, 납득하기 어려운 치졸하고 오만한 판결문을 내밀며 거짓언론의 편을 들어주었다. 우리 사법부의 수준이 겨우 이 정도인가.

여담이지만 우리 축산농가가 생산하는 한우고기는 맛은 매우 좋지만 꽤나 비싸다. 그래서 별로 모아 놓은 재산도 없이 정년을 맞았고 여생을 연금에 의존하며 노후를 보내야 하는 나 같은 사람들에게, 비교적 값싼 미국 쇠고기는 주머니 사정에 맞게 먹을 수 있는 좋은 먹을거리다.

나와 내 가족 아무도 미국 쇠고기를 먹고 미치지 않았고, 앞으로도 미치지 않을 것이라는 확신이 있어 아무런 주저 없이 가끔 미국 쇠고기를 사먹을 것 같다. 광우병 괴담을 날조한 일부 방송 등 좌파세력이야말로 도대체 어느 나라 쇠고기를 먹었기에 광기어린 허위보도로 광화문 일대를 무법천지의 해방구로 만들었는지 궁금하다.

올 1월 22일 오후, 이른바 보수단체가 주최하는 법원 앞 항의집회에 나는 처음으로 꺼릴 것 없는 당당한(?) 민간인 신분으로 참여했다. 대부분의 참석자가 중고년층(中高年層)이었으나 젊은이도 상당수 있었다. 추운 날씨임에도 불구하고 (화염병과 쇠파이프가 아닌) 자랑스러운 태극기를 손에 든 평화시위대를 보면서 진정으로 나라의 앞날을 걱정하는 고마운 분들이 의외로 많다는 것을 알 수 있었다.

대한민국을 사랑하며 질서를 존중하는 호국단체들과 선량한 애국시민들, 철부지 언론으로부터 (심지어는 조중동에서도) '보수골통'이라는 버릇없는 구박을 당하면서도 기꺼이 가두에 나서는 그분들이 있는 한 아무리 좌익들이 날뛴다 해도 대한민국이 그리 만만하게 무질서와 쇠망의 나락으로 전락하지는 않을 것이라는 안도감을 느꼈다.

적절한 비유는 아니겠지만, 재판정이라는 경기장에서 편파적인 심판이 저지른 고의적 오판으로 인해 1심이라는 게임은 '공명정대'라는 스포츠맨십이 실종된 가운데 관중의 야유가 난무하는 추잡한 경기로 끝나버렸다.

그러나 민동석 대사의 명예회복을 위한 정의로운 싸움은 아직 패배하지 않았다고 본다. 그는 침묵하는 다수인 많은 동료들에게 무엇이 올바른 공복의 자세인지를 보여주면서 부당한 모함으로부터 공직자의 자존심을 지켜내기 위해 투쟁하는 의로운 사람이다.

이번의 엉터리 판결로 인해 이용훈 대법원장의 '사법부 독립'이라는 말이 매우 초라하고, 낡아버린 유행가처럼 들린다. 사법부는 아직도 민주화를 외치던 시절에 살고 있는 것으로 착각하고 있는가.

판사도 대법관도 하늘로부터 신탁을 받은 초월적 존재가 아니다. 그들도 자유민주주의 기본질서를 유지하기 위해 국가기능의 일부인 사법업무를 담당하는, 국민을 위해 봉사해야 하는 공복일 뿐이다. '공복으로서의 법관윤리'를 망각하고 마치 국민 위에 군림하는 듯한 자세로 '사법부 독립'이라는 낡은 구호만을 내세운다면 '통제당하지 않는 사법이기주의, 무소불위의 사법독재'로 타락할 것이 자명하기 때문이다.

절대다수 국민의 생존을 위해 국가공동체의 안전과 사회질서를 유지하는 물리적 힘인 공권력의 발동은 필수불가결하다. 정당하고 필요한 공권력행사를 아예 무력화시켜 온 일부판사들의 그간의 잘못된 행태와 재판을 국민들은 비판하고 통제할 권리가 있다.

이번 일련의 불미스러운 사태에 대한 국민적 저항에 사법부 독립이라는 방패를 휘두르며 반발한다면 법원 스스로 자신의 존재를 초라하게 만드는 행태라고 아니할 수 없다. 판사라는 직책이 공복의 자리임을 망각한 채, 검은 것을 검다고 판별하지 못한 잘못된 임무수행(재판업무)을 비판하는, 건전한 상식을 가진 국민들을 오히려 훈계하려 드는 것은 궤변의 극치이다.

민동석 대사와 그를 위해 의로운 변론활동을 하고 있는 엄상익 변호사에게 진심으로 성원을 보내고 싶다. 당신들은 결코 외롭지 않다. 또한 대한민국 엘리트 공직사회의 한 축을 이룬다고 자부하는 법원조직에도 당신들과 같은 양식을 지닌 판사가 많을 것이라는 희망을 아직은 버리고 싶지 않다. 아니 억지로라도 믿고 싶다.

외교관이 투사로 변신한 까닭은

정재욱 〈헤럴드경제〉 논설실장

민동석 외교안보연구원 역량평가단장은 30년 경력의 베테랑 외교관이다. 특히 통상분야에서 역량을 발휘해왔고, 능력도 인정받았다. 외교관 외길을 걷던 그는 2006년 2월, 당시 김현종 통상교섭본부장으로부터 한 통의 전화를 받았다. 한미 자유무역협정(FTA) 농업협상을 맡아달라는 요청이었다. 그 전화가 자신의 인생과 가치관을 뿌리째 뒤흔들 것이라고는 물론 상상조차 못했다.

처음에는 제의를 받아들이는 데 주저했다. 우루과이라운드, 쌀개방, 마늘협상 등 첨예한 갈등을 불러왔던 농업분야 통상협상과 성난 농심이 오버랩됐던 것이다. 게다가 한미 FTA는 규모와 파급효과 면에서 이전과는 비교되지 않는 사상 최대 양자협상이 아닌가. 솔직히 그 뒷감당도 걱정스러웠을 것이다. 하지만 그는 두말 않고 농림부 농업정책관으로 자리를 옮겼다. 두렵다고 피하는 것은 공직자로서 도리가 아니며 신념에도 맞지 않았다. 한미 FTA 농업분야 협상은 '선방' 평가를 받으며 끝났다.

한숨을 돌리기도 전 이번에는 한미 쇠고기협상 수석대표 자리를 떠안았다. 모든 협상이 그렇듯 국익과 명분과 실리 사이에서 벼랑 끝 외줄타기를 거듭해야 했다. 타결 후 미국산 쇠고기 안전성 문제를 일부에서 제기했지만 특별한 움직임은 없었다. 실제 안전문제가 있을 수도 없는 협상이었다. 그러나 며칠 뒤 PD수첩이 방영됐고, 촛불을 든 시민들이 거리로 쏟아져 나오기 시작했다.

이후 그는 '이완용보다 더한 매국노'였다. 저주의 욕설은 예사였고, 광화문 한복판에서 허수아비 화형식을 당하는 수모도 겪었다. 공직자로서, 협상대표로서 자부심과 명예는 갈가리 찢겨나갔다. 더 견디기 힘든 것은 가족에 대한 노골적 위해협박이었다. 그는 '심장이 터질 듯한 고통'이라고 술회했다. 왜 이런 형벌을 받아야 하는지 아무리 생각해도 납득이 되질 않았다. 결국 그는 이념전쟁의 희생양이었던 것이다.

광란의 열풍은 잦아들었지만 민 단장의 일상은 평온하지 못했다. PD수첩을 상대로 명예훼손 소송을 시작한 것이다. 개인적 명예도 중요하지만 거짓으로 왜곡된 역사를 후손에게 물려줘선 안 된다는 생각 때문이었다. 적어도 거짓선동가가 영웅행세를 하는 터무니없는 현실을 방관할 수는 없었다.

지난 연말 오랜만에 그를 만났다. 살짝 수줍은 듯한 그 특유의 미소는 여전했다. 종교적 믿음이 더 충만해졌고, 그 힘으로 버티고 있다는 이야기를 했다. 하지만 그의 속은 숯덩이가 됐음은 표정에 그대로 드러났다. 그는 재판부의 이념적 편향성이 우려되나 법과 원칙이 살아 있음을 믿는다고 말했다. 그보다는 우리 사회의 상식과 이성을 믿는다고 했다. 옳고 그른 것은 법 이전에 상식으로 판단할 수 있다는 것이다.

올 1월 20일. 서울중앙지법 형사13단독 문성관 판사는 PD수첩 제작진에 무죄를 선고했다. 일반의 상식과 기대는 여지없이 무너졌다. 재판 직후 그는 "모든 적법한 수단을 동원해 대응할 것이며, 편향판결 판사 퇴출운동을 하겠다"고 비장하게 밝혔다. 이제 그는 투사가 돼 그 누구보다 강인하게 싸울 것이다.

결국 이 땅에 정의와 진실은 없었다. 진실은 살아 있는 게 아니라 싸워 쟁취하는 것이었다. 평생 국가와 국민을 위해 묵묵히 헌신한 한 통상전문 외교관이 투사가 돼야 하는 어처구니없는 현실이 안타깝다. 더 걱정스러운 것은 이제 어떤 공직자가 국익을 위해 자신을 던질까 하는 점이다. 그렇다면 더 이상 정상적인 국가가 아니다. 그러나 희망의 끈을 놓기는 이르다. 법과 정의와 상식을 존중하는 이들이 아직은 더 많기 때문이다. 2심 결과는 다를 것이란 기대를 갖게 하는 이유다.